목적 중심 경영

**초연결 초지능 디지털 시대
이제는 목적 경영만이 답이다!**

The Economics

목적 중심 경영

of Higher

초연결 초지능 디지털 시대
이제는 목적 경영만이 답이다!

Purpose

로버트 퀸 · 안잔 타코 지음 | 한영수 옮김

니케북스

이 책을 향한 찬사

퀸과 타코는 우리가 왜 그리고 어떻게 불타는 빌딩 속으로 뛰어들어야 하는지에 대한 강력한 사례와 실용가이드를 만들었습니다. 《목적 중심 경영》은 조직의 더 높은 목적을 이해하고 공유함으로써 당신이 말하는 모든 것을 이해하고 기꺼이 좋은 뜻으로 수용하려는 리더들이 반드시 읽어야 합니다.

-**짐 모젤**, 프루덴셜Prudential Estate and Relocation 전 회장 겸 CEO

인사담당 리더로서 풍부하고 의미 있는 업무 경험을 어떻게 제공할 수 있을지 끊임없이 고민하고 있습니다. 이 책은 사람들이 자신의 업무를 더 깊은 목적과 연결할 수 있도록 강력한 청사진을 제공합니다. 만약 제대로 된다면 일은 월급을 받는 것보다 더 가치 있게 될 것입니다. 또한 더 큰 무언가의 일부가 되려는 우리의 소망을 충족시킬 것입니다.

-**손 패터슨**, DTE 에너지 조직효과 부사장 겸 최고 학습책임자

《비틀린 리더십Twisted Leadership》과《비틀린 팀Twisted Teams》의 공동 저자로 이 책에서 퀸과 타코는 우리에게 훌륭하고 도전적인 교훈을 가르쳐줍니다. 이익의 극대화를 넘어 더 높은 목적을 바라보는 것을 배운다면 지속적인 성장을 창출할 수 있습니다.

-찰스 C. 만즈, 매사추세츠대학교 에머스트 리더십 교수

퀸과 타코는 이 책에서 더 높은 목적이 어떻게 모든 사람이 온 힘을 쏟아 붓도록 만드는지에 대한 놀라운 통찰력과 이야기를 공유합니다. 이 책은 주변 사람들에게 인간관계와 경제력으로 선한 영향력을 미치기 원하는 사람들을 위한 플레이북입니다.

-짐 호던, 루트Root Inc. 회장

저자는 더 높은 목적의 조직을 만드는 이유와 방법을 찾는 매력적인 여정으로 우리를 안내합니다. 그리고 우리에게 실용적인 도구와 사례를 선물로 제공합니다. 변화를 만들려는 사람들에게 소중한 책입니다.

-닉 크레이그, 《목적 중심 리더십》의 저자

퀸과 타코는 일부 조직이 큰 성공을 할 수 있었던 이유를 찾아 모든 인생 프로젝트에 꼭 필요한 도구적 역할을 더 큰 목적으로 제공합니다. 이 책은 정말 환상적이고 놀라운 안목을 제공합니다. 나는 더 나은 삶을 위해서 무의식적으로 그들의 규칙을 따랐습니다.

-얀 피테르 크라넨,
괴테대학교 기업금융 교수, 리서치센터 이사, 유럽프랑스의 지속가능한 건축 금융이사

모두가 브랜드를 가지고 있습니다. 이 책은 당신의 목적, 비전, 가치를 당신의 강점과 전문적인 브랜드로 변환하는 방법을 알려주며, 당신의 커리어 전반에 걸쳐 진화하는 개인적인 브랜드의 힘을 이해하는 데 유용한 가이드가 될 것입니다.

-데이브 울리히, 미시간대학교 로스비지니스쿨 교수

이 책은 경제와 경영 그 이상에 관한 것입니다. 어떠한 장애물도 극복할 수 있는 팀의 충성심과 충실성을 불가분의 관계로 만들어주는 힘으로서 진정성에 관한 핵심을 담고 있습니다.

-라카르도 레비, 다수 기업의 창업자이자《젊은 기업가에게 보내는 편지》의 저자

바야흐로 초연결 초지능의
디지털 시대다

초연결사회는 모든 것이 연결된 사회다. 사람과 사람이 연결될 뿐 아니라 사람과 사물, 사물과 사물 사이도 연결되어 서로 간의 거래가 기록된다. 연결된 모든 것에 CCTV와 센서가 장착되어 데이터를 수집하고, 필요시에 이 데이터는 공인된 방식으로 공개된다. 이전처럼 커튼을 쳐놓고 은밀하게 의사결정을 내리는 방식이 더는 불가능한 사회가 된 것이다. 모든 거래에 대한 정보가 기록되고 검증되는 것이 가능한 분산신뢰의 사회가 구현된다.

다른 한편으로는 모든 거래 데이터는 빅데이터로 축적되고 분석되어 최적의 목표를 달성하는 의사결정이 인공지능에게 넘어가고 있다. 관리자가 어떤 목표를 제공하고 이에 필요한 변수들을 제공하면 인공지능은 데이터를 분석해서 최적의 의사결정을 쉽게 제공해준다. 전통적 경영자들의 핵심적 역할인 의사결정의 기능을 인공지능이 더 효과적이고 싼 비용으로 제공해주는 것이다. 관리자들이 지속적으로 해고되어 현업의 전문가로 전환 배치된다.

이처럼 목표를 달성하는 의사결정과 기술에 대한 소싱이 편리해져 기업은 더는 관리자나 뛰어난 기술에 의존해서 경쟁력을 유지할 수 없는 시대가 되었다. 이전의 가격경쟁력과 품질경쟁력을 선두로 경쟁력을 유지하던 시대가 종말을 고했다. 이런 시대적 요청에 따라 새로운 경쟁력을 유지하는 관건으로 떠오른 것이 목적 경영이다. 기업들은 기본적으로 싼 가격과 품질의 상태를 유지해야 할 뿐만 아니라 고객에게는 다른 회사에서는 맛볼 수 없는 고유한 체험을 제공할 수 있어야 한다. 이런 체험에 대한 원천이 기업이 가지고 있는 철학과 목적이라는 연구결과들이 속속 등장하고 있다. 결국 초연결 초지능 플랫폼 시대에 기업으로 성공하기 위해서는 자신의 제품과 서비스에 철학과 목적을 이입시켜 제품과 서비스를 통해 목적과 철학에 대한 체험을 팔 수 있어야 한다.

미국 자본주의 규범을 설정하는 BRTBusiness Roundtable가 2019년 8월 19일 기업다운 기업의 정의를 바꾼 것도 이런 맥락에서다. BRT는 기존의 신자유주의에 기반한 기업의 정의를 목적 경영에 기반한 정의로 바꾸었다. 신자유주의에서 기업의 정의는 시장경쟁을 통해 이익을 극대화해서 주주에게 가치를 되돌려주는 임무를 수행하는 주체였다. 이런 기업의 정의를 바꾸어 기업이란 자신들이 존재하는 목적에 대한 이유를 각성하고, 이 이유를 실현시켜 이윤이 따라오게 하는 주체로 재정의한 것이다.

이 정의는 기존의 전략적 인사관리 개념을 바꾸도록 요구한다. 기존의 전략적 인사관리란 기업이 설정한 전략을 달성할 수 있도록 회사의 평가나 금전적 보상을 연동시키는 것이다. 구성원이 회사가 설정한 전략을 달성하는 활동으로 성과를 낼 수 있도록 회사의 HR 시스템을 회사의 전략과 정렬시키는 것이다. 전략적 HR이라는 것은 회사의 전략에 HR이라는 고기 덩어리를 달아놓고 구성원들에게 열심히 달려서 이 고기를 먹을 수 있다는 것을 독려하는 방식이다. 구성원의 입장에서는 조직의 전략이 주는 의미가 중요한 것이 아니라 고기 덩어리가 목적이 된다.

BRT의 기업에 대한 새로운 정의는 지금까지 전략적 인사관리에서 HR을 드라이버로 삼았던 전략을 수정해서 새로운 HR 시스템을 가동할 것을 요구한다. 새로운 목적 경영 HR에서는 기업의 목적이 기업 구성원의 활동을 이끄는 드라이버이고, 이 결과로 파생한 이윤은 이 주체의 활동을 공정하게 평가해서 활동을 격려하는 강화제로 사용되어야 함을 의미한다.

미시간대학교의 퀸 교수와 워싱턴대학교의 타고 교수가 공저한 《목적 중심 경영》은 이런 신자유주의 대리인 이론을 대체하는 목적 경영의 신 거버넌스를 주창하고 있다. 또한 이런 새로운 목적 경영의 거버넌스를 위해 조직을 어떻게 근원적으로 변화시킬 수 있는지에 대한 자세한 로드맵을 제공하고 있다.

번역자인 한영수 박사는 오래전부터 목적 경영을 본인 기업의 경영원칙으로 실천해서 가시적 성과를 내고 있고 중소 및 중견기업들의 목적 경영 원칙에 대한 저서와 워크북을 준비하고 있다. 신자유주의를 대체하는 목적 경영의 쓰나미가 몰려오고 있음에도 대부분의 한국기업들은 신자유주의 경쟁과 시장경제라는 패러다임에서 벗어나지 못하고 있다. 글로벌 선진기업을 꿈꾸고 있는 대한민국의 기업들을 위해 적절한 시기에 번역본이 나왔다. 이 책은 대기업의 경영자나 관리자뿐만 아니라 중소기업의 경영진들도 반드시 읽고 성찰하고 실천해야 할 초연결 초지능 디지털 시대의 경영의 통찰을 제시하고 있다.

이화여자대학교 경영대학 교수
윤정구

차례

제2부 목적 중심 조직을 만드는 8단계

서문

경영학 교수와 재무학 교수는 서로 다른 언어를 사용하기 때문에 의사소통이 매우 제한된다. 하지만 우리는 대화를 나눌 뿐만 아니라, 그 대화를 소중히 여긴다. 그 이유는 더 높은 목적을 가지고 있기 때문이다. 우리는 배우는 것을 매우 좋아하며, 더 나아가 다른 사람들이 학습의 즐거움을 깨닫도록 도와주고 싶다. 우리는 대화하며 앞으로 나아갈 뿐만 아니라 성장하고 있다. 서로를 더 나은 사람으로 만들 수 있는 수준 높은 관계를 맺었기에 크게 성공할 수 있었다. 우리는 하루를 같이 보내고 나면 일주일 내내 새로운 아이디어를 주고받는 데 시간을 보낸다.

20년이 넘는 동안 우리는 같이 세계를 여행하면서 워크숍을 운영하고, 프레젠테이션을 만들었으며, 고위 경영진을 인터뷰했다. 이런 소중한 경험을 하면서, 우리는 늘 서로가 어떤 생각을 갖고 있는지 매우 궁금했다. 어느 날, 하루 동안 일어난 일 중에 우리의 마음을 사로잡은 한 가지 경험에 대하여 깊이 생각해보았다. 먼저 경영 이론의 관점에서 탐구해보고, 재무 이론의 관점에서도 분석했다. 그러고 나서 탐구한 것을 통합해보았다. 이렇게 하면서 우리는 서로의 전문 언어를 조금씩 더 이해하고 말할 수 있게 되었고, 차이점들을 통합해 더 포괄적인 사고방식으로 확장할 수 있었다.

다른 사람이 무슨 말을 하는지 완전히 이해할 수 있는 사람은 없다. 우리 역시 대화할 때는 서로 세심한 주의를 기울인다. 또한 복잡한 아이디어는 다른 사람들과 연결할 수 있는 개념으로 줄여야 한다. 우리는 겸손해져야 한다. 무지함을 과감히 인정하고 우리가 이해하지 못하는 것을 인정해야 한다. 우리는 서로를 존경하고 신뢰하기 때문에, 서로의 탐구에 참여할 때 무지함을 두려움 없이 드러낼 수 있다.

목적, 신뢰, 겸손함 그리고 배움이 바탕이 되는 관계는 종종 새로운 능력을 주기도 한다. 이 능력이야말로 진짜다. 복잡한 개념들을 통합해서 발표하는 중요한 프레젠테이션을 구성하는 데 채 5분이 걸리지 않은 적도 있다. 만일 우리 둘 중 한 명이 다른 사람과 함께 해야 했다면, 며칠이 걸렸을 것이다. 우리는 신뢰를 바탕으로 한 관계를 유지하고 있었기 때문에 이런 일들을 해낼 수 있었다. 신뢰는 집단 지성을 만들어낸다. 그렇게 우리 두 사람은 함께 엄청난 일들을 해낼 수 있었다.

이 책의 탄생

2006년에 밥(이 책의 공저자인 로버트 퀸의 애칭: 역주)은 호주 애들레이드에 있는 예수 그리스도 교회에서 3년 동안 무보수로 선교부 회장직을 맡아 달라는 부탁을 받았다. 제의를 수락한 밥과 그의 아내 델사는 그렇게 호주로 가게 되었다. 2009년 안잔이 세인트루이스에서 중요한 상을 수상하게 되었는데, 마침 귀국한 밥도 수상식에 참석하기 위해 세인트루이스로 비행기를 타고 날아갔다. 만나자마자 안잔이 밥에게 호주에서 경험한 것들에 대해 질문을 쏟아냈다.

밥은 더 높은 목적으로 움직이는 적극적인 조직을 만들기 위한 자신의 노력에 대해서 설명했다. 조직 내의 사람들은 더 높은 목적을 추구함에 따라 완전히 혼연일체가 되었고 일에도 더 열의를 가지게 되었다고 했다. 사람들은 밥과 안잔이 처음에 했던 방식으로 협업해가며 배우기 시작했다. 그들은 목적, 기부, 긍정 그리고 성장에 대한 감각을 가지고 있었고, 조직은 높은 수준의 성과를 냈다.

안잔은 이것저것 궁금한 게 많아 대화에 몰입했고, 다른 일로 방해받기 전까지 계속해서 질문을 이어갔다. 수상식 사이 휴식시간에도 안잔은 건너편에 있는 밥에게 달려가 그의 팔을 붙잡고 말했다. "자네의 이야기는 경제학의 가정과 배치된다네. 가치 창출이라는 순수 경제학적 관점에서 본다면 더 높은 목적이나 긍정적 문화가 개입할 수 있는 여지가 별로 없어 경제학자들은 목적이나 문화 따위에는 관심이 없지. 이 주제에 관해서 논문을 같이 써보면 좋겠네. 내일 아침 떠나기 전에 다시 한번 이야기해보세."

그 회의와 토론은 결국 연구 프로젝트로 이어졌다. 그리고 우리는 조직의 수학적 모델을 만들었다. 모델은 주인^{직장 상사}과 대리인^{구성원}으로 이루어져 있으며, 이 둘은 업무적 교환이라는 전통적인 평범한 관계였다. 예를 들어 '이 임금'으로 '이만큼의 일'을 하기로 합의한 것이다. 그러고 나서 우리는 그 모델을 수정했다. 우리는 이익보다 높은 조직의 목적을 도입했다. 더 높은 목적을 도입했을 때, 조직은 새롭게 변화했다. 구성원들은 주인들처럼 행동하기 시작했고, 이기적이고 업무적 교환은 사라졌다. 구성원들은 본질적인 동기부여를 받았고, 자신들의 목적을 달성하기 위해 더 많이 노력했다. 이 모델은 더 높은 목적을 가진 조직이 되었다.

우리는 이 연구 결과를 해석하면서, 한편으로 가치 창출과 더 높은 목적 추구는 일반적으로 이야기하는 이익 극대화와 충돌할 수 있다는 결론을 내렸다. 그러나 또 다른 한편으로는 가치 창출과 목적은 상호 보완적이 될 수도 있었다. 리더들 중 일부는 두려움과 지적인 무지함을 극복할 수 있는 방법을 배우려는 사람들이 있다는 것에 주목했다. 그들은 서로 상충하는 것처럼 보이는 경영학과 경제학의 가정을 통합하기 시작했고, 그 결과 더 포괄적인 사고방식을 가지게 되었다. 그들은 '더 높은 목적의 경제학Economy of higher purpose'을 창조했으며, 주어진 조직의 잠재력을 더 충분히 활용하기 시작했다.

우리는 진정한 리더들이 어떻게 조직에 목적을 부여하고, 사람들이 성장하고 기대를 뛰어넘는 경제를 창조하는지 알아내고 싶었다. 조직의 책임자들이 이러한 생각을 더 잘 이해하고 있을 것이라는 점을 전제로, 더 높은 목적을 가졌다고 알려진 25명의 조직 리더들을 인터뷰했다. 일부는 〈포춘〉지가 선정한 500대 기업에 속하는 회사의 리더들이고, 또 다른 일부는 기업가적 회사의 리더들이었다. 또 일부는 비즈니스 세계 이외의 리더들이었다.

인터뷰의 결과는 매우 놀라웠다. 일부 CEO들은 처음 CEO가 되었을 때 목적을 믿지 않았다. 그들은 기존의 전통적 경제학의 관점에 물들어 있었고, 지적 오만함에 눈이 멀어 있었다. 그들은 목적이 사람들과 문화를 바꾸어 놓을 수 있다는 사실을 알지 못했다. 목적을 발견하고 말로 분명히 표현하는 것을 시간낭비로 봤다.

그들은 어떤 충격적인 도전을 겪고 나서야 비로소 목적의 힘을 발견했다. 그렇게 어려움에 직면했을 때야 깊은 학습을 경험했던 것이다. 조직을 운영할 때 쓰던 기존의 접근법은 직면한 중요한 과제를 해결하는 데 효과를 발휘하지 못했다. 그들은 뭔가 색다르고 혁신적인 것을 찾아야 했다. 결국 많은 리더가 진정한 조직의 더 높은 목적에서 그 해답을 찾을 수 있었다.

그 결과, 리더들은 좁은 사고방식에서 포괄적인 사고방식으로 발전했다. 이 사고방식은 더 높은 목적과 적극적 조직으로 통합할 수 있게 해주었다. 그들은 업무적인 문제를 해결할 수 있는 언어와 더 높은 목적에 기여하는 언어를 동시에 구사할 수 있는 '이중 언어 리더'가 되었다.

이를 통해 그들은 현실적 가능성에 대한 시각을 놓치지 않으면서 현실적 제약을 기꺼이 받아들일 수 있게 되었다. 그들은 제약을 심화시키는 갈등을 인정하고 드러내놓은 후, 이를 가능성을 넓힌 창조적인 협업으로 승화시켰다. 그들은 집단 지성을 발전시키고, 사람들이 성장하고 기대를 뛰어넘는 문화를 창조할 수 있었다.

목적을 지향하는 사람들을 계속 인터뷰하고, 강의하고, 워크숍을 운영하고, 임원들이 조직 변화를 하도록 도와주는 일들을 계속해나가면서, 우리는 더 높은 목적, 적극적 문화 그리고 이중 언어 능력의 개념을 끊임없이 연구했다. 연구가 거듭될수록 두 가지의 세계관이 통합되어야 한다는 믿음은 더 분명해졌다.

더 높은 목적

이 책은 더 높은 목적을 가진 조직을 어떻게 만드는지에 관한 책이다. 더 높은 목적을 가진 조직이란 더 큰 공공의 선이 구상되고, 분명하게 표현되어 있을 뿐만 아니라 실제로 진정성 있게 인증된 사회 시스템을 말한다. 모든 조직들처럼 더 높은 목적을 가진 조직은 갈등의 가마솥과 같다. 그러나 더 높은 목적은 모든 결정의 중재자가 되고, 사람들은 갈등이 존재해도 그들의 일과 관계 속에서 의미를 찾는다. 그들은 사명을 공유하며, 적극적으로 참여한다. 자신의 자존심을 초월하고, 공공의 이익을 위해 희생하려고 노력한다.

일반적인 평소의 관행으로 돌아가야 한다는 지속적인 압력에도 불구하고, 더 높은 목적을 가진 조직의 사람들은 서로 존중하는 자세로 소통하고, 건설적인 대립에 적극 참여한다. 신뢰는 지속적으로 개선되고 진정성 있는 대화를 나눈다. 목적을 지향하는 사람들은 윈윈 사고를 가지고 동료들에게 더 높은 수준에서의 협업을 요구한다.

그들은 역경이 반복되어도 협력 관계를 유지한다. 리더십은 위에서 아래로 흘러가기만 하는 것이 아니라 아래에서 위로 올라가기도 한다. 회의는 생산적이며 조직 구성원들이 스스로 미래를 만들어나가게 한다. 구성원들은 자신들이 훌륭한 조직에서 일한다고 믿는다. 고객들과 외부 구성원들은 조직의 탁월함에 이끌리고, 이는 조직의 미래를 창조하는 데 공동 창조자로 참여하는 것으로 확인된다.

이 책의 구성

총 2부로 구성되어 있으며, 독자가 원한다면 둘 중 한 부분만 골라 읽거나 모두 읽어도 좋다. 1부는 조직 행위를 관할하는 이론에 관한 것으로, 일부는 이미 경제학에서 설명되어 있는 것들이다. 기존의 경제학 가정들이 유효하긴 하지만 완전하다고 생각하지는 않는다. 그러므로 기존의 가정을 포함하지만 이를 초월하는 새로운 논리를 제공한다. 미시경제학에서 나타나는 전형적인 주인-대리인 문제의 해결에 더 높은 목적이 어떻게 도움이 되는지 보여줄 것이다. 그리고 왜 수많은 책과 정보들이 지금까지 실제 업무현장에서 주목받지 못했는지도 설명할 것이다.

2부에서는 이론에서 실전으로 이동한다. 더 높은 목적으로 움직이는 조직 리더들과의 인터뷰와 다양한 연구결과를 바탕으로 한 8가지 반직관적인 지침을 제공할 것이다.

각 장마다 한 가지의 지침을 제공하고, 그 지침이 왜 관례적인 관점에 반해 자주 무시되었는지 그 이유를 설명할 것이다. 또한 지침들을 어떻게 이해하고 실제로 적용하는지, 현실에 바탕을 둔 사례들을 제공한다. 이 지침들은 조직이 더 높은 목적을 찾는 방법과 조직의 전략과 목적을 접목하거나 교차하는 방법을 제시한다.

각 장의 마지막 부분에서는 더 높은 목적을 찾는 여정을 시작할 수 있도록 연습문제를 실었다. 마지막 장에는 많은 경영진의 실제 질문들을 나열하고 그에 대한 해답을 실었다. 그리고 자신의 더 높은 목적을 찾는 여정을 시작하는 방법에 대한 조언을 적었다.

제1부
더 높은 목적의 경제학

1부는 1장에서 6장까지로 구성되었으며, 더 높은 목적의 경제학에 대해 설명한다. 1장에서는 전반적인 개요에 대해 기술하고, 우리의 패러다임이 개인과 조직에서 더 높은 목적의 영향을 인식하는 것을 어떻게 방해하는지에 관해서 살펴본다.

2장에서는 더 높은 목적이 모든 것을 변화시킨다는 것을 보여준다. 또한 개인과 조직에서 더 높은 목적을 수용하는 것이 어떻게 인간의 잠재력을 변화시키는지를 예증하고, 더 높은 목적의 영향을 입증하는 연구들을 검토한다.

3장에서는 전문가들조차도 더 높은 목적을 지닌 조직을 상상하는 것이 어렵다는 사실을 제시한다. 전통적 사고는 학습보다 지식에 더 가치를 부여하는 양극성 논리를 토대로 한다. 여기서는 포용, 학습, 성장의 가정을 토대로 한 경제적 논리의 필요성을 설명한다.

4장에서는 미시경제학의 핵심 체제인 주인-대리인 모형을 검토한다. 이 모형은 생산적 자산의 소유자인 주인과 주인을 위해 일하는 대리인 간의 관계가 어떻게 구성되어야 하는지를 설명한다. 사적이익은 주인과 대리인의 목표를 어긋나게 한다는 가정에서 시작해 사적이익의 추구로 야기되는 인센티브 조정의 실수를 최소화하기 위한 계약 설계를 모색한다. 통상적으로 행동 예측에 뛰어난 이 모델은 결과적으로 탁월한 실적을 내는 조직으로 이끄는 행동을 부추기기 위해 리더의 능력을 약화시킨다는 가정에 근거를 둔 것임을 밝힌다.

5장에서는 모든 사람을 소명으로 일하는 인간으로 만드는 것에 관해 논한다. 주인-대리인 모형에 대해 상세히 설명하고, 계약적 사고방식을 서약적 사고방식으로 대체해야 한다고 제안한다. 리더는 조직 구성원들이 예상을 뛰어넘는 성과를 낼 수 있도록 목적 중심 조직을 만들 수 있다. 마지막으로 경영진은 타당한 이유이긴 하지만 더 높은 목적을 위한 일을 회피하는 경향이 있기 때문에 오히려 지금이 황금 같은 기회임을 밝힌다.

6장에서는 수많은 리더가 왜 목적을 가지는 일을 피하는지를 설명한다. 또한 "왜 모두가 그렇게 하지 않는가?"라는 의문에 대해서 살펴본다.

더 높은 목적의 경제학을 이해하고, 2부에서 말하는 원칙을 내면화한다면 목적 중심 조직을 만드는 사람이 될 수 있을 것이다.

1장

보이지 않는 것들에
숨겨진 가치

경제학은 경제 교류와 그에 따른 경제적 결과물에 대해 연구하는 엄격한 학문의 영역이다. 경제적 교환이 일어나는 시장을 연구하며, 이러한 경제적 교환과 연관된 제품을 생산하는 기업가와 조직뿐만 아니라 그 조직에서 일하는 구성원들도 연구한다. 그리고 경제적 결과물을 소비하는 개인의 행동을 이해하려고 한다. 그러나 경제학은 조직의 목적(존재하는 이유)이 결정을 내리는 방식에는 거의 관심을 기울이지 않는다. 흔히 이러한 목적은 경제적 결과물에 대한 언어, 즉 은행은 예금자의 돈을 안전하게 지키고 대출자에게 돈을 빌려주기 위해 존재하며, 자동차회사는 차를 만들어 팔기 위해 존재한다 등으로 언급된다. 다시 말해, 사업 목적의 맥락에서만 언급된다.

이 책에서는 경제학의 목적을 사업목적을 넘어 더 높은 목적으로 바라보고자 한다. 더 높은 목적은 경제적 결과물이 아니라 조직이 사회에 기여하는 측면에서 정의되는 친사회적 목표다. 스타벅스가 고객에게 스스로 기업의 존재 이유를 "직장과 가정 사이 제3의 장소를 제공하는 것"으로 정의할 때, 이는 사업목표를 넘어서 고객과 교차하는 더 높은 목적을 표현하고 있음을 알 수 있다.

더 높은 목적은 크고 작은 모든 조직 내부의 모든 차원에서 추구될 수 있다. 그러나 더 높은 목적을 추구하는 것이 일반적인 것은 아니다. 오히려 표준에서 벗어난 것이어서, 일반적인 조직에서는 거의 찾기 힘들다. 이에 대해 마이카 솔로몬Micah Solomon은 다음과 같은 예를 들었다. 이 이야기는 버지니아주 워싱턴에 있는 호텔인 더 인 앳 리틀 워싱턴The Inn at Little Washington에서 제이 콜드런이 겪은 것으로, 그가 이 호텔에 취업한 첫날 관찰한 내용이다.

나는 우리 호텔에서 몇 시간 떨어진 거리에 있는 피츠버그에서 막 도착한 한 쌍의 부부를 보고 있었다. 그들은 결혼기념일을 맞아 3일간 숙박할 손님이었다. 호텔 직원이 차에서 짐들을 내릴 때 아내가 남편에게 "내 옷가방 잊지 마세요"라고 말했다. 그녀의 남편은 자동차 트렁크를 들여다보고는 얼굴이 하얗게 질리고 말았다. 아내는 그가 분명히 짐을 챙길 것으로 믿고 집 차고의 자동차 옆에 옷가방을 두었는데, 그는 그것을 미처 보지 못하고 두고 온 모양이었다.

순간, 아내는 무척 당황한 듯했다. 불쌍하게도 그 여인은 세상에서 제일 비싼 호텔 중 하나에 투숙하면서 옷이라고는 입고 있는 옷 한 벌뿐인 신세가 되었다! 도어맨과 나는 이 부부를 어떻게 위로해야 할지 몰라 허둥대고 있었다. 그때 나보다 훨씬 선배였던 직원 한 명이 호텔 정문 앞으로 호텔 자동차를 몰고 왔다. 나는 그를 미심쩍은 눈초리로 바라봤다. 그는 얼굴에 미소를 지으며 말했다. "저분들 집 열쇠와 주소를 받아와 주세요. 제가 저녁 전까지 다녀올게요." 순간 나는 어안이 벙벙해졌다. 누구도 그에게 그렇게 하라고 말한 사람이 없었다. 하지만 그는 한 치의 망설임도 없었다. 그는 이미 호텔 서비스 문화에 젖어 있었기에 이 상황에서 어떻게 해야 할지를 정확히 알고 있었다. 집에 두고 온 자신의 옷가방을 우리가 진짜로 가져온다는 것을 그녀가 알아차렸을 때는, 이미 그는 피츠버그로 한창 달려가는 중이었다. 그는 8시간을 쉬지 않고 운전해 부부가 저녁을 예약한 9시 전에 옷가방과 함께 돌아왔다.[1]

이 이야기는 목적 중심적 구성원의 한 예다. 그는 최소한의 노력만 하는 전형적인 '대리인'처럼 행동하지 않고 주인의식을 발휘했다. 그와 같은 사람이 존재한다는 사실이 중요하다. 우리가 경영진에게 그들의 조직에서 목적 중심적인 일을 어떻게 할 것인지를 조언할 때, 사람들이 일반적으로 하는 전형적인 행동이 아닌 예외적인 행동을 해보라고 말해준다. 그런 행동은 특이하다. 적극적인 일탈에서 탁월함을 찾고, 그 탁월함이 주도하는 목적을 조사한 다음, 전 구성원이 그 목적에 익숙해지는 것을 상상해보라고 한다. 그렇다고 목적을 지닌 일이 자선을 의미하는 것은 아니다. 오히려 사업 모형의 구조 속으로 들어가는 행동에 관한 것이다.

이 책은 사업관행과 더 높은 목적 사이의 특이한 공통분모에 관한 모든 것이다. 경제학은 사람들이 이기적이며 노력하는 것을 싫어한 다고 가르친다. 경영자들은 종종 이렇게 말한다. "직원들은 충분한 보수를 받지 않으면 열심히 일하려 하지 않아요. 그렇게 주더라도 감독을 또 해야 합니다."

일하지 않으려 한다는 이 논리가 경영자들로 하여금 통제시스템 을 만들도록 부추긴다. 통제시스템이 자리 잡았다는 것을 알고 있는 구성원들은 종종 통제를 피하고 그 효과성을 무디게 만들 수 있는 방법을 찾아서 대응한다. 그들의 대응은 애초 경영자의 추정을 재확 인시켜, 더 많은 통제가 필요함을 느끼게 한다. 시간이 지남에 따라 구성원들은 점점 더 무심해지고, 경영자는 더욱 더 좌절감에 빠져들 게 된다.

놀라운 사실은 경영자가 구성원들이 노력하기를 싫어하고 충분 한 감독과 보상이 주어지는 경우에만 열심히 일한다는 경제학과 그 관련된 학문 분야의 실증적이고 건전한 추정을 받아들일 때, 이러 한 비관적인 추정은 자기실현적 예언이 되며, 구성원들은 제대로 능 력을 발휘하지 않게 된다. 결국 활력은 사라지고 생산량은 저하되는 악순환을 벗어날 합리적인 방법을 찾을 수 없게 된다.

그러나 조직행동에 대한 대안적 견해도 있다. 조직이 일반적인 사 업목표를 초월해 세운 더 높은 친사회적인 목적은 크고 작은 의사 결정에 영향을 미치며, 이런 견해가 유지될 경우에는 집단적 이익이 개인의 이익이 되어 일에 대한 구성원들의 거부감이 줄어든다. 역설적 변화가 일어나기 때문이다.

구성원들이 변하면, 일반적으로는 볼 수 없는 일들이 나타난다.

거래에서 기여로

경영자는 흔히 구성원들에 대해 정당화된 부정적인 가정을 하고, 결과적으로 부정적인 행동들을 도출하는 시스템을 계획한다. 경영자는 이러한 악순환을 자기강화적인 선순환으로 전환시켜야 한다. 그러려면 구성원에 대한 제약에만 초점을 맞추는 거래지향적인 사고를 가능성 제시에 초점을 맞춰 목적지향적인 사고로 변화시켜야 한다. 그래야 구성원들은 상상과 정서의 영역으로 들어가, 거기서 기여가 중심이 되는 열정적이고 더 높은 목적을 명확히 알게 된다.

경영자가 목적 중심적 사람이 되면 리더로 거듭나기 시작한다. 그는 전통적인 사고에서 벗어나 더 높은 목적의 경제학을 이해한다. 진정한 더 높은 목적이 사업전략과 의사결정에 중재 역할을 할 때, 개인적 선과 집단적 선이 하나가 되고 악순환의 고리가 끊어진다는 것을 이해하게 된다. 이때 고용주와 구성원은 보다 완전하게 연결되기 시작한다. 그들은 협력하며, 기대치를 훌쩍 뛰어넘어 장기적인 경제적 이윤을 창출한다.

그러나 이런 일들은 구성원이 더 높은 목적의 진정성을 믿을 경우에만 일어난다. 조직이 추구하는 더 높은 목적이 경제적 이득만을 추구한다면 구성원들은 자신이 조직의 수단으로 이용된다고 여기고, 이것 역시 하나의 통제 시도라고 믿어서 조직은 결국 장기적인 경제적 이득을 창출하지 못할 것이다. 더 높은 목적이 모든 전략과 리더십 결정의 최종 잣대가 되지 않고서는, 조직은 더 높은 목적을 갖지 못한다. 여기서 모순이 드러난다. 즉 조직의 진정성 있는 더 높은 목적이 고용주와 구성원 간의 근본적인 암묵적 계약과 행동을 변화시켜 장기적인 경제적 이득을 창출하지만, 경제적 이익을 창출하려는 의도로 추구하지 않는 경우에만 가능하다.

왜 더 많은 사람들이 더 높은 목적을 추구하지 않을까?

이 단계에서 사람들은 다음과 같은 의문을 가진다.

"좋은 생각이네. 그런데 그렇게 좋은 생각이라면 왜 모든 사람이 하지 않을까?"

이 질문은 당연하다. 이에 대한 답은 6장에서 제시할 것이다. 지금은 많은 경영진이 흔히 조직 내에서 자신의 위치가 조직의 변화를 실행할 정도로 높지 않다고 느끼기 때문에, 더 높은 목적을 추구하는 옵션을 거부한다는 데 주목한다.

CEO의 선택에 대해 생각해보자. 다음은 CEO가 더 높은 목적을 추구하지 않는 몇 가지 이유다.

★ 믿음의 부족과 개인적 회의감

많은 리더가 구성원들은 이기적이며 추가적인 부와 조직의 위상이나 승진에 의해서만 동기부여를 받는 것으로 착각한다. 따라서 더 높은 목적을 추구하는 것은 자신의 최우선적 사업이익에 포함되지 않는 것으로 여긴다. 그래서 더 높은 목적을 진지하게 받아들이면 사업성과 측면에서 조직에 누가 될 것이라고 생각한다.

★ 지금 그리고 여기의 가혹함

다음 위기에 대처할 시간도 거의 없는데, 어떻게 더 높은 목적을 추구할 수 있는가? 시간은 소중하고, 부족하다. 많은 CEO가 더 높은 목적을 추구할 만큼의 시간적 호사를 누리지 못한다고 생각한다.

★ 투자자들은 어떻게 생각할까?

주주와 채권자들은 더 높은 목적을 추구하는 것이 주주의 부를 축내면서 CEO 자신의 이익을 챙기는 프로젝트 추구와 별반 다르지 않다고 여길 수 있다. 이러한 의혹이 더 높은 목적을 수용하고 조직의 자원을 그것에 쏟아붓는 CEO에게 의심의 눈초리를 보내게 할 수 있다.

★ 문화적 단절

조직이 별다른 가치를 부여하지 않는 더 높은 목적의 추구를 위해서 어떻게 협력을 이끌어낼 것인가? 통제와 경쟁에 초점을 맞춘 문화를 가진 조직에 더 높은 목적은 어떻게 긍정적인 영향을 미칠 수 있는가?

실행 방법 : 조직의 더 높은 목적에 이르는 길

이러한 장애물에도 불구하고 더 높은 목적을 찾아서 조직에 성공적으로 스며들게 하는 데 도움이 되는 실제적인 8단계 과정을 다음과 같이 제시한다.

1단계 : 목적 중심적 조직을 마음속으로 그려보라

조직의 더 높은 목적을 채택하는 데 주요한 장애물은 앞서 언급한 것처럼 조직의 리더들이 진정으로 믿지 않는다는 것이다. 그들은 구성원을 합리적이고 자기이익을 추구하는 경제적 대리인으로 여기기 때문에 목적 중심적인 구성원이 될 수 없다고 믿는다. 그럼에도 불구하고 그들은 목적이 무엇인지 밝혀야 한다는 압박감을 느낀다. 그래서 태스크포스TF를 구성하거나 도움을 받기 위해 홍보PR 컨설턴트를 고용한다. 리더들은 조직과 외부세계에 지향하는 목적을 선포하지만, 이러한 제시가 조직의 의사결정이나 구성원들을 변화시키지는 않는다. 이 과정의 첫 번째 단계는 마음속으로 목적 중심적 구성원을 상상하기 위해 우선 사고방식을 바꾸는 것이다. 믿지 않는다면, 그 가치를 결코 보지 못한다.

2단계 : 목적을 찾아라

사고방식을 바꾸고 목적 중심적 구성원의 개념을 이해했다면, 그다음 단계는 더 높은 목적을 명확하게 밝히는 것이다. 연구를 통해 발견한 놀라운 사실은 목적은 만드는 것이 아니라 찾는 것이라는 점이다. 목적은 숨겨져 있다. 대다수 구성원들 눈에는 보이지 않지만, 그곳에 존재하고 있다. 이미 구성원들의 느낌과 생각 속에 숨어 있다. 리더의 할 일은 그들이 그것을 찾도록 돕는 것이다. 비록 찾는 데 시간이 걸릴지라도, 이 단계가 시간 낭비가 아니라 조직의 미래를 위한 중요한 투자라고 여겨야 한다.

3단계 : 진정성과 마주하여 검증을 받아라

더 높은 목적을 찾았다면 진정성을 지녀야만 한다는 검증을 거쳐야 한다. 이것은 매우 중요하다. 연구에서 발견한 가장 중요한 사항은 조직 목적의 진정성의 소중함이었다. 목적이 벽에 걸린 슬로건 같은 PR 술책이라면, 구성원들은 흘낏 보고 지나치며 냉소를 보낼 것이다. 더 높은 목적에 진정성이 없다면, 하지 않는 것보다 못하다. 우리는 이러한 상황을 어떻게 극복하고, 구성원들이 믿고 힘을 쏟는 진정성 있는 목적을 지니는 메시지로 만들지를 기술하려 한다. 진정성은 더 높은 목적이, 조직 내 경쟁과 갈등의 문화에서 믿음을 공유하고 목적에 대한 새로운 헌신과 협력하는 문화로 바뀌도록 해준다. 이러한 조직문화의 변화는 조직 내의 이기적인 행동을 줄인다. 그리하여 가까운 장래에 조직의 갈등을 해결해줄 뿐만 아니라 고객의 기대를 넘어서는 감동적인 많은 일을 해내는 데 도움을 줄 것이다.

4단계 : 더 높은 목적을 모든 의사결정의 최종 중재자로 삼아라

진정성 있는 더 높은 목적을 찾고 명백하게 제안했다면, 그것을 소통하는 데도 노력해야 한다. 조직이 더 높은 목적을 실행하도록 돕고 있을 때 가끔 "언제 끝나나요?"라는 질문을 받는다. 우리가 깨달은 것은 조직의 일은 결코 끝나지 않는다는 것이다. 더 높은 목적은 종착지가 아닌 여정이다. 따라서 리더가 더 높은 목적에 대해 끊임없이 소통하고, 사업에 관한 의사결정에 어떻게 영향을 미쳤는지를 조직에 알려 그 목적을 강화해 나가는 것이 매우 중요하다. 우리는 목적을 지속적인 메시지로, 모든 결정의 중재자, 어려운 선택의 조정자, 조직의 차별화 요소로 전환시키는 방법을 알려준다. 이러한 명백하고 지속적인 의사소통은 기업의 투자자에게 목적을 전달하는 중요한 역할도 할 수 있다.

5단계 : 학습을 독려하라

더 높은 목적을 전달한 후에는 목적의 운영을 지속적으로 촉진하기 위한 조직 내 구성원의 학습을 자극해야 한다. 이 단계는 구성원들이 자신의 창의성과 지성을 활용하여 일상적인 결정사항을 조직의 더 높은 목적과 생산성으로 연계하는 새로운 방법을 고안하도록 해준다. 외적 보상에 의한 동기부여에 초점을 맞추는 전통적인 방법의 중요성을 인정하지만, 학습을 독려함으로써 더 높은 목적이 어떻게 구성원에게 본질적이고 특별한 보상이 되는지를 보여준다. 이렇게 함으로써 외적 보상의 영향력을 현저하게 향상시킬 수 있다.

6단계 : 중간관리자를 목적 중심 리더로 만들라

더 높은 목적을 찾아서 명확히 제시했다면, 중간관리자들을 목적 중심 리더가 되도록 협력을 요청해야 한다. 목적은 최고경영층의 책임으로만 남겨질 수 없으며, 리더의 임무는 전체 구성원으로 퍼져나가게 하는 것이다. 기존의 경영적 사고는 중간관리자를 권위에 순응하는 직책으로 여기지만, 목적 경영은 중간관리자를 목적과 진정성, 취약점을 통해 구성원들을 고무시키는 사람으로 거듭나게 한다.

7단계 : 구성원을 목적에 연계시켜라

목적을 주도하는 리더로서 중간관리자의 도움을 받은 후에는 목적과 연계된 사람들의 기반 확장을 모색해야 한다. 이 과정에서 핵심 단계는 조직의 더 높은 목적이 구성원 개인의 목적이 되도록 만드는 것이다. 이는 구성원을 정서적으로 더 높은 목적에 연계시켜 그들이 거기에 몰입하도록 만드는 것을 의미한다. 기존의 경영 사고에서는 긍정적 정서의 역할을 강조하지 않지만, 여기서는 모든 사람을 정서적으로 목적에 연계시키는 방법을 알려준다. 목적이 사람들의 마음뿐만 아니라 그들의 가슴까지도 사로잡아야 한다.

8단계 : 긍정 에너지 전파자를 활용하라

모든 조직에는 전염성이 강한 긍정적 에너지를 발산하는 '긍정 에너자이저'가 있다. 이들은 위험을 회피하지 않는다. 그들은 시도를 두려워하지 않는다. 그런 사람이 누구인지 모두 다 알고 있다. 리더는 이러한 유용하고 소중한 자산을 활용하여, 이들을 더 높은 목적이 조직에 스며들도록 만드는 대리인으로 운용할 수 있다. 일반적으로 변화는 위에서 아래로 진행하지만, 긍정 에너자이저를 촉발시키면 모든 수준에서 변화를 주도하는 문화를 만들어갈 수 있다.

지금까지 설명한 8단계는 순차적으로 진행되는 행동 논리를 제시한다. 따라서 이 8단계는 체크리스트로 사용할 수 있다. 하지만 과정의 순서가 꼭 직선적이 아니어도 된다. 그 과정은 전체가 순환하는 고리로 이루어진다. 그것은 지속적인 행동, 성찰, 학습, 적응, 다시 행동하는 순환 과정이다. 목적 중심 조직을 만들기 위해서는 어떤 조직을 만들려는지를 성찰하고, 스스로 먼저 목적 중심적인 사람이 되어야 한다. 공동선共同善으로 살기 위해서는 학습의 고통도 기꺼이 감내해야 한다.

기업의 일화와 용어 정의

이 책을 쓰기 위해 조사하면서, 몬산토의 전 CEO인 리차드 딕 마호니Richard Dick Mahoney를 인터뷰했다. 그가 CEO였을 당시, 몬산토에는 화학제품 관련 부서들이 있었는데, 이후 이 사업 부문이 없어졌다. 딕은 1987년 처음으로 오염물질 배출에 대한 모니터링을 시작했던 당시의 이야기를 들려주었다. 몬산토의 오염물질 배출 수치에 충격을 받은 그는 자사의 수치를 개선할 필요가 있을 뿐만 아니라 그 수치를 낮춰 동종 산업 부문의 아이콘이 되도록 하겠다고 결정했다. 그는 6년 이내에 90% 감소를 요구했다.

많은 사람이 불가능하다고 믿었지만, 딕은 그 목표가 가치 있는 명분으로 회사에 활력을 불어넣고, 구성원들에게는 자부심을 심어준 일이었다고 말했다. 결과는 훌륭했다. 몬산토와 미국 환경보호청 EPA과의 대화에서뿐만 아니라 동종 산업계 전반에 분위기가 조성되었다. 그의 후임자인 로버트 샤피로는 다음과 같이 말했다.

나의 전임자인 딕 마호니는 우리가 해오던 방식을 바꿔야 한다는 것을 알았습니다. 나와 달리 그는 화학산업에서 잔뼈가 굵었기 때문에, 공장에서 나오는 물질에 주목했습니다. 1988년 최초로 독성물질 배출목록이 발표되면서 공장 오염물질 배출 수준에 대한 주의를 환기시켰습니다.

딕 마호니는 몬산토와 나머지 화학산업체의 전통적 문화보다 앞서 나갔습니다. 그는 믿을 수 없을 정도로 공격적인 양적 목표와 달성 기한을 설정했습니다. 목표치에 대한 첫 반응들은 "이런, 제정신이 아니군"이었습니다. 그러나 그것은 효과적인 기법이었습니다. 6년 만에 우리는 독성가스 배출을 90%까지 줄였습니다.[2]

회사의 오염물질 배출 데이터를 살펴본 후 몬산토가 무엇을 추구해야 할 것인지 내린 결정으로, 딕은 경제적 결과를 가져오는 진정성 있는 더 높은 목적을 창출했다. 여기에는 목적, 더 높은, 진정성, 경제학이라는 네 가지 핵심단어가 있었다. 이 단어들은 단순하고 익숙해 보인다. 그러나 이들을 통합하면, 단순하지도 익숙하지도 않은 이미지가 창출된다. 각 단어들에 대한 정의는 다음과 같다.

목적: 우리는 자신의 과거 경험에 의존하는 경향이 있다.[3] 다시 말해, 주어진 상황에서 내리는 결정은 과거에 내렸던 결정에 의해 크게 좌우된다. 통상 과거가 현재를 결정하며, 사람들은 상황에 반응하는 상태로 살아가는 경향이 있다.

　목적은 사전적인 개념이다. 다음과 같은 특이한 질문을 생각해보자. 미래가 현재를 결정하는 경우는 언제인가? 답은 우리가 상상하던 이미지를 명료하게 파악하고, 그것에 전념할 경우다. 딕은 몬산토가 6년 후에는 오염물질 배출을 90%로 줄인다는 미래를 확인했다. 그 미래가 현재의 회사가 어떻게 행동해야 할지를 결정했다. 목적은 초점을 설정하여 우리를 새로운 미래 창조로 이끄는 의도다.

더 높은: 사회과학자들은 대부분의 경우 사람들이 이기적이라고 말한다. 사람들은 자기중심적이거나 자기 본위적 경향을 띤다. 그들은 자신에게 가장 이로운 것을 찾으며, 종종 다른 사람에게 가장 이로운 것을 희생시켜서라도 그리한다. 사람들은 자원 획득을 하려고 경쟁 지향적이 된다.

'더 높은'이란 말은 '더 숭고한'이란 의미다. 더 높은 목적은 전통적인 자기이익보다 더 원대한 의도를 말한다. 이 말은 더 위대한 선에 기여하려는 욕구와 그것을 행하려는 갈망을 반영한다. 딕이 환경을 위해 오염물질 배출을 줄이겠다는 친사회적인 더 높은 목적에 몰두했을 때, 몬산토의 전통적인 행동은 변했다. 몬산토의 집단 이익과 구성원의 개인 이익이 수렴되었는데, 그 이유는 더 높은 목적에 개인적인 자긍심과 주인의식을 느꼈기 때문이다. 그것은 딕만의 더 높은 목적이 아니라 그들의 목적이기도 했다! 그래서 변화가 일어났다. 사람들은 도전에 맞서 함께 뭉쳤고, 놀라운 결과를 만들어냈다.

진정성: 전통적인 사고로는 진정성을 이해하기 어렵다. 진정성의 유의어에는 '진실한', '정확한', '진짜의', '실제의', '타당한' 그리고 '본래의'라는 말이 있다. 반의어로는 '거짓의' 혹은 '가짜의'가 있다. 진정성 있는 메시지는 가짜가 아닌, 진짜 메시지다. 진정성 있는 메시지는 사회적 기대를 초월하며, 걸러지지 않은 메시지다. 진정성 있는 메시지를 들을 때면 그런 메시지를 들으리라 예상하지 않았기 때문에 주의를 집중한다. 몬산토의 그 누구도 딕이 6년 내에 오염물질 배출을 90% 줄인다는 목표를 세우리라고는 예상치 못했다. 그것은 편협한 자기이익으로 만들어진 것이 아닌 진정성 있는 메시지였다. 진정성 있는 메시지는 머리와 가슴이 융합되어 만들어진다. 몬산토에서는 진정성 있는 메시지가 구성원 집단의 공통적 욕구와 생각을 반영했으며, 모든 결정사항의 중재자가 되었다.

경제학: 진정성 있는 더 높은 목적은 기여와 관련된 것이다. 경제학은 전통적으로 경제적 교환에 관한 것이다. 내가 당신에게 어떤 것을 주면, 당신은 반대급부로 뭔가를 나에게 주는 것이다. 진정성 있는 더 높은 목적을 지닌다는 것은 보상으로 무언가를 얻겠다는 명백한 기대를 전혀 하지 않고 기여함을 의미한다. 즉 진정성 있는 것으로 여겨지려면 더 높은 목적의 추구가 구성원, 고객, 기타 인사들과 어떤 종류의 거래교환으로 여겨져서는 안 된다. "오늘 우리가 당신을 위해 이 일을 할 테니, 내일 당신은 우리를 위해 무언가를 해야 한다"는 식이 되어서는 안 된다. 더 높은 목적에 대한 딕의 말은 구성원들이 더 열심히 일하고 주가가 오르거나 앞으로 EPA가 몬산토에 더 관대하게 대우해줄 것이라는 어떤 기대를 근거로 한 것이 아니었다.

그것은 마치 친구에게 선물을 주는 것과 같다. 만약 어떤 편의를 바라고 선물했다는 것을 친구가 안다면, 그 선물은 의미를 잃어버리고 마치 뇌물처럼 느껴질 것이다. 역설적인 것은, 더 높은 목적이 명백해서 경제적 이득을 추구하는 게 아니라는 것이 전달되면 실제로 경제적 이득도 창출된다! 그러나 순수하게 경제적 관점에서 본다면, 이러한 결과는 처음부터 경제적 보상에 대한 기대가 전제되지 않기 때문에 더 높은 목적을 채택하는 것이 도전과제가 된다.

이어지는 다음 장들에서는 이러한 아이디어에 살을 붙이고, 이러한 원칙의 실행에 뛰어났던 사람과 조직에 관한 다양한 사례들을 다룰 것이다. 그리고 우리 스스로 자신의 더 높은 목적을 찾아서 실행할 수 있도록 구체적인 방법을 제공할 것이다.

먼저 2장에서 조직의 더 높은 목적에서 개인은 어떤 역할을 하는지 살펴보도록 하자.

2장
더 높은 목적은
모든 것을 변화시킨다

조직의 더 높은 목적을 이해하고 찾기 위해서는 개인과 특히 리더의 역할에 관한 이해가 필요하다. 이 장에서는 조직의 더 높은 목적을 위해서 필요한 개인의 역할에 관해 기술하고자 한다. 개인의 삶에서 더 높은 목적을 찾게 되면 모든 것이 변화할 것이다.

리더십과 더 높은 목적

사람이 더 높은 목적을 찾으면, 관습을 초월하는 새로운 능력을 가지며, 외형적으로는 반反직관적인 방식으로 행동하게 된다. 과거의 경제적 사고는 조직에서 주로 개인 차원의 이익을 다루었고, 구성원의 행동을 사업주가 원하는 행동에 가깝게 하는 계약 방식에 초점을 맞추었다. 이 접근 방식에서는 구성원의 자기이익을 기정사실로 받아들였고, 목표는 생산자원을 소유한 자와 경제 가치를 생산하기 위해 그 자원을 관리하는 자 간의 분배가 가장 잘 이루어지는 고용계약을 설계하는 것이었다.

우리가 목적 중심적 CEO에 관해 연구하면 대안적인 세계관을 발견할 것이다. 그러나 목적 중심적 CEO도 기존의 경제적 사고를 배척하지는 않는다. 다만 그들은 그것을 변화시키며, 그 변화는 전통적인 두려움이 아닌 상상력에 의해 주도된다. 목적 중심적 CEO는 구성원을 순전히 자기이익만 챙기는 이기적 존재로 보기보다는, 그들 자신보다 더 크고, 조직보다도 더 큰 목적의 부름에 잠재적으로 응답하는 존재로 본다. 이러한 응답은 구성원들이 물려받은 사회적 유산에 기여하고, 긍지를 느낄 수 있는 사회를 만드는 데 기여하고자 하는 욕구를 창출하게 한다.

목적 중심 리더들이 나서면 목적 중심 조직이 구축된다. 그러나 이것이 쉬운 일은 아니다. 그들이 직면하는 도전은 우리가 앞장에서 논했던 역설에 정면으로 맞선다는 것이다. 더 높은 목적을 추구하기에 때로는 위험에 처할 수도 있다. 또한 가시적인 경제적 성과를 창출하라는 투자자들의 요구를 고려한다면, 과연 조직의 더 높은 목적을 어떻게 추구할 수 있겠는가? 이 장에서는 그러한 역설에 대응할 수 있는 방법을 제공할 것이다. 또한 더 높은 목적을 포용하는 것이 어떻게 인간의 관점을 변화시키며, 과학적 연구가 우리의 주장을 어떻게 뒷받침하는지를 보여줄 것이다.

사람과 목적

어느 날 미시간대학교 로스경영대학원의 긍정조직센터에서 대학생들과 이야기를 나눌 기회가 있었다. 그때 학생들은 자신들의 진로에 상당한 불안감을 드러냈다. 우리는 그들에게 더 높은 목적의 삶, 의미 있는 사회적 기여를 하는 삶을 살 때 진정한 변화가 일어난다고 말해주었다. 즉 일을 한다는 것이 더 이상 돈을 벌기 위한 경제적 교환 행위와 같은 힘든 노동이 되지 않는다고 말했다. 일을 하면 할수록 잠재력이 더 많이 실현되어 일이 즐거움이 된다. 또한 더 역동적이고 도덕적인 자아를 만들고 발견한다. 일을 통해서 더 많은 자긍심을 경험하며, 다른 사람을 더 많이 존중하게 되는 것이다.

내가 하는 일을 사랑할 때, 부와 권력 같은 외적 보상은 더 이상 동기부여의 힘을 잃는다. 이제는 의미, 진실성, 사랑, 배움 같은 내적 동기부여 요소들을 지향하기 시작한다. 그러므로 주변 환경에 수동적으로 영향을 받는 사람이 되기보다는 능동적으로 주변 환경을 이끌어가는 사람이 된다.

스스로 새롭고 좋은 일들이 일어나도록 다른 사람들을 문화 속으로 끌어들이는 리더가 된다. 이렇게 변화하면 다른 사람에게 기여할 수 있는 기회가 더 많아진다. 그러면 자기를 강화하는 적극적인 피드백을 더 많이 제공받는다. 그렇다고 어려움을 겪지 않는다는 의미는 아니다. 단지 도전을 통해 에너지를 충전한다는 의미다. 명확한 목적을 지니고 그것을 즐기고 추구할 때, 훨씬 더 능수능란하게 관련된 문제를 해결할 수 있다. 이제 나는 성공한 삶이라기보다는 의미 있는 삶을 살기 시작한다.

현실적 질문

대학생들에게 개인적 목적에 대해 강의하면서 "삶의 목적을 어떻게 찾습니까?"라는 현실적인 질문을 받았다. 밥은 다음과 같은 이야기를 들려주었다.

어느 날, 내 딸 샤우리에게 전화가 왔다. 딸아이는 방금 전 남자친구가 이별 통보를 받고 부정적 감정이 끓어올라 마음을 추스르기 위해 집으로 온다고 말했다. 다음 날 아침, 나는 공항으로 마중을 나갔다.

샤우리는 차에 타자마자 자신의 불행한 처지를 넋두리하듯 늘어놓기 시작했다. 샤우리는 감정의 늪에 깊이 빠져 괴로워했고, 그럴수록 늪은 점점 더 깊고 암울해지는 것 같았다.

결국 나는 샤우리가 지금 하려는 게 문제 해결인지, 아니면 목적 찾기인지를 물었다. 이 이상한 나의 질문이 샤우리를 놀라게 했는지, 의아한 눈초리로 나를 쳐다봤다.

나는 사람들 대부분이 자신이 반응하는 방식으로 살아간다고 말해주었다. 사람들은 항상 자신의 문제를 해결하려 애쓰며, 자신의 감정이 파도치는 대로 슬퍼하거나 기뻐한다. 이는 매우 흔한 일이며, 대부분 사람들은 반응하는 상태reactive state로 살아간다 말했다. 나는 대안을 제시했다. 우리는 우리 삶의 선도자나 창조자가 될 수 있다. 삶의 선도자가 되면, 가치를 창출하고 자신에 대해 좋은 감정을 느낄 수 있다. 지속적으로 목적을 분명히 하다 보면, 비전을 지닌 삶을 살게 된다. 미래는 상상하는 대로 다가온다. 삶의 목적을 추구하기 시작하면, 부정적인 감정은 자주 일어나지 않는다. 우리는 반응하는 자신에 대해 승리감을 맛보게 되며, 있는 그대로의 자신에 흡족해진다. 이는 더 가치 있는 자신을 느끼기 시작하기 때문이다. 나아가 우리 삶에 대한 권한을 부여받고 또 다른 사람에게도 권한을 부여하게 된다.

샤우리는 내 말에 수긍하지 않았다. 그녀는 내 말을 무시했고, 다시 자신의 가치에 대해 질문하는 데 15분 정도의 시간을 보냈다. 샤우리가 숨을 고르기 위해 잠깐 말을 멈췄을 때, 나는 그녀에게 다시 문제 해결인지 어떤 목적을 찾는 것인지를 물었다. 샤우리는 내 질문에 답하지 않고, 자신이 "착하지 않았기" 때문에 자신에게 이런 일이 일어난 것은 아닌지 의문스러워했다.

우리는 똑같은 패턴의 이야기를 네 번이나 반복했다. 내가 마지막으로 물었을 때 샤우리는 말을 멈추고는 나를 빤히 쳐다보았다. 나는 중요한 순간임을 직감했다. 나의 무심한 질문을 멈추려는 듯이 그녀가 물었다.

"이런 상황에서 내가 어떻게 목적 같은 걸 찾을 수 있죠?"

"어떠한 상황에서도 그럴 수 있어." 나는 대답했다.

"어떻게요?"

"나는 마음의 갈피를 잡을 수 없을 때나 부정적인 감정에 사로잡힐 때마다 내 삶의 선언문을 꺼내어 다시 쓰곤 한단다."

때마침 우리는 집으로 향하는 진입로로 들어서고 있었다.

"삶의 선언문이란 게 뭐예요?" 그녀가 물었다.

나는 삶의 선언문이란 내가 누구이고, 내 삶의 목적이 무엇인지를 포착하기 위해서 작성한 간단한 문장이라고 설명했다.

"진짜 그런 걸 적어서 가지고 있다고요?" 샤우리는 정말 놀란 것 같았다.

뭔가 바뀌었다. 나는 샤우리의 주의를 끄는 데 성공했다. 그녀는 진심으로 관심을 보였다. 드디어 의미 있는 접촉과 높은 가능성을 지닌 탐구의 기회를 잡은 것이었다.

"내 삶의 선언문을 너에게 보여줄게." 내가 말했다.

샤우리는 나를 따라 서재로 들어왔다. 파일 속에 들어 있던 종이 한 장을 꺼내 그녀에게 보여주었다. 샤우리는 문장이 적힌 종이를 유심히 읽고 나서 고개를 들었다.

"기분이 나쁠 때, 이걸 읽고 나면 기분이 정말 나아지나요?" 샤우리가 물었다.

"아니, 정말로 기분이 나쁠 때는 일부를 다시 쓰거나 새로운 걸 추가한단다. 이 선언문은 항상 진화하고 있는 셈이야. 다시 쓰고 나면, 내가 누군지를 더 분명하게 느끼게 되지. 내가 가장 중요하게 생각하는 것이 무엇인지를 명백히 하고 나면, 마음이 더 안정되는 거야. 나의 목적과 가치관을 확실히 규명하고 나면, 스스로 중심을 잡는단다. 내 부정적 감정은 내가 미처 깨닫기 전에 사라지는 거야. 내가 누군지 그리고 무엇을 창조하고 싶은지를 확실히 규명하는 것만으로도 활력을 얻을 수 있어. 그런 움직임에 대한 생각마저도 나의 마음을 부풀게 하지."

"삶의 선언문을 다시 쓰는 이유는 또 있단다." 나는 말을 이어갔다. "사람들은 자신의 가치관이 시멘트처럼 영구적이라고 생각하지. 명확한 가치관이 우리를 안정시킬 수는 있지만, 그게 시멘트 같지는 않아. 가치관도 진화해야 하거든. 새로운 상황에 직면할 때마다 우리는 가치관을 재해석하기에 가치관도 조금씩 변하는 거야. 이처럼 선언문을 다시 쓰면, 우리가 배운 것과 발전시킨 가치관을 통합할 수 있게 된단다. 그렇게 가치관은 우리와 함께 진화하고, 서로 함께 창조하는 거란다."

나는 수업 중에 회사 임원들에게 삶의 선언문을 작성하게 하는데, 그들도 쓰는 것을 어려워한다고 샤우리에게 말해주었다. 그들은 매우 간단한 삶의 선언문부터 작성하기 시작한다. 나는 딸 아이에게 이미 일어난 일 때문에 주말을 기분 나쁘게 보내고, 그 일에 대한 자신의 반응을 곱씹으면서 무의미하게 지내는 대신에, 삶의 선언문을 작성해보라고 제안했다. 다음은 이후 그녀에게 일어난 일이다.

샤우리는 삶의 선언문을 다 작성하고는, 자신의 집으로 돌아갔다. 며칠 후, 샤우리는 내게 편지 한 통을 보내왔다. 그녀는 다른 사람에게 보여줘도 괜찮다고 했다. 편지는 그녀의 고통스런 경험과 집으로 돌아가기로 결정한 것부터 설명하면서 시작했다.

"아빠가 공항으로 마중을 나와 같이 집으로 가는 중에, 매트와의 상황에 관해 내가 무슨 생각하는지, 또 어떻게 느끼는지 저에게 질문했어요. 처음에는 단지 내가 느끼는 고통과 자기 연민에 관한 것만 이야기했는데, 이야기를 하다 보니 내가 대체 무엇을 잘못한 건지 그리고 앞으로 과연 내가 누군가를 다시 사랑할 수는 있을지 궁금해지기 시작했어요. 나는 그냥 이 문제를 계속 혼자 되씹기만 했거든요.

그러나 아빠는 문제 해결 방향에서 내 목적 찾기로 화제를 돌렸어요. 처음에는 본능적으로 우리의 대화를 다시 원래대로 돌리고 싶었어요. 어쩌면 나는 문제의 고통 속에 빠져 있고 싶었는지 몰라요. 나는 내가 해법을 찾고 있다고 생각했지만, 대화가 나의 목적으로 흘러가고서야 진정한 해법을 찾을 수 있었어요."[4]

부정적 감정은 우리를 반응하는 상태로 이끈다. 그 상태는 우리를 탈진시키고 문제를 계속 곱씹게 만들어[5] 같은 자리에서 뱅뱅 맴돌게 한다.

샤우리가 마침내 삶의 목적을 찾았을 때, 그녀의 전체적인 관점이 변했다. 그녀는 자신의 일상적인 문제를 극복하기 시작했다. 그렇게 문제 해결에서 목적 찾기로 전환했다.

샤우리의 편지는 놀라운 전환을 가져왔다. 그녀는 최근에 옛 남자친구에게 보낸 이메일을 함께 보냈다. 그가 그녀에게 먼저 연락했고, 그녀의 근황을 몹시 궁금해했다. 그녀는 이에 대한 답을 평상시와 달리 진정성이 담긴 열린 마음으로 겉으로 보기에는 연약한 편지를 썼다.

그녀의 룸메이트는 편지 내용이 너무 솔직하다고 주장했다! 그들은 자신에게 등을 돌린 누군가에게 자신을 그대로 드러내는 것을 도저히 상상할 수 없었다. 이 결론에 이르기까지 그들은 많은 전통적인 추정을 했다. 남녀 간의 데이트는 자신들의 이익을 추구하는 시장이다. 누군가 나를 배신하면, 그 사람에게 마땅히 받아야 할 방식으로 되갚는다.

이전 같으면 이 의견에 샤우리도 동의했을 것이다. 그러나 뭔가 변했다. 그녀는 갑자기 덜 정상적이었고, 덜 두려웠고, 덜 의욕적이었다. 샤우리가 밥에게 쓴 다음의 글은 대단한 결과였다.

"재미있는 사실은 그 모든 것에 내가 엄청나게 평화로운 감정을 느꼈다는 거에요. 일종의 해방감이었다고 할께요. 놀라운 건 나는 이제 더 이상 그의 반응이나 내가 그에게 말한 것을 걱정하지 않는다는 거에요. 난 반응보다 행동하는 것을 선택했어요. 그렇게 했기 때문에 해방되었고, 새로운 힘을 얻게 되었어요. 이 상황에서 통제하기를 포기함으로써 상황을 통제할 수 있었어요. 이제 나는 그의 반응을 걱정하지 않게 되었어요. 그에게 완전히 솔직해졌고, 이상하게도 그로 인해 자신감이 생겼어요.

나의 목적은 스스로 자존심을 정화하고, 다른 사람에게 봉사하는 것! 목적을 위해 일하기 시작하면서 내 문제로부터 자유로워졌고, 문제들은 스스로 해결되었어요. 나는 빛으로 가득 차 있음을 느끼고, 나의 목적을 계속 추구할수록 나의 빛은 점점 더 밝아지고, 나의 이기심은 그 안에서 스스로 사라질 거란 느낌이 들어요.”

샤우리의 경험은 몇 가지 중요한 점들을 보여준다. 첫째, 반사적이고 부정적인 감정을 가지는 것은 매우 정상적이다. 우리 모두는 이 방향으로 끌려간다. 대부분 이렇게 느끼는 부정적인 감정이 싫다고 주장하지만, 행동은 그렇지 못하다. 실제로는 종종 부정적인 상태에 머물기로 작정하기도 한다. 우리는 ‘문제’에 빠져드는 과정에 중독된 것처럼 여기기도 한다. 이런 현상은 극히 자연스럽고, 이상하지만 그런 고통 속에 머무는 것을 편안하게 느끼기도 한다. 이런 희생자 역할은 저항이 가장 적은 길이고, 우리가 어떻게 수행해야 하는지 알고 있기 때문에 기꺼이 받아들이는 것이다.

둘째, 우리는 우리가 처한 상태를 통제할 수 있다. 우리는 희생자 역할에 머무를 필요가 없으며, 자신의 반응을 선택할 수 있다. 문제가 있는 것으로 보이는 외부세계를 떠날 수 있다. 문제 속으로가 아닌, 우리가 꿈꾸는 목적 속으로 스스로 들어갈 수 있다. 목적을 규명하기 위해 내면으로 들어갈 때, 우리의 인식은 극적으로 변화하기 시작한다.[6] 원래의 문제가 반드시 사라지는 것은 아니지만, 심각성은 훨씬 낮아진다. 그러면 우리는 그 문제를 극복한다.

셋째, 존재 상태의 변화는 세상을 바꾼다. 샤우리가 자신의 목적을 명확하게 하자 부정적이던 그녀의 감정은 긍정적으로 변했다. 그녀는 더 많은 권한을 부여받은 동시에 타인에게 권한을 부여할 수 있다는 느낌을 받았다. 더 많은 권한을 부여한다는 것은 다른 사람이 스스로에게 권한을 부여하도록 돕는 리더가 된다는 것이다.

샤우리가 이런 세 가지 변화를 이루었다는 것을 어떻게 믿을 수 있는가? 그녀의 삶에 대한 관점이 바뀌고 난 얼마 후에, 그녀의 직장 생활이 변화했다. 그녀는 자신의 일에 진취성과 창의성을 불어넣었다. 그녀는 승진했고, 경력은 이전에는 상상하지 못했던 가파른 상승세를 보였다. 그녀는 새로운 업무에서 훨씬 더 안정되고 자신에 찬 모습을 보였다. 새로워진 샤우리는 회사에서 이전보다 더욱 더 가치를 발휘했다.

목적 중심형의 새로운 인간, 샤우리는 회사를 더욱 효율적인 조직으로 만들었고, 회사는 새롭게 부상하는 그녀의 리더십이 발휘되길 기대했다.

개인적 보상

샤우리에 관한 이야기를 나누면서 우리는 더 높은 목적을 찾는 데 따른 보상과 관련한 다양한 의견을 접할 수 있다. 과학적 연구가 우리의 주장을 일반화할 수는 있지만 포괄적이지는 않다. 현실에서는 더 많은 보상이 있다. 빅터 J. 스트레처Vic Strecher는 그의 저서《목적을 지닌 삶 : 모든 것을 바꾸는 삶이란 어떻게 사는 것인가Life on Purpose: How Living for What Matters Most Changes Everything》[7]에서 목적을 지닌 삶의 몇 가지 장점을 밝히기 위해 과학적 문헌들을 고찰하였다.

연구에 따르면 진정성 있는 더 높은 목적을 지니면 다음과 같은 장점이 있음을 시사한다. 수명 증가, 심장마비 및 뇌졸중 위험 감소, 알츠하이머 질환 위험 감소, 성생활 증대, 숙면 도움, 우울증 가능성 감소, 약물 및 알코올 중독 치료 후 재발 확률 감소, 면역세포 활성화 및 염증세포 감소, 좋은 콜레스테롤 증가 등이다. 또한 더 높은 목적 혹은 친사회적 동기는 끈기, 업무성과, 생산성 향상을 예측할 수 있음을 밝혔다.[8]

삶의 목적을 가진 사람들은 역경 속에서도 낙관적인 태도를 유지한다. 연구에 따르면 낙관주의는 종종 자기 충족적인 예언이 된다. 미래에 대한 낙관주의가 자신을 더 낙관적으로 만들어서 적극적인 결과를 성취하기 위한 일에 헌신하도록 만든다는 사실이 연구에서 입증되었다.[9] 예를 들어 당신이 더 오래 살 것이라고 생각한다면 헬스장에 더 자주 가게 되고, 그러면 더 건강해져서 실제로 더 오래 살 수 있게 되지 않겠는가! 여러 면에서 진정성 있는 더 높은 목적을 지닌 사람은 규범을 초월하거나 관례를 벗어나는 행동을 한다. 그런 사람은 삶의 가장 소중한 자산에 접근한다. 연구 데이터는 우리가 선천적으로 자연을 초월하도록 설계되어 있음을 시사한다.

목적과 리더십

샤우리는 목적을 갖게 되면서, 삶의 관점이 바뀌고 새로운 능력을 발견하게 되어 더 효과적으로 행동하기 시작했다. 연구를 통해 알 수 있듯이, 그녀는 더 낙관적이 되었고 헌신과 성취 지향적이 되었으며, 새로운 방식으로 행동해 기대를 넘어서는 성과를 올렸다. 이제 그녀는 자신의 삶에 새로운 자원들을 끌어들였다.

또한 그녀는 다른 사람들을 이끌기 시작했다. 이 책에서 볼 수 있듯이, 개인이 자신의 목적을 찾게 되면 종종 변화가 일어나 다른 사람을 이끌기 시작한다. 이 책에서 보게 될 이러한 변화는 CEO들에게도 일어난다. 그들은 삶의 목적을 발견하면, 삶을 바라보는 관점이 변하면서 목적 중심 조직을 만들려고 한다.

목적과 조직

목적 중심 조직의 개념은 많은 흥미로운 가능성을 제기한다. 과연 탁월한 문화를 갖춘 사회체제 창출이 가능할까? 개인적 이익과 집단적 이익이 하나가 되어 통상적인 기대치를 넘어서는 조직을 창출하는 것이 실제로 가능할까? 구성원들이 낙관적이고 헌신적이어서 그 조직이 재정적 기대치를 능가하고, 다른 조직이 분열의 조짐을 보일 때도 서로 단결하는 그런 조직이 과연 가능할까?

이 모든 질문에 대한 답은 '그렇다'이다. 다음 장에서 이를 예증하는 수많은 사례연구들을 보게 될 것이다.

더 높은 목적의 장점

더 높은 목적을 가진 조직은 두 가지 주요 방식에서 이점을 누린다. 첫째, 진정성 있는 목적은 '도덕적 접착제'를 형성하고 구성원에게 영감을 부여해 서로 결속시킨다. 구성원들은 편협한 자기이익 추구보다는 조직의 집단적 이익에 따라 행동하도록 동기를 부여받는다.

사람들은 윤리적 절차를 무시하지 않는다. 그 이유는 그렇게 하는 것이 조직의 문화와 일치하지 않으며, 동료 구성원들이 지지하지 않을 것임을 알기 때문이다.

더 높은 목적을 지닌 조직에서는 구성원들 서로가 옳은 일을 할 것으로 기대한다. 구성원들이 경쟁적인 조직 내부 게임에서 더 열심히 일하고, 서로 방해하는 행위를 줄여 조직에 오래 남고 싶어 하게 되는데, 이는 능력 있는 구성원들의 이직률을 낮춘다. 결과적으로 조직의 경제적 생산성이 늘어난다. 우리가 연구했던 한 조직의 CEO는 더 높은 조직의 목적이 어떻게 기업문화를 바꿨는지에 대해 다음과 같이 말했다.

"이제 그들은 서로 간에 다툼이 생기면, 만약 내가 그 자리에 있었다면 어떻게 이야기할까를 스스로 물어보고, 거의 대부분 그 답을 알고 있다. 따라서 이제 나는 그들 사이의 분쟁을 조정할 필요가 없다. 그들 스스로 일을 처리한다. 구성원들이 다른 사람을 험담하기 위해 나를 찾는 그런 뒤통수를 치는 일 따위는 없다."

그 결과 기대치를 뛰어넘는 목표를 향해서 강한 집중과 에너지를 만들어내고 있다.

목적 중심적 리더가 이러한 성과를 달성할 수 있다는 주장은 대규모 표본 연구에서도 드러나고 있다. 25개 산업 부문에 걸쳐 2만 명의 구성원들을 대상으로 한 설문조사에서, 권위 있는 자리에 있는 사람들이 뚜렷한 목적을 지니고 있고 목적에 따라 소통한다면 구성원들에게 큰 영향을 미치는 것으로 나타났다. 목적 중심적 리더의 구성원들은 70% 더 만족하고, 56% 더 적극적이며, 조직에 남을 가능성이 100% 더 높다고 알려졌다.[10]

둘째, 조직의 진정성 있는 더 높은 목적은 외부 이해 당사자들에게 조직의 깊은 의도를 확인시키는 데 도움을 준다. 이러한 명확성은 공공 규제기관, 경쟁업체, 공급업체, 고객들을 포함한 이해 당사자들과의 갈등을 줄인다. 폭스바겐의 오염물질 배출 데이터의 조직적인 위조, 도요타 자동차의 가스페달과 관련한 북미에서의 사고, 2007년부터 2009년까지 금융 위기 이후 많은 금융기관이 엄청난 벌금과 언론의 부정적인 관심을 받은 것을 생각해보라!

이러한 사건들은 경제적으로 이들 조직에 매우 큰 타격을 입혔다. 이와 반대로, 구성원과 고객 모두에게 주의를 기울이는 더 높은 목적을 가진 조직인 사우스웨스트항공은 다른 모든 회사보다 훨씬 나은 평판을 받으면서 다른 조직이 할 수 없었던 일들을 해냈다.

더 높은 목적과 경제적 성과

조직의 더 높은 목적은 자선이나 사업의 번창을 위한 만병통치약은 아니다. 조직이 잘 되려면, 다른 모든 사업 능력이 필요하다. 즉 해당 핵심 경쟁력과 이와 연계된 전략, 좋은 제품, 계획 실행능력, 건전한 재무관리, 운영의 탁월성이 요구된다. 더 나아가 우리가 모색하는 것은 회사의 사업과는 구별되는 어떤 자선활동이 아닌, 더 높은 목적과 사업전략의 공통분모에 대한 이해다. 따라서 조직은 더 높은 목적을 포용하면서 실행력 있는 경제적 성공을 강조해야 한다. 실제로 조직이 장기적인 재정적 건전성 없이 더 높은 목적 추구에 따른 단기적 희생을 감수할 수 있다고 상상하기는 어렵다.

조직이 진정한 더 높은 목적을 포용하면서 그 목적이 조직의 전반적인 사업에서 경제적인 의미를 지녀야 한다. 이에 대한 좋은 예는 투자 유치 리얼리티 TV 프로그램 〈샤크탱크Shark Tank〉의 에피소드에서 볼 수 있다. 이 에피소드에는 물을 대야 하는 들판의 나무들을 덮어 관개용수를 절약하는 용도로 쓸 수 있는 원뿔형 천막을 고안한 조니 조지스라는 농부가 나왔다. 그는 사업을 확장하기 위해 샤크(투자자)들로부터 자금을 구하고 있었다. 그가 고안한 제품 이름은 '나무 티피T-PEE'였는데, 기발하면서도 놀랍도록 단순한 물과 영양분 보관시스템이었다.

조지스의 더 높은 목적은 농사에 필요한 물을 절약하고 농부들에게 더 좋은 혜택을 주는 것이었다. 투자자들은 제품 단위당 제조원가가 얼마이며, 판매가를 얼마로 할 것인지를 물었다. 그들은 판매가가 너무 낮고, 마진이 너무 적다고 생각했다. 그러나 조지스는 혜택을 주려는 대상이 농부들이라, 가격을 높여 그들에게 바가지를 씌우고 싶지 않다고 주장했다.

투자자들은 연이어 자금투자 요청을 거절했다. 상업적 채산성 결여와 낮은 마진으로는 사업을 키울 수 없다고 생각했기 때문이었다. 마지막 투자자였던 존 폴 데조리아가 나서서 자금을 지원하기로 했지만, 판매가를 조지스가 만족하는 수준에서 현재 가격보다는 높일 것을 주장했다. 거래가 성공적으로 성사되었다. 샤크 탱크 에피소드가 방영된 다음 날, 조지스의 메일 수신함에는 5만 6,000개가 넘는 이메일이 쏟아졌고, 그는 그날 밤에만 수천 개의 나무 티피를 팔았

다. 현재 이 제품은 전 세계적으로 판매되고 있으며, 조지스는 홈데 포와 거래를 체결했다.[11]

이 사례는 기업의 더 높은 목적에 대한 설명에서 경제학이라는 단어의 중요성을 잘 보여준다. 더 높은 목적 추구가 자선은 아니다. 제조업자라면 제품을 거저 줄 필요는 없다. 이익을 남기는 사업이 더 높은 목적 추구와 상충하지는 않는다는 것을 보여준 사례다.

이제 상상의 문제로 넘어가자!

3장
더 높은 목적을 가진 조직 상상하기

헨리 포드는 말했다. "내가 고객에게 뭘 원하느냐고 물었다면, 그들은 '더 빠른 말'이라고 답했을 것이다." 자동차를 상상해보지 못한 사람은 자동차를 원한다고 말할 수 없다. 사람들은 이미 알고 있는 것보다 더 나은, 혹은 더 빠른 버전을 원한다고 말할 수밖에 없다. 그들은 통상적인 가정을 하기 때문에, 약간의 개선이나 조금씩 진행되는 변화를 원할 수 있을 뿐이다.

이러한 한계는 이 책의 주제에도 적용된다. 1장에서 본 것처럼 진정한 더 높은 목적은 일반적인 추정을 초월한다. 이러한 개념은 일반적인 이해에 반하며, 책임을 암시하며, 저항을 촉발할 수도 있다.

상상할 수 없는 것을 상상하기

진정성 있는 더 높은 목적을 지닌 사람, 그리고 진정성 있는 더 높은 목적을 지닌 조직을 상상하는 것은 어렵다. 샤우리에게 목적을 찾아보자고 했을 때, 그녀도 처음에는 완강하게 거부했다. 그녀는 진정성 있는 더 높은 목적을 어떻게 창안하는지, 그런 삶을 어떻게 사는지를 상상할 수 없었기 때문에 반응 상태에 머물렀다. 그녀는 관습적으로 행동했다. 샤우리의 이야기는 더 높은 상태의 삶을 상상할 수 없는 평범한 직장생활을 하는 젊은 여성의 이야기다.

그녀가 관습에 갇힌 것은 이해할 수 있다. 더 높은 상태를 상상하는 것이 어려운 사람이 그녀뿐만은 아니다. 이 책에는 진정성 있는 더 높은 목적 중심으로 움직이려는 조직의 CEO를 인터뷰하는 과정에서 우리가 발견했던 내용이 부분적으로 포함되어 있다.

우리가 발견한 놀라운 사실은 인터뷰 대상의 절반이 넘는 CEO들이 일반 직장인이었던 샤우리와 똑같았다는 것이다. 그들이 처음 CEO가 되었을 때, 목적에 관하여 들은 적은 있었지만 실제 목적의 힘을 알지 못했고, 따라서 그것에 투자할 이유가 없었다. 대부분의 사람과 마찬가지로, 그들은 위기의 순간과 깊은 학습 과정을 통해 목적 중심적이 되었다.

이런 CEO 중 한 사람이 세계적인 곡물업체인 번지Bunge를 은퇴한 알베르토 웨이서다.[12] 알베르토가 CEO로 재직한 11년 동안 번지는 10배가 성장했다. 2001년 회사가 상장된 시점과 2013년 그가 은

퇴한 시점 사이에 주가는 5배 올랐다. 알베르토의 이야기는 중단 없는 성공담으로 종종 그려진다. 하지만 실제로는 아니였다. CEO로서의 첫 해는 그의 삶에서 가장 힘든 해였다. 그는 자신이 상상조차 할 수 없는 일로 실패를 겪었다.

알베르토는 재무 분야에서 경력을 쌓았으며 CEO로 승진하기 전에는 CFO였다. 그는 전통적인 경제 관점을 지닌 전문가였으며 그런 이력으로 회사에서 승진의 사다리를 오를 수 있었다. 그는 자신이 훈련 받은 대로, 조직은 권한의 계층구조로 되어 있다고 굳게 믿었다. 맨 꼭대기에 있는 사람이 명령을 내리면, 그 아래 사람은 그걸 철저히 따라야 하며 저항이 있다면, CEO는 단호하게 처리해야 한다고 믿었다.

알베르토는 단호했지만, 실패했다. 계층적 지배, 권한, 단호함이라는 기존 생각을 적용함으로써 조직은 성과를 올리지 못했다. 이 실패가 그를 리더십 이론에 도전하게 했고, 결국에는 그의 세계관을 바꾸게 만들었다. 알베르토는 결국 조직에 진정성 있는 더 높은 목적을 도입한 목적 중심적 리더가 되었지만, 그 길이 쉽지만은 않았다.

그때를 돌아보며, 알베르토는 자신이 주눅 들었고, 무서웠다고 말했다. 우리는 CEO를 '무서움 따위는 없는, 권력을 가진 지위에 있는 사람'이라 생각하곤 한다. 그러나 CEO의 역할은 변화를 이끄는 것이다. 변화를 이끈다는 것은 특유의 도전과 깊은 학습으로 사람들을 끌어들이는 것을 의미한다. 그러니 내 자신이 스스로 전문가적 역할을 어떻게 수행해야 할지 모른다고 느껴지면 두려울 수밖에 없다.

그러한 두려움은 현재의 전문가적 지위까지 올려준 믿음이 실제로는 실패의 원인이라는 걸 깨닫기 시작할 때 크게 증가한다. 갑자기 끔찍한 역설 속에 살게 되며, 유일한 탈출구는 깊이 있는 혹은 변화를 야기하는 학습뿐인데, 이는 뼈를 깎는 깊은 성찰과 개인적 수련이 필요하다. 또한 상상할 수 없는 무언가를 알아야 한다는 것을 뜻한다.

알베르토는 "나는 너무 단순했다"라고 말을 이었다. 생각이 단순하다는 것이 어리석음을 뜻하지는 않는다. 어리석은 사람은 기업의 우두머리에 오르지 못한다. 실제로 알베르토는 머리가 아주 좋았다. 재무 업무에서 그는 다른 사람이 할 수 없던 일을 해내는 복합적인 지력을 소유하고 있었다. 알베르토는 가장 힘든 재무적 도전과제에 명석한 해법을 제시할 수 있었다.

이러한 맥락에서 단순하다는 것은 어떤 일에 대해 복잡하지 않은 사고방식을 지녔음을 의미한다. 이는 중요한 현실의 일부분을 자각하지 못하거나 보지 못함을 뜻하며 역동적인 전체를 보지 못함을 의미한다. 알베르토는 자신의 영향력 범위를 제한하는 전통적인 사고방식을 지녔기 때문에 '단순'했던 것이다. 전통적인 경제학에 영향을 많이 받은 그의 사고방식은 그를 젊은 전문가로 성공하도록 인도했지만, CEO로 성공하기 위해 알아야 하고 해야 할 것에 대해서는 그의 눈을 가리고 있었다.

전통적 경제 사고방식

여기서의 교훈은 경제학은 매우 복잡한 사고의 분야라는 것이다. 경제학은 사회적, 재정적 현실에 대한 엄격한 조사로부터 유래한다. 전통적인 경제 사고방식은 경영 교육의 토대이며, 경영 언어 및 관행을 야기한다. 이러한 사고방식은 다음과 같은 명백하고 함축적인 추정을 바탕으로 한다.

전통적 사고방식

★ 통상적인 조직은 구조적인 계층 질서를 지닌다.

★ 사람들은 위험을 회피하고, 자기이익을 추구한다(즉 그들은 자신의 기대 효용을 최대화한다).

★ 사람들은 금전적 보상을 위해 일하며, 개인의 희생을 최소화한다. 그러는 것이 기대 효용을 증대시키기 때문이다.

★ 사람들은 더 많은 자원이 더 큰 보상, 조직의 힘, 기타 특전을 창출하기 때문에 자원을 놓고 경쟁한다.

★ 변화는 불확실성을 증대시켜 기대 효용을 감소시키기 때문에 사람들은 위험을 회피하고, 현재 상태를 유지한다.

★ 사람들은 자기가 다른 사람을 위해 힘들게 일한다고 여기기 때문에 능력껏 일하지 않는다(즉 그들은 소유주나 주인이 아닌 대리인들이다).

위 목록에서 가정하고 있는 사실들이 우리가 말하는 리더로서의 성공을 어떻게 방해할까?

전통적이란 것은 '통상적인', '보통의', '확립된', '표준적인' 것을 의미한다. 보통의 경험을 조사하면 위에 열거한 목록의 패턴을 발견하게 된다. 계층구조에서 살아남으려는 이기적인 사람은 정치적인 타협과 기대에 따르려는 경향을 있다. 문화는 사람들의 행동을 주도한다. 관리자들이 문제 해결에 관여하면, 그런 문화가 확장된다. 그들은 균형과 통제를 회복하려는 도구가 된다. 문제 해결의 기저를 이루는 사고과정은 위에서 열거한 목록의 거래적 추정들로 시작으로 해 현재 상황이 유지될 수 있도록 보장한다. 학문 분야는 이런 거래적 추정에 의거한 엄격한 분석을 가르친다. 경제학과 기타 관련 분야를 배우는 사람은 먼저 가치를 창출하는 능력을 키운 다음, 반대로 가치를 창출하는 능력을 줄이는 지식을 습득한다. 학문 분야는 먼저 초심자를 전문 분석가나 문제 해결사, 즉 번지 사의 알베르토 웨이서처럼 가치를 창출하고 문화적 기대 속에서 위로 올라가는 사람으로 변신시킨다.

그 사람은 정상으로 올라감에 따라 새롭고 더 복잡하며, 역설적인 사고방식이 필요하게 된다. 리더는 문화를 유지하면서 동시에 파괴할 수도 있어야 한다. 리더는 전통적인 사고와 계층적 관행을 통해 질서를 유지하면서, 동시에 사람들이 불확실성 속으로 들어가 학습하며, 혁신하도록 동기를 부여해야 한다.

이러한 질서를 유지하면서 변화를 불러일으키는 능력은 지시만으로 발휘될 수는 없다. 리더는 목적과 비전 그리고 영감을 지녀야 한다. 리더는 바람직한 미래의 이미지와 강요된 현재의 기존 이미지를 통합해야 한다. 또한 대인관계에 대한 인식과 권위를 내세우지 않고 영향력을 미치는 능력을 지녀야 한다.

실험 연구에 따르면, 사람들이 전통적인 경제적 사고방식에 젖어 있을 때 공감능력이 떨어지는 것으로 나타난다.[13] 분석적 의사결정에 영향을 받는 사람들도 인식력이 떨어진다. 전통적인 사고방식의 리더는 사람들을 지시에 따라 행동하는 대상으로 여긴다. 배리 웨밀러의 CEO인 로버트 채프먼Robert Chapman은 이런 사고방식을 거부하는 목적 중심적 리더였다. 그는 우리에게 이렇게 말했다. "나는 경영대학원에서 리더십에 관해 아무것도 배우지 못했다. 리더십에 관한 모든 것을 나는 육아에서 배웠다."

전통적인 사고방식은 진정성 있는 더 높은 목적의 개념을 형성하는 데 방해가 된다. 그러한 사고방식은 친사회적 행동의 추구를 부정하고, 이기심, 결핍, 경쟁을 토대로 하며, 추정한 것을 생산하는 경향을 띤다.

전통적 현실 보기

전통적 사고방식이 왜 진정성 있는 더 높은 목적의 채택을 방해하는가? 한 가지 가능성은 사람들이 계층구조를 올라감에 따라 자신들의 성공을 결과 중심으로 설명하려는 편향효과sorting effects가 존재한다는 점이다. 알베르토처럼 과업 중심적이고 성취 지향적인 사람은 관측 가능한 유형의 결과를 달성하는 데 매우 유리해 경력 초반에 성공할 가능성이 높다. 이러한 성공 사례는 스스로 승진을 모색하고, 측정 가능한 경제적 결과에 특히 신경 쓰는 사람에게 도움이 된다.

조직문화가 개인의 성취도를 중시한다면, 모든 것이 성과에 따라 좌우되어 높은 수치를 달성하는 사람이 승진하고 보상받는다. 즉 인센티브가 '막강한 힘'을 발휘한다.[14] 구성원들은 그런 사람을 모방하려 하고, 수치 중심적인 조직문화는 더욱 견고해진다. 그러나 이러한 편협하고 전통적인 초점은 관계를 파괴하고, 마침내는 수치도 하락시킨다.

불행하게도, 이러한 역설적인 역동성은 그것을 만들어내는 사람들 눈에는 보이지 않는다. 승진하는 사람들은 대개 모든 성공이 자신의 능력 덕분이라고 생각한다. 따라서 그들은 자신의 성공에 기여한 '숨겨진 요인들', 즉 조직문화와 다른 사람의 기여를 거의 평가하지 않고 최고위직에 오르게 된다. 심리학자들은 이를 '귀인편향attribution bias'이라 부른다.

이런 사람들이 CEO가 되면 조직문화의 역할이나 더 높은 목적의 진가를 과소평가한다. 예를 들어 그들은 사리추구 문화를 협업의 문화로 바꿔놓지 못한다. 알베르토처럼 그들은 기존의 문화를 바꾸는 데 필요한 진정한 더 높은 목적이나 도덕적 힘을 만들어내지 못하기 때문에 조직을 움직일 수 없다.

그들이 조직의 문화적 문제에 직면하면, 보통은 전통적 사고방식의 핵심인 기술적, 재정적 시스템에 대해 더 많이 분석하는 방법으로 대응한다. 그들이 긍정적인 문화의 가치와 협업의 중요성을 깨달을 수는 있지만, 문화를 어떻게 바꿔야 할지는 미처 깨닫지 못한다. 문제를 다루는 그들의 '합리성'은 이미 벌어진 사회현실과의 부조화를 더욱 악화시킨다. 악순환이 시작되어 조직을 긴장과 갈등, 부패의 소용돌이 속으로 더 몰고 간다. 분열되고 불신이 만연한 조직은 구성원들이 잠재력을 제대로 발휘하지 못한다. 한때 가치를 창출했던 권위 있는 인물이 부추겼던 전통적인 경제적 사고방식은 이제 가치를 파괴하고 있는 셈이다. 권위 있는 그는 그 이유를 도저히 알 수가 없다.

그렇다고 엄격한 사고와 경제적 분석을 폄하하거나, 사람들에게 그렇게 하지 말라고 요구하는 것은 결코 아니다. 반대로, 경제학과 관련 학문 분야의 엄격한 수단에 대해서는 계속 지지한다. 그러나 우리가 요구하는 것은 사람들이 전통적인 경제적 분석을 보강해 더 완전하고 역동적인 형태의 이해와 영향력에 접근하는 것이다. 그러기 위해서는 전통적인 사고방식을 초월해서 전통적 사고방식이 배제하는 것들을 상상해야 한다.[15]

알베르토는 우리와의 인터뷰 말미에 자신의 학습 여정을 돌아봤다. 그는 전통 경제적 사고방식의 모든 추정들 가운데 다른 어떤 것보다 문제가 되는 것이 하나 있다고 말했다. 그의 전통적 사고방식은 그에게 '전문가'가 되어야 한다고 말했다. 리더로서 그는 자신이 모든 해답을 갖고 있어야 했다. 무엇보다 이러한 가정이 그의 초기 실패 이유를 설명해준다. "제왕적인 CEO이거나 스스로를 대단한 존재라고 생각한다면, 그런 생각이 일처리를 성공적으로 할 수 없도록 만든다." 알베르토의 말이다.

통제력 있고 실패하지 않는 전문가가 되어야 한다는 것은 전통적 사고방식에서는 자연스러운 결과다. 이는 CEO에게만 국한된 문제가 아니다. 전통적인 사고방식은 조직문화에 깊숙이 스며들어 모든 사람에게 적용된다.

우리는 말을 배울 때부터, 전통적인 사고방식을 내면화한다. 우리는 부모로부터 삶은 위계적이라는 것을 배운다. 예를 들어 "내가 그렇게 하라고 말했지"라는 말을 듣는 것과 같다. 또한 위계의 맨 밑에 있는 것보다 꼭대기에서 "내가 사장이야"라는 게 더 낫다고 배운다. 사람들은 이기적이며, 결과는 부모의 명령처럼, 협상을 거쳐야 한다고 배운다. 즉 "디저트를 먹고 싶으면, 접시에 있는 음식을 다 먹어야 돼". 자원이 부족하다는 것도 배운다. "안 돼, 그건 가질 수 없어. 돈이 나무에 주렁주렁 열리는 줄 아는구나." 또 갈등이 자연스런 현상이라고 배운다. "동생하고 나눠 먹어. 안 그러면 도로 뺏는다."

그런 다음, 우리는 교육을 받는다. 예를 들어 경영대학원에 가면, 첫날 첫 시간에 지식의 문화와 맞닥뜨린다. 바로 우리는 항상 똑똑해야 하고, 모든 질문에 옳은 답을 해야 한다고 배운다. 대학원에서 보내는 2년 내내 우리는 계속 아는 척 가식을 떨면서, 모른다는 게 들통날까 봐 두려워한다. 손을 든 것과 상관없이 아무 학생이나 콕 집어 답을 하라고 지명하는 교수처럼 끔찍한 경우는 없다. 그러한 교수는 자아를 끊임없이 위협한다.

경영대학원을 졸업하고 조직에 들어가면, 흔히 똑같은 지식문화와 맞닥뜨린다. 우리는 간혹 다른 사람을 칭찬하는 소리를 듣는다. "저 친구 정말 똑똑해!" 혹은 "그녀에게 물어 봐. 모르는 게 없어!" 이 메시지는 분명하다. 누군가에게 지시할 수 있는 직위에 있거나 승진이 빠른 사람이라면, 직무와 관련된 모든 것을 알아야 한다고 생각하게 한다. 그러나 이러한 생각은 힘 있는 사람들을 보호하기 위해 나타나는 정교한 의식으로 이어진다. 우리는 우리의 무지가 드러나는 상황에 절대로 있어서는 안 된다.

지식문화의 문제점은 학습문화가 부상하는 것을 막는다는 것이다. 알베르토 같은 사람이 자기가 전문가라고 믿는 경우에 정보는 조직의 위에서 아래로 흐른다. 정보가 아래에서 위로 올라오는 경우에는 엄청 걸러져 전달된다.

전통적인 사고방식은 개인 이기주의에서 나온다. 그것은 한 사람이 전체적으로 행동하고 통제한다고 가정한다. 이러한 가정은 그 영향력이 모든 방향으로 흘러간다는 사실을 무시한다. 실제로 조직에서는 계층의 가장 위에 있는 사람을 포함해, 모든 사람이 태도 형성에 관여한다. 조직은 구성원들 사이에서 수많은 대화가 동시에 일어나며, 그들의 학습은 상호적이다. 이러한 과정은 기계적으로 일어나는 것이 아니라 매우 복잡하고 적응이 필요하다. 구성원들 간 대화의 질은 해당 조직이 어떻게 업무수행을 하는지와 많은 관련이 있다.

전통적인 사고방식으로는 관리자를 문화의 확장자로 간주한다. 대부분의 사람은 조직문화가 존재한다고 인식하지만 그 문화가 자신들보다 더 크다고 받아들인다. 그들이 스스로 조직문화를 만들어 낼 수 있다고는 상상하지 못한다. 그들에게는 자신이 문화를 창조할 수 있다는 자신감인 소위 문화적 자기효능감이 결여되어 있다. 따라서 문화적 자기효능감이 결여되었을 경우에는, 조직문화 바꾸기는 최고위직 누군가의 일로 여긴다.

결국, 리더십은 긍정적인 사고방식을 가지고, 기존 문화의 바깥에 존재할 수도 있는 무언가를 상상하고 창조할 수 있는 능력을 갖출 것을 요구한다. 긍정적인 사고방식을 지닌 리더는 다음과 같은 사고를 한다.

긍정적 사고방식

★ 조직은 역동적인 사회적 시스템이다.

★ 사람들은 이타적인 기여자가 될 수 있다.

★ 사람들은 더 높은 목적을 위해 희생할 것이다.

★ 사람들은 자의적인 에너지를 투자할 수 있다.

★ 사람들은 협업하고, 함께 창조할 수 있다.

★ 사람들은 영감을 얻을 수 있고, 전적으로 참여할 수 있다.

★ 사람들은 직장에서 성장하고, 한껏 능력을 발휘할 수 있다.

★ 사람들은 기대 이상의 것을 할 수 있다.

포용적 사고방식

알베르토는 겉보기에는 하찮고 간과하기 쉽지만 매우 중요한 또 다른 점을 지적했다. 알베르토는 자신이 우리에게 이야기하는 방식으로 다른 사람에게 말하지는 않는다고 했다. 그와 만나는 사람들 대부분은 여전히 전통적인 사고방식에 빠져 있다. 그의 말을 빌리면, 그들은 다세포적 생각을 지니고 있다. 예전의 자기처럼 그들도 여전히 눈 먼 사람으로 남아 있다.

　그는 그런 점을 고려해 그들과 소통하는 방식을 조정한다고 말했다. 자신도 한때 지금의 그들과 같았으므로, 충분히 그럴 수 있다고 생각했다. 알베르토는 여전히 통제와 제약이라는 관리자적 언어를 사용하지만, 그는 사람들에게 힘을 실어주고 조직이 성장할 수 있는 방향을 제시한다.

알베르토는 심화 학습을 통해 현실의 복합적인 모습을 볼 수 있게 되었고, 전통적인 관리적 언어와 전통적이지 않은 리더십의 언어를 모두 구사할 수 있게 되었다. 그는 어떤 장소에서 사람을 만나도, 그들의 문화를 바꾸는 방식으로 그들과 함께 일한다. 알베르토는 더 적극적이고 다양하고, 역동적인 사고방식으로 조직을 경영한다. 그는 관습의 제약조건도 가능성을 지닌 현실로 받아들인다. 그는 지적인 낙관주의자다. 그는 긍정적인 사고방식으로 생활하며, 다음과 같은 더 복잡한 포괄적인 가정도 할 수 있다.

포용적 사고방식

★ 조직은 계층적 구조이지만, 역동적인 사회 시스템이기도 하다.

★ 사람들은 이기적이지만, 더 거대한 전체를 위해 자신의 편협한 이기심을 억제하면서 조직의 더 높은 목적에 의해서 동기를 부여받을 수 있다.

★ 사람들은 돈을 위해 일하지만, 더 높은 목적과 의미 있는 일을 위해서 때로는 희생하기도 한다.

★ 사람들은 비용을 최소화하고 자원을 얻기 위해 경쟁하지만, 조직의 이익과 공동의 더 높은 목적을 위해 협력할 수 있다.

★ 사람들은 소외되기도 하지만, 조직의 더 높은 목적에 의해 영감을 받아 전적으로 조직에 참여할 수도 있다.

★ 사람들은 현 상태를 유지하지만, 도전에 참여하고 변화를 시작할 수도 있다.

★ 사람들은 슬럼프에 빠져 실적이 저조할 수도 있지만, 대리인 문제를 극복하고 직장에서 성장하며 한껏 능력을 발휘할 수도 있다.

전통적인 사고방식은 배타적이고, 어느 한쪽만의 사고를 근거로 한다. 그러나 보다 적극적이고 포괄적 사고방식은 어느 한쪽이 아닌, 양쪽의 사고를 토대로 한다. 포괄적 사고방식을 취하는 것은 전통적 사고방식을 배제하는 것이 아니다. 우리가 포괄적 사고방식을 지닐 때는 단지 인지적으로 더 복잡하게 될 뿐이다. 잃는 것은 아무것도 없다.

우리는 관습에 얽매어 살아갈 수도 있지만, 샤우리나 알베르토처럼 관습을 벗어나는 일도 상상할 수 있다. 우리는 과거를 제대로 인식하는 한편 미래를 개념화할 수 있는 것이다.

포용 경제학

우리는 사람들이 진정성 있는 더 높은 목적을 찾았을 때, 새로운 느낌과 생각을 하게 되는 것을 보았다. 더 높은 목적을 명확하게 표현하고 수용할 때, 우리는 새로운 삶의 길로 들어선다. 사람들이 명백한 보상과 승진이라는 대가를 통해서만 기대되는 효용성을 최대화하고 제한적인 자원을 얻기 위해 항상 경쟁하면서 현상유지를 바란다는 추정을 버리게 된다.

사람들이 진정성 있는 더 높은 목적을 추구할 때, 그들은 그로 인해 직접 생성되는 효용성을 얻는다. 그래서 사적인 이익 추구 상태에서 친사회적인 조직의 더 높은 목적에 더 가까이 다가간다. 그들은 명백한 보상과 승진 대가를 넘어서 더 높은 목적을 추구함으로써 제공되는 본질적인 개인적 보상을 알게 된다. 그들은 같은 더 높은 목적을 추구하는 조직 내의 다른 사람들에게 자원을 거부함으로써 개인적 효용성을 더 적게 얻는다고 생각한다. 그들은 경쟁할 가능성이 적고 협업할 가능성은 더 높다.

사람들은 진정성 있는 목적을 추구함으로써, 심층학습을 경험한다. 그 과정에서 그들은 새롭고 더 역동적인 힘 있는 자아를 창조하고 발견하며, 기존의 관점으로는 상상할 수 없던 일들을 시작한다. 그들은 조직의 탁월성, 더 높은 목적과 연계된 사람들과의 네트워크, 탄력성 입증, 학습 참여, 더 높은 업무성과 패턴을 만들어냄으로써 협업의 가능성을 보여준다. 이 과정에서 그들은 전통적 사고방식을 초월해서, 더 긍정적이고 복합적이며 역동적인 사고방식을 갖는다. 다음 장에서 다루는 조직행동의 표준적인 경제적 패러다임과 비교해보길 바란다.

4장
사적이익
넘어서기

태양이 눈부시게 이글거리는 뜨거운 한낮을 상상해보라. 소작인이 들판에서 땀 흘리며 힘들게 일하고 있다. 그는 근처 시원한 나무 그늘 아래서 한숨 돌리며 쉬고 싶지만, 일이 끝난 다음 수확량에 따라 일당을 받는 처지라 그럴 수가 없다. 그는 먹여 살려야 할 가족이 있고, 수확을 많이 할수록 더 많은 일당을 받는다. 그는 저녁에 집에 가면 쉴 수 있다고 마음을 다잡는다. 지금은 어둡기 전까지 열심히 일해 가급적 많은 수확을 올려야 할 때다. 물론 이것은 더 열심히 일하면 일당을 더 받고, 게으름을 피우면 덜 받는다는 정확히 지주가 소작농에게 원하는 추론 방식이다.

이 이야기는 고용주와 구성원 간의 관계를 설명하는 경제학의 일꾼 모형을 예로 든 것이다. 이 이론은 주인-대리인 모형으로 불리며,[16] 경제학 발전에 기여한 공로로 여러 개의 노벨경제학상을 받기도 했다. 이는 강력한 통찰을 제공한다.

한 사람이 조직에 고용될 경우, 해당 조직은 그 사람이 노력하기를 싫어할 것이고, 가급적 일을 덜 하려 할 것으로 인식한다. 다른 모든 조건이 같다면, 조직을 위해서 일하는 사람은 몸을 사릴 것이다. 조직은 개인이 열심히 일하기를 원하기 때문에 그 일을 하는 것이 개인에게 가장 이익이 되게 만들어야 한다. 즉 3장에서 논의한 추정의 맥락에서 보면 개인은 기대효용을 최대화하고, 개인적 노력과 관련된 비용을 최소화할 것이다. 또한 소작인에게 지주가 있는 것처럼, 조직은 위계구조로 되어 있다.

개인이 열심히 일하도록 만들기 위해, 조직은 일반적으로 업무 관리감독과 생산성 인센티브라는 두 가지 관행을 활용한다.[17] 업무 관리감독은 구성원이 얼마나 열심히 일하는지를 살핀다. 소작인이 얼마나 열심히 일하는지를 살피기 위해 들판을 둘러보는 지주를 상상해보라. 분석적인 알베르토는 조직을 이런 형태로 통제했다. 조직은 또한 생산성이 향상됨에 따라 보상이 늘어나는 생산성 인센티브도 실행한다. 생산성 인센티브는 구성원이 얼마나 열심히 일하는지를 관리자가 온종일 살피지 않아도 되게 한다.

주인-대리인 모형은 행동을 잘 설명하고 명쾌하며 다루기 쉽기 때문에 경제학에서 고용주와 구성원 관계를 기술하는 주력 모델로 근로계약뿐만 아니라 다수의 재무관련 계약을 어떻게 설계할 것인지에 대해 유용한 통찰력을 제공한다. 예를 들어 왜 임원들에게 보너스와 스톡옵션을 주어야 하는지, 연금수령 일정이 왜 그렇게 짜여졌는지를 이해하는 데 도움을 준다. 또한 보험계약에 왜 공제금액이 있는지도 설명한다.

이 모형의 핵심 요소는 '도덕적 해이'이다. 도덕적이란 '윤리적', '선함', '올바름', '명예로움' 혹은 '신조를 지님'이란 의미를 나타낸다. 해이란 '위험', '노출', '취약성', '위협', '위험 요소' 혹은 '위기'를 의미한다. 따라서 도덕적 해이는 도덕적 행동이 위기에 처했음을 의미한다. 도덕적 해이는 한 개인이 집단의 이익보다 개인의 이익을 선택하고, 계약 그 자체의 법적 측면은 아니지만 계약 관계의 정신을 위반하는 방식으로 행동할 경우에 발생한다.

이러한 이기심은 강력하고 전염성이 있다. 예를 들어 상사가 집단 이익보다 개인 이익을 택할 경우, 직속부하는 이에 똑같이 대응한다. 직속부하는 그렇게 하는 것이 비록 공동의 선을 희생하는 것일지라도 자기이익을 추구한다. 시간이 지남에 따라 점차 자기이익을 추구하는 것이 어느새 조직문화, 즉 사회적 계약이 되어버리고 만다. 그렇게 되면 통합은 어렵고, 인간관계 연결망은 흐트러진다. 연결망이 흐트러지면, 개인 및 시스템의 생산성은 떨어진다. 사적이익을 선택하는 일이 만연하면, 조직은 단합된 노력을 상실하고, 모두가 자기이익만을 추구하는 개인들의 집합체가 된다. 알베르토는 CEO로서의 첫 경험 후에 이러한 단결력의 상실에 따른 결말이 어떤 것인지를 깨닫게 되었다.

전통적 사고방식을 지닌 사람들은 사적이익을 추구한다. 생산성 기반의 보상이나 업무 관리감독이 없으면, 소작인은 게으름을 피운다. 공제금액이 없는 경우, 피보험자는 보험을 '과용'할 것이다. 과용의 정통적인 예는 피보험자가 자신의 자동차를 호수에 밀어 넣고는 보험금을 타기 위해 차량을 도난당했다고 신고한다. 이는 해당 자동차의 가치가 보험금보다 적은 경우다. 과용은 건강보험에서도 관찰되는데, 본인부담 조항이 없는 경우에는 피보험자가 의료서비스를 과용하는 경향이 있다.

주인-대리인 모형은 그런 도덕적 해이로 인해 피해를 보는 계약 관계 당사자, 즉 고용주 혹은 보험회사가 도덕적 해이를 알아차리고, 그 영향을 줄이기 위해 업무 관리감독과 생산성 기반 계약을 설계할 정도로 '똑똑하다'고 말한다. 이러한 과정은 고용주가 구성원의 전략적 행동을 예상해 그 영향력을 약화시키는 계약을 설계하면, 구성원은 고용주가 예상한 정확한 방식으로 행동한다는 '비협조적 내쉬Nash균형'으로 이어진다.

영화 〈뷰티플 마인드〉에서 수학자로 그려진 존 내쉬John Nash는 각 당사자가 자신의 이익에 따라 행동하고, 각기 다른 상대가 이를 눈치 채고 동일한 방식으로 행동하는 경우에 자리 잡는 균형상태를 설명하기 위해 이 개념을 고안했다. 소작인의 예에서, 만약 지주가 실수로 소작인에게 정액 임금을 지불하고, 어느 날 바빠서 소작인의 행동을 감독하지 못하면, 소작인이 실제로 게으름을 피워 소작인의 행동에 대한 지주의 예상을 입증해줄 것이다.

소작인의 관점에서는 농작물 수확량을 최대화하는 데 관심이 있는 지주는 더 많은 수확을 위해 자신에게 더 많은 일당을 지불하든가, 아니면 더 엄하게 감독해야 한다. 만약 지주가 그 둘 중 아무것도

하지 않는다면 소작인들은 당연히 게으름을 피울 것이다. 소작인은 지주가 소작인을 이기적인 존재로 볼 것이라고 논리적으로 예상하며, 지주 역시 소작인이 자신을 자신의 이익(소작인의 복지가 아닌)만 신경 쓰는 지주로 간주할 것임을 논리적으로 예상한다. 상대가 어떻게 행동할 것인가에 관한 서로의 예상이 실제로 각 당사자가 행동하는 방식이 될 경우에 균형이 형성된다.

주인-대리인 모형이 창출된 이유 : 더 나은 대안이 없다

더 높은 목적을 구체화하기 위해서 주인-대리인 모형이 왜 변화되어야 하는지를 설명하기 전에 경제학에서 사적이익을 위한 행동을 계약으로 다루는 방법을 이해할 수 있는 틀이 필요하며 그 필요를 충족시키기 위해 이 모형이 개발되었음을 주목하려 한다. 즉 이 모형은 가장 일반적인 문제점을 강조하고, 그 문제를 다룰 계약이 설계될 수 있음을 입증했다. 주인-대리인 모형에서 무엇보다 가장 깊은 통찰은 사람들이 자신과 관련된 계약에서 인센티브에 반응하기 때문에 그 인센티브가 중요하다는 것이다. 두 번째로 중대한 통찰은 사람들이 노력과 위험을 모두 회피한다는 것이다. 따라서 사람들은 열심히 일을 해야지만 더 나은 보상을 받게 된다고 인식할 경우에만 열심히 일하며, 대가가 불확실한 것을 싫어한다.

첫째, 사람들이 계약상 인센티브에 반응한다는 관점은 실증적으로 타당하다. 예를 들어 미국의 국립의학 아카데미 보건의료과는 불필요한 의료서비스, 과도한 행정비용, 사기 등이 미국의 의료비 지출에서 연간 약 3,000억 달러를 차지한다고 추정하고 있으며, 이는 2009년 보건의료 총 지출액의 약 30%에 해당한다.[18] 일부 관찰자는 이 중 많은 부분이 현행 시스템에 내재된 계약상의 특징으로 인한 비뚤어진 경제적 인센티브 때문임을 밝혔다.[19] 이 계약상 특징 중 하나는 의사에게 의료비를 지급해 잠재적으로 불필요한 의료서비스를 부추기는 진료행위별 수가제다. 또 다른 특징은 불필요하고 비싼 의료서비스를 요구할 생각을 단념시키기에는 너무 적은 환자 부담금이다.

예를 들어 한 의사가 우리에게 자신이 병원 응급실에서 야간조로 일한다고 말했다. 한 여성이 늦은 밤에 손가락을 베어서 응급실로 왔다. 그 정도 상처는 스스로 처치할 수 있고, 다음 날 아침에 주치의에게 치료가 더 필요한지를 확인하면 될 정도였다. 하지만 그녀는 묻지도 않고 치료해주는 법에 의존할 수 있는 응급실로 온 것이다. 의사가 처치를 끝낸 후 물었다. "이 정도 상처로 왜 응급실에 오셨나요? 아침에 그냥 주치의한테 가면 될 텐데요. 응급 처치할 상처는 아닌데요." 그러자 그녀가 대답했다. "의사 선생님, 주치의를 보려면 직장에서 두 시간 거리를 가야 하고, 그 시간만큼 임금이 깎이고, 가봐야 간호사가 치료해줄 거예요. 응급실에 오면 일할 시간 손해 보지 않고, 진짜 의사가 날 치료해주잖아요."

이는 그녀 입장에서는 논리적인 행동이지만, 많은 사람이 이런 행동을 한다면 전체 시스템에 엄청난 부정적 외부 효과를 일으키고, 의료비용의 상승과 실제로 응급 의료서비스가 필요한 사람이 제때 의사를 만나지 못할 가능성이 생긴다. 이것이 직장에서의 인센티브의 힘이다. 나쁜 인센티브 시스템을 구축하면, 나쁜 행동이 생긴다. 이것이 주인-대리인 모형이 예측한 것이다.

둘째, 아마도 노력과 위험 회피를 뒷받침하는 가장 강력한 증거는 사람들이 모든 종류의 보험에 든다는 것이다. 위험을 회피하지 않는다면 보험은 필요 없다. 더욱이 사람들이 노력을 싫어하고 임금계약에 인센티브 조항이 없다면 열심히 일하지 않을 것이라는 통찰은 실증적으로 뒷받침되고 있다. 한 연구에서 기업이 성과별 보상을 도입했을 때 발생한 업무성과 변화를 추정하기 위해서 자동차 전면유리 설치 회사의 데이터를 사용했다. 생산성은 약 35% 상승했다.[20] 또 다른 연구에서는 브리티시컬럼비아 식목회사의 데이터를 사용했는데, 여기는 성과급이 일부 사용되었고, 다른 경우에는 고정급이 사용되었다.

성과급의 인센티브 효과는 행동 변화를 유도해, 6%에서 35% 사이에 해당하는 생산성 증대가 나타났다.[21] 하지만 영국의 전문 경마 기수들에 대한 또 다른 연구에서는 승리조건부 보너스 지급이 성과를 향상시킨 것으로 나타났다.[22]

수많은 연구가 인센티브에 반대한다고 주장한다. 이들 연구는 인센티브가 비생산적이며, 구성원들이 엉뚱한 일에 초점을 맞추는 현상을 일으킨다고 말한다. 그리고 측정하기 어렵고 보너스 산정에 포함되지 않는 중요한 생산적 변수를 희생하면서까지 측정되는 성과에만 매달리는 현상도 발견된다. 그러나 경제학자인 조지 베이커 George Baker, 마이클 젠슨Michael Jensen 그리고 케빈 머피Kevin Murphy 는 이러한 현상이 인센티브에 대한 비난이 아니라 인센티브가 매우 잘 작용하고 있다는 점을 시사한다고 했다.[23] 즉 인센티브가 행동에 강력한 영향을 미치게 됨을 인정해야 한다. 측정하기 어려운 성과뿐만 아니라 측정이 쉬운 성과 둘 다에 영향을 미치는 행동에 인센티브를 주려면 보상 계약에서 인센티브를 설계해야 한다.

우리는 이러한 통찰을 부정하지 않고, 주어진 것으로 받아들여 발전의 기반으로 삼으려 한다. 그래서 인센티브를 변경시키고, 구성원의 행동에 영향을 미치는 것이 더 높은 목적의 중요한 역할이라는 것을 보여줄 것이다. 더 높은 목적은 구성원들이 인식하는 불확실성을 감소시킬 것이다.

주인-대리인 프레임에서 계약 마찰로 인한 비효율

주인-대리인 모형의 내쉬균형은 일반적 행위에 대한 정확한 서술이면서, 낭비와 비능률과도 관련이 있다. 예를 들어 일반적으로 생산성 기반의 계약은 위험회피성 구성원에게 통제할 수 없는 위험 부담을 줄 수 있다. 소작인의 경우를 다시 생각해보자. 소작인은 정말 열심히 일했지만, 좋은 수확을 하기에는 날씨가 너무 뜨겁고 건조했을 수 있다. 그러면 소작인은 열심히 일했어도 수확이 저조해 일당이 적을 것이다. 소작인은 좋지 않은 날씨의 위험에 노출된 것이다.

이런 상황을 아는 소작인은 자신의 임금을 생산량에만 의거해, 일정 금액으로 지불받는 계약을 받아들이려 하지 않을 것이다. 구성원은 불확실성이 줄어들기 때문에 현상유지를 선호한다는 추정을 상기하기 바란다. 물론 고정임금의 구성 요소가 클수록 열심히 일하지 않기 때문에 관계는 덜 효율적이 된다. 정말, 진퇴양난이다!

게다가 구성원은 노력하는 것을 싫어하기 때문에 노력을 최소화하려 한다. 즉 그는 자신은 구성원이며, 소유주일 경우보다는 덜 열심히 일한다. 그가 구성원이며 소유주일 경우에는 열심히 일해서 벌어들인 이익금을 전부 가지는 반면, 누군가의 밑에서 일하는 경우에는 이익금을 나누어야 하기 때문에, 일을 열심히 하지 않게 된다. 구성원이 편협하게 자기이익만 챙기는 것으로 조직이 예상할 경우, 구성원도 그 추정에 합당한 방식으로 행동하며, 내쉬균형을 이루는 문화가 나타난다.[24] 따라서 전통적 문화는 탁월성이 드러나는 것을 제약한다.

이러한 사적이익 추구 문화는 주인-대리인 모형이 강조한 일반적인 규칙이다. 예를 들어 혁신을 위한 인센티브는 통상 일반회사 구성원보다는 개인 사업가에게서 훨씬 더 효과가 크다는 일반적인 개념을 생각해보자. 혁신의 속도가 중요한 경우, 흔히 기업이 혁신방안을 외부에서 구하는 중요한 이유다.

회사가 경제적 이득을 얻기 위해 혁신을 원하는 경우, 회사는 자기

이익을 챙기는 구성원들이 획기적인 방안을 고안하는 것은 관련된 보상으로 동기부여가 될 경우에만 가능하다고 가정하기 때문에, 새로운 아이디어 공모를 위해서는 포상금 제도를 시행할 것이다. 구성원들은 혁신의 유일한 목적이 회사가 경제적 이득을 얻기 위함이라고 믿기 때문에, 포상금이 그들을 유혹하는 만큼만 일하려 할 것이다.

따라서 기업과 구성원 모두 서로에 대한 신뢰 면에서는 다를 바가 없다. 이제 구성원은 회사 내의 혁신으로 얻게 되는 개인적 포상금과 그 대가로 열심히 일해야 하는 개인적 비용을 비교해볼 것이다. 회사는 혁신으로 얻는 이익의 일부만을 줄 것이기 때문에, 구성원이 받는 보상은 스스로를 위한 혁신으로 모든 이익을 얻는 독자적인 혁신가만큼 크지는 않다. 따라서 주인이면서 대리인이기도 한 개인 사업가는 단지 대리인인 구성원보다 혁신을 위해 더 열심히 일할 것이다.

이러한 종류의 균형 행동은 기업에는 부담이 되며, 주인-대리인 모형에서 인식하고 있지만 사적이익 추구와 합리적 행동의 필연적인 결과로 간주한다. 어떤 경우에 이 모형은 사람들에게 정신적 충격을 주는 조직의 위기를 일으키기도 한다.

수수께끼

우리 친구 중 한 명으로, 거대 조직의 일선에서 일하고 있는 한 여성이 그녀가 겪은 인원 감축에 대해 말했다. 어느 날 구성원들은 큰 방으로 불려갔다. 몇몇 사람들의 이름이 호명되었고, 그들은 안전요원과 함께 각자의 책상으로 가서 자신들의 물건을 챙기고는 차로 이동했다. 그들은 해고되었다.

친구는 그 이야기를 하면서 몸을 떨었다. 사건이 있은 지 1년이 지났고, 그녀는 아직 그 회사에서 일하고 있지만, 그때의 정신적 충격은 남아 있었다. 그녀는 그날 이후 새로운 일자리를 찾고 있다고 말했다. 그녀와 동료들은 직장에서 본능적으로 그냥 몸만 움직이고 있을 뿐이었다.

여기서 무슨 일이 일어났는가? 조직의 임원들은 어려운 문제에 봉착했고, 그들이 할 수 있는 최선의 조치를 취했다. 그들은 전통적 추정에 따라 직면한 어려운 문제를 해결했고, 기존의 해법을 실행했다. 그 과정에서 그들은 일과 리더십에 대한 전통적인 견해를 여지없이 보여주었다. 그들의 행동은 기업문화를 더욱 부정적으로 바꾸었다. 이후 구성원들은 최소한의 노력만 기울여 일했으며, 서로 비슷한 행동을 예상했다.

기존의 전통적인 방법으로 인원 감축을 하면서 경영진은 약속을 파기했고, 금전적 가치를 무너뜨렸다. 아무도 다르게 생각할 수 없었으며, 누구에게도 이 엄청난 가치 파괴에 대한 책임을 물을 수는 없었다. 그들은 해야 할 일을 했지만, 그렇게 함으로써 가치를 창출할 수 있는 엄청난 기회를 누리지는 못했다. 그들은 그 상황을 기회라고 상상할 수 없었기 때문이다.

이러한 종류의 조치는 구성원뿐만 아니라 그 전략을 실행하는 사람에게도 영향을 미친다. 최근 우리는 〈포춘〉지 선정 100대 기업의 인사담당 고위 임원인 여성과 이야기를 나누었다. 그녀는 심각한 재정 위기에 대해 말했다. 회사는 인원 감축을 해야 했고, 그녀 역시 앞서 언급한 방식과 비슷한 해고 과정을 이끌었다. 우리는 그 이야기를 하면서 그녀가 몸은 떠는 것을 보고 놀라고 말했다. 그 일이 일어난 지 몇 년이 흘렀는데도, 더구나 그녀는 희생자가 아닌 고위 임원이었음에도 그 충격을 벗어나지 못하고 있었다.

주인-대리인 모형을 따르는 조직에서 이러한 종류의 일화는 예상할 수 있다. 그렇다면 이런 일을 벗어날 방법이 있을까? 그리고 리더가 할 일은 무엇인가?

여기 목적 중심적 리더가 한 일이 있다. 그의 이름은 리카르도 레비Ricarodo Levy다. 수십 년 동안 그는 성공한 기업가였다. 현재 그는 은퇴했고, 스탠퍼드대학교에서 기업가 정신을 가르치고 있다. 리카르도의 회사는 한때 재정적 침체를 겪었고, 인력을 20% 감축해야 했다. 그 발표를 하기 위해 회의를 열었다. 회의가 끝나자 해고될 사람들을 포함한 모든 사람이 일어서서 그에게 기립 박수를 보냈다.

여기에 수수께끼가 있다. 리카르로가 어떤 말을 했을까?

우리는 이 수수께끼를 많은 임원들에게 냈고, 그들은 믿지 못하겠다는 듯 우리를 쳐다봤다. 우리는 리카르도가 무슨 말을 했는지 3분 동안에 답을 찾아보라고 그들에게 말했다. 놀라운 사실은 그러한 일을 상상도 못하던 상태에서 3분 안에 올바른 답을 향해 나아간다는 것이다. 그게 가능한 이유는 우리 모두의 내면에 대안적 관점, 즉 흔히 접하지 못하는 긍정적인 사고방식이 존재함을 시사한다. 잠깐 멈추고 생각해보자. 당신의 답은 무엇인가? 리카르도는 무슨 말을 했을까?

관습에 얽매이지 않은 대화

리카르도는 자기 구성원에게 결코 숨기는 일이 없었다고 우리에게 말했다. 그는 항상 투명하게 일을 처리했고, 그때도 구성원들에게 회사 사정을 솔직히 이야기했다. 구성원들도 그가 하는 말이 진지하고 진정성이 있다고 믿었다. 그는 말했다.

나는 여기서 '정직한'이란 말을 사용하지 않겠습니다. 대신, '진실한'이란 말을 사용하겠습니다. 사람들은 그 말의 의미를 느낄 수 있습니다. 사랑이란 말을 사용해도 될 거 같습니다. 나는 그들을 사랑했고, 내가 하는 일도 사랑했습니다. 그들은 내가 다른 대안이 있다면 절대 그런 조치를 취하지 않을 것이라는 사실을 확실히 알고 있었습니다. 그들은 회사의 생존을 위해서는 그런 조치가 필수적이며, 내가 엄청난 심적 고통을 겪는다는 것을 알고 있었습니다. 구성원들은 나의 과거 행동에 미루어 그들 한 사람 한 사람을 내가 할 수 있는 한 최선을 다해 보살펴줄 것임을 알고 있었습니다. 그날 나는 모든 구성원과 함께 있었습니다. 리더는 정비사가 아닙니다. 당신은 온전히 당신으로 모든 순간 존재해야 합니다. 리더가 되면, 당신은 자신의 구성원과 조직을 돌보겠다고 약속을 하는 것입니다

리카르도는 종종 '진정성'이란 말을 사용한다. 그는 당신이 진성 리더십Authentic Leadership을 가지면 구성원들을 더 나은 상태로 이끌 수 있다고 말했다. 사적이익을 거래하는 세상을 떠날 수 있다. 목적과 비전을 제시하고, 구성원들을 최고의 선에 연계시킬 수 있다고 말했다. 그들은 진정성 있는 목적을 위해 희생하기 시작하며, 신성한 공간이 모습을 드러낸다. 그 공간에서 당신은 목적, 신뢰, 투명성을 지닌 공동체를 발견한다. 사람들은 진실을 말할 수 있고, 그리고 듣는다. 갈등은 협력으로 변하고, 협력은 높은 성과로 변하며, 사람들은 정체성을 공유하는 가치 있는 공동체 속에서 살게 된다.

리카르도는 주인-대리인 모형의 가정에 반기를 들었다. 그는 자기이익이 아닌 공익을 배려하는 반응을 했다. 구성원들이 리카르도를 자기이익을 챙기는 사람으로 봤다면, 인원 감축이 남겨진 유일한 선택사항이 아니라 회사 이익을 늘리고 리카르도의 지갑을 두둑하게 불리기 위한 것으로 생각했을 것이다. 그가 인원 감축을 발표했을 때 기립 박수를 보내려고도 하지 않았을 것이다.

그러나 더 미묘한 사실은 주인-대리인 모형에서처럼 리카르도는 본질적으로는 그들이 자신을 어떻게 바라볼 것인지를 미리 예상했을 것이다. 그는 인원 감축 전에 그들의 신념을 확인하면서 이 사안

을 다루었을 것이다. 인원 감축은 조직의 사회계약으로 규정해야 할 사안이었다. 리카르도에게 자발적 신념체계에서 탈피하는 유일한 방법은 위기가 닥치기 전에 다르게 행동하는 것이었다. 그는 자신의 행동을 바꾸고, 구성원에 대한 자신의 믿음을 바꾸고, 그들과 다른 관계를 창출함으로써 그렇게 했다.

리더십 서약

최근 리카르도는 새로운 리더십 위기에 직면했는데, 이는 조직의 성과에 대한 가치 있는 관계에 흠집을 내는 일이었다. 그는 심하게 갈등했지만 결정을 해야만 했다. 그는 우리에게 전화를 걸어 무슨 일이 있었는지를 이야기했다. 그는 자신이 무엇을 해야 할지 알 때까지 그 상황 속에 머물러 있었다고 말했다. 변화의 도가니로 들어가면서 그는 극심한 불안감을 느꼈다. 그는 자기모순적 긴장과 씨름하면서 변화가 일어나고 있음을 느낄 수 있었다. 갑자기 그는 무엇을 해야 할지 깨달았다.

변화의 순간, 복잡함이 단순함으로 줄어듦을 알았다. 그는 자신이 겪은 시련의 도가니를 "활력을 주는 상쾌함으로 가득 찬 축배"라고 부르게 되었다. 전화로 변화의 순간을 설명하면서 그는 일어났던 모든 것을 애써 천천히 표현하기 시작했다. 그는 스스로 관찰한 것들로부터 실시간으로 배우고 있었다.

변화의 순간 그는 분석적 영역을 벗어난 것 같았다. 그는 전체 맥락을 보고 있었다. 그의 두려움은 자신감, 희망, 사랑으로 바뀌었다. 그 순간, 그는 새로운 목소리도 찾았다. 그는 갑자기 논리적이고도 진정한 느낌을 지닌 목소리로 말할 수 있었다.

그는 실시간으로 무슨 일이 일어났는지 이해하면서 다시 천천히 말을 이었다. 그는 서약이라는 단어를 언급하고는 말을 멈췄다. 그러고는 이렇게 말했다.

"내면의 리더를 찾았을 때, 내게 서약이 있었음을 발견하게 됩니다. 사람들은 리더가 방법을 찾기를 기대하고, 리더는 그 방법을 찾기 위해 최선을 다하겠다고 그들에게 약속합니다. 또한 불확실성 속에서 가마솥 안으로 들어가 심화 학습 과정을 겪는다는 것을 의미합니다. 학습에 대한 헌신은 사랑하는 사람들에 대해 책임지는 행위입니다."

서약과 공동체

우리는 리카르도의 서약에 대한 개념에 매료되어, 그와 함께 그것을 깊이 탐구했다. 우리는 리카르도 또한 그것을 완전히 이해하고 명백히 표현하려 한다는 것을 알 수 있었다. 며칠 후, 그는 자신이 이해하는 데 도움이 된 랍비 조너선 색스의 연설 링크와 함께 놀라운 이메일 메시지를 우리에게 보내왔다. (이 연설은 2017년 미국기업연구소 연례

만찬에서 있었던 연설이다. 유트브 검색: Rabbi Lord Jonathan sacks - AEI Annual Dinner 2017.)

이 연설에서 영국 상원의원이기도 한 랍비는 현재 미국 기업과 그 역사, 그리고 나아가야 할 역사와 필요한 방향에 대해 특별히 설명했다. 영국 남작이며 유대인 랍비인 이 '아웃사이더'의 말에 깊이 감동받는 미국 청중들은 그에게 기립 박수를 보냈다. 과연 그가 미국에 관해 무엇을 말했기에 미국인들로부터 찬사를 받을 수 있었을까?

랍비 색스는 미국과 서구 세계 전반에 걸쳐 나타나는 분노, 분열, 갈등의 기존 정치에 대해 설명으로 연설을 시작했다. 그런 다음 그는 성서의 역사로 넘어갔다. 그는 민주적 자본주의의 뿌리는 유대-기독교 전통에서 나온다고 말했다. 물론 비슷한 개념이 다른 신앙에도 명시되어 있지만, 국가의 통치에는 다른 영향을 미쳤을 것이다.

이어서 그는 히브리어 성경에 담긴 정치이론으로 넘어갔고, 지상의 이스라엘 왕국 건국에 관해 논했다. 이스라엘 예언자 사무엘에게 다른 나라들처럼 되고 싶고, 왕이 있었으면 좋겠다고 말했다. 하나님은 사무엘에게 왕을 세우면 백성들이 하나님을 배척할 것이라고 말했다. 그들은 결국 왕국을 세웠다.

국가를 세우면서 이스라엘인들은 사회계약을 만들었는데, 나중에 본질적으로는 동일한 사회계약이 토머스 홉스에 의해 명확하게 표현되었다. 국민들은 중앙집권화된 권력에서 나오는 이익을 누리는 대가로 특정 권리를 포기했다. 사회계약에서 각 행위자는 자기이익을 추구한다. 상행위에서 사회계약은 시장을 생성하고, 정치에서 사회계약은 국가를 만든다.

그러나 이스라엘인들은 그들의 국가를 건국하기 수 세기 전에 이미 서약을 했다. 두 명 이상의 사람들이 존중과 신뢰를 바탕으로 모여서 혼자서는 할 수 없는 것을 서로 도와서 하기로 약속할 때 서약이 이루어진다. 이러한 목적과 행동의 확립으로 그들은 '나'에서 '우리'로 변화한다. 집단 정체성이 나타난 것이다. 랍비 색스는 이러한 관념이 미국인들이 신성하게 생각하는 '우리 국민We The People'에 잘 담겨 있다고 말했다.

시장은 부를 창출하고 분배하기 위해 존재하며, 국가는 권력을 창출하고 분배하기 위해 존재한다. 서약은 부나 권력의 획득에 관한 것이 아니다. 서약은 소속과 집단 책임에 관한 것이다. 사회계약이 국가를 만들지만, 통합된 시스템을 창출하지는 않는다. 서약은 단결된 사회를 낳는다. 이스라엘은 계약국가가 있기 전에 서약사회를 가졌기 때문에 강력한 집단 정체성 혹은 문화를 지니게 되었다. 집단 정체성은 심각한 도전의 시기에도 유지될 수 있었다.

서약의 개념은 포괄적 사고방식을 반영한다. 서약과 계약은 상호 증진 관계로 존재할 수 있다. 미국은 고대 이스라엘을 제외하고, 서약과 계약의 이중 토대를 지닌 유일한 국가다. 미국에서 서약은 독립선언서로 확립되었고, 계약은 헌법으로 확립되었다. 이러한 이중 토대는 건국의 아버지들이 자유에는 계약에 의거한 국가와 서약에 의거한 사회 모두가 필요하다는 것을 알았기 때문에 가능했다.

랍비 색스는 오늘날 미국과 유럽에는 사회계약은 남아 있지만, 서약은 쇠퇴하고 있다고 말했다. 집단 정체성은 점점 더 작은 사적이익 집단으로 옮겨갔다. 공유하는 도덕규범의 부재는 견해를 달리 하는 사람들이 '함께 추론하기'를 허락하지 않는다. 다른 견해를 가진 사람의 말을 듣는다는 것은 전체에게 매우 중요하다.

국가는 모든 문제를 해결할 수 없으며, 국가가 그럴 수 있다고 믿는 사람은 주술적 사고에 빠지기 쉽다. 극우파는 '결코 없었던 화려한 과거'를 꿈꾸고, 극좌파는 '결코 도래하지 않을 미래의 유토피아'를 갈망한다. 갈등이 생기면서 포퓰리즘이 나타나고, 대중은 모든 문제를 해결해줄 강력한 리더를 원한다. 이러한 갈구는 우파나 좌파가 득세하는 독재국가를 초래하며, 표현의 자유는 사라진다. 논리 대신 분노가 자리 잡는다.

랍비 색스는 서약의 개념은 그 역사 때문에 미국 외의 어떤 나라에서도 받아들이기 어려울 수도 있다고 말했다. "우리는 모든 사람이 평등하게 창조되었으며, 창조자에게 빼앗을 수 없는 권리도 부여받았다는 진실을 자명한 것으로 여기고 있다." 그는 이 갈등의 시기에 그나마 좋은 소식은 서약을 다시 살릴 수 있다는 것이라고 말했다. 국가는 공동체를 다시 살리고 재건할 수 있다. 공동체에는 진정한 친구가 있고, 의지할 수 있는 사람들이 있으며, 도움이 필요할 때 당신을 보살펴줄 사람들이 있다.

리카르도와 랍비 색스의 설명은 리더십의 서약과 높은 성과를 올리는 조직의 출현을 이해하는 데 도움을 준다. 리더십의 서약은 최선의 자아, 역동적인 자아, 성장하는 자아와 맺는 신성한 합의다. 이 서약은 당신에게 진정한 더 높은 목적을 추구할 수 있는 능력을 부여한다. 또한 사회계약과 사회서약을 지니는 조직을 상상할 수 있는 능력도 부여한다. 이를 통해 두 가지를 지속적으로 업그레이드할 필요성을 깨닫게 해준다.

샤우리는 자신의 진정한 더 높은 목적을 찾았을 때, 최선의 자아가 되기로 자신과 서약을 했다. 알베르토가 CEO로서 조직에 대한 그의 사회계약과 리더로서의 서약 사이의 차이를 발견했을 때, 그 자신과 조직을 이끄는 능력이 바뀌었다.

조직을 인도하는 서약을 확립하는 경우, 주인-대리인 모형에 예외 규칙을 만들게 된다. 서약은 구성원들이 금전적 교환이라는 기존의 정신 상태를 초월해 내재적인 동기부여가 되도록 영감을 준다. 또한 그들이 직장에서 더 높은 목적을 찾게 하고, 행동하는 방식을 바꾸게 한다. 농부가 오직 돈벌이 수단으로만 농작물을 수확한다면, 그들은 경제적 교환 상태에 머문다. 만약 농부들이 이익 창출 외에 그들의 노력으로 자국의 국민들이 생존한다고 믿는다면, 그들은 내재적으로 동기부여가 될 수 있다.

마찬가지로 구성원들이 기업을 위한 이익 창출 외에 그들이 추구하는 혁신이 사회도 이롭게 한다고 믿는다면, 더욱 열심히 일할 것이다. 더 나은 전기차를 만들기 위해 열심히 일하는 구성원은 그것이 기후변화에 맞서 싸우는 기여활동으로 본다. 암 치료약 개발을 위해 열심히 일하는 구성원은 이를 사람의 수명을 연장하는 데 도움을 주는 길로 생각한다.

연구자들은 구성원들이 자신의 조직이 진정으로 사회의 이익을 위해 일한다고 생각하는 경우에 더 열심히 일한다는 것을 입증했다.[25] 더 높은 목적을 수용한다는 것은 공동선을 위해 자발적으로 더 열심히 일하도록 구성원들에게 동기부여를 할 수 있다. 그 이유는 개인도 명백한 보상 외의 것들, 즉 사회, 성실, 정직, 사회적 정체성 및 평판, 기업의 사회적 책임, 도덕적 행동, 내재적 동기 같은 것들에 대해 마음을 쓰기 때문이다.[26] 더 높은 목적의 경제이론을 개발하는 개념은 5장에서 확립하고자 한다.

5장
전통경제학 재구성하기

'조직의 더 높은 목적'이란 일반적인 비즈니스 목적을 초월한 친사회적 목적을 추구하지만 두 가지 목적을 동시에 추구하는 것을 의미한다. 즉 사업 목적뿐만 아니라 친사회적 목적과도 일치하는 의사결정을 한다는 뜻이다.

존 스컬리John Sculley는 스티브 잡스의 말을 이용해 더 높은 목적에 대해 다음과 같이 말했다. "위대한 회사는 대의명분을 가져야만 한다. 그런 다음 리더가 할 일은 조직의 대의명분을 세계에서 가장 재능 있는 사람들이 합류하고 싶을 정도로 영감을 주는 비전으로 전환하는 것이다."[27]

우리는 기업의 사회적 책임이나 자선적 기여의 결과를 조사하는 데는 별 관심이 없다. 더 높은 목적의 추구는 이익과 주주가치 같은 전통적인 결과를 생성하는 것과는 다르고, 자선적 기여 같은 목표를 추구하는 것도 아니다.[28] 오히려 우리는 암 치료 방법을 찾기 위해 일하는 생명공학 회사나 '행복과 지식을 찾는 사람들을 위한 장소'로서의 디즈니랜드를 만든 월트 디즈니사의 경우처럼, 사업과 조직의 목표에 통합되어 더 높은 목적을 추구하는 것에 관심이 있다.[29]

리처드 라이더Richard Leider는 개인 차원에서의 더 높은 목적을 다음과 같이 정의한다. "목적은 우리 내면의 가장 깊은 차원으로 우리의 핵심 또는 존재 그 자체이다. 우리가 누구이며, 어디서 와서 어디로 가는지에 대한 심오한 감각을 가지고 있다. 목적은 우리의 삶을 형성하기 위해 우리가 선택하는 기질이다. 목적은 에너지와 방향의 근원이다."[30]

라이더의 연구는 우리에게 다음과 같은 질문을 하게 한다. 조직의 진정성 있는 더 높은 목적의 채택이 어떻게 구성원들의 목적과 연계될 수 있는가? 주인-대리인 모형에서 근본적으로 사람들은 자기이익을 추구한다는 가정을 어떻게 수정해 탁월한 성과를 유도하는 방식으로 노력의 투입을 늘리고 예산의 제약을 완화하도록 할 수 있는가? 이 질문에 대한 답으로 이 장에서 50년 전, 미국경제협회의 회장 연설에서 케네스 볼딩Kenneth Boulding이 주창했던 '더 높은 목적의 경제이론'에 대해서 살펴볼 것이다.[31]

관습에 얽매이지 않는 사람들

많은 사람이 주인-대리인 모형의 예측에 따라 행동하고, 자기 자신과 다른 사람들을 더 높은 목적에 연계시키지 않았지만, 리카르도 레비 같은 사람들은 목적과의 연계로 특이한 종류의 영향력을 발휘한다. 전통적인 사고방식은 사람들이 사적이익을 추구한다고 말한다. 앞 장에서 본 것처럼 일반적인 경험으로는 그 말이 맞는 것 같다. 랍비 색스처럼 더 높은 목적을 가진 사람과 만나면, 그 만남은 우리의 주의를 사로잡는다. 예를 들어 다음은 밥의 개인 일기 내용이다.

더 높은 목적을 가진 여성 : 며느리 리사와 손녀 켈리가 쇼핑몰에 갔다. 초저녁에 우리는 그들로부터 충격적인 문자를 받았다. "몰에 총을 쏘는 사람들이 있어요, 기도해주세요."

이 메시지로 몇 시간 동안을 긴장 속에서 보냈다. 마침내 리사와 켈리는 안전하게 그곳을 벗어날 수 있었다.

다음 날 저녁식사 때, 그들에게 그날 있었던 이야기를 해달라고 했다. 리사는 켈리와 함께 잔뜩 겁에 질린 80명의 다른 사람들이 백화점 뒤편 방에 숨어 있던 이야기를 들려주었다. 사람들은 테이블로 문을 막아 놓고, 만약 총을 가진 사람들이 그 방으로 들어오면 무슨 일이 벌어질지, 그러면 어떻게 할지를 궁리하며 시간을 보냈다.

리사가 이야기를 하고 있을 때, 나는 그 상황이 아니라 세상에 점차 만연하는 사악함 때문에 화가 났다. 리사는 이야기를 이어갔다. 방안의 사람들이 무슨 일이 일어나고 있는지를 알고서 어떻게 해야 할지를 궁리하고 있을 때, 리사 나이 또래의 여성이 그녀에게 말했다. "그들이 이 방에 들어 와 총을 쏘기 시작하면, 당신은 당신 딸 앞에 서고, 내가 당신 앞에 설게요."

리사는 깜짝 놀라 그 이유를 물었다. "당신은 엄마니까, 딸을 키워야 해요. 그렇게 하는데 내가 도움이 된다면 기꺼이 돕고 싶어요." 그 여성이 말했다.

나는 식사를 멈췄다. 전혀 예상 밖의 답을 들었던 나는 좀 더 자세한 설명을 원했다. "그녀는 정말 자신의 삶을 다른 사람과 함께해왔던 것 같아요." 리사가 그녀에 관해 들려줄 수 있는 정보는 없었다.

그 여성은 두 명의 낯선 사람을 위해 자신의 목숨을 기꺼이 버리려고 했다. 자신의 친구도 아닌데, 왜 그랬을까? 그녀는 더 높은 목적을 지향하고 있었다. 그녀는 후대 혹은 미래 세대의 선을 위해 기꺼이 죽음을 택한 것이다. 켈리가 그녀의 직계 후손은 아니었지만, 누군가의 후손이다. 그녀는 어린 딸을 어머니가 키우기를 원했고, 누군가 죽어야 한다면, 그녀는 기꺼이 그 누군가가 되려고 했다.

나는 불현듯 새로운 방식으로 이 이야기에 끼어든 것처럼 느껴졌는데, 왜 그런지는 확신이 들지 않았다. 이 일기를 쓰면서 어떤 통찰이 머리를 스쳤다. 리사와 켈리를 위해 그녀가 기꺼이 죽는다는 것은 나의 후손을 위해 흔쾌히 그녀가 죽는다는 것이다. 나를 알지도 못하면서 더 높은 목적을 지닌 그 여성은 내 손녀를 위해 기꺼이 죽으려 했다. 이는 나를 위해 기꺼이 죽겠다는 의미다.

나는 리사와 켈리가 무사한 것뿐만 아니라, 더 높은 목적을 위해 살고 있는 그 낯선 사람에게도 감사했다. 저녁식사에서의 대화 전에는 이 세상에 만연한 악에 관한 이야기려니 생각했다. 하지만 대화를 마친 후에는 세상의 심오한 선에 관한 이야기라는 것을 알았다. 나는 진정으로 자신의 삶에 집중하고, 목적을 지닌 그 낯선 여성에게 고마움을 느꼈다.

종종 사람들은 더 높은 목적을 찾았거나 더 높은 목적을 위해 사는 것을 배웠기 때문에 '자신이 삶에 집중한다.' 우리가 본 것처럼 목적은 눈앞의 자기이익을 초월할 때, 계약을 서약으로 바꿀 때 더 높아진다. 더 높은 목적은 기여할 수 있는 목표 혹은 사회과학자들이 친사회적 목표라 부르는 것으로 초점을 공공의 선에 기여하는 것에 맞추는 것을 의미한다.

따라서 더 높은 목적을 가지고 산다는 것은 자기 자신보다 더 큰 어떤 것에 집중하고 그것을 위해 자신을 희생하는 것이다. 연구결과에 따르면 이러한 행동을 통해 다음과 같은 개인적 특성이 발달한다. 주도적인 태도를 취하고, 다른 사람을 돕고, 의미 있는 일을 계속하며, 부정적인 피드백에 대하여 열린 태도로 임하고, 다른 사람에게 동기를 부여하면서 새로운 아이디어를 촉발하며 창의적 행동을 불러일으킨다.[32] 이런 것들은 합리적 리더십이 지닌 특성들의 목록이다. 목적 중심적 삶을 살기 시작하면, 도덕적 특성이 살아난다. 더 나은 자기 자신이 되는 것이다.

리사와 켈리를 위해 죽음을 자원한 여성은 이러한 자질 중 많은 것을 보여주었다. 그렇게 함으로써 그녀는 다른 사람들을 이끌고 있었다. 더 높은 목적을 지닌 리더는 공동의 선에 초점을 맞춘다. 이렇게 사적이익을 초월하면 도덕적 힘을 낳는다. 도덕적 힘은 이타적으로 공동선을 추구하는 사람들에게서 나오는 영향력이다. 사적이익과 마찬가지로 도덕적 힘도 전염되며, 널리 퍼져나갈 수 있다. 또한 사람들의 주의를 끌고, 새로운 행동들을 불러온다. 진정성 있는 더 높은 목적을 지닌 사람들이 행동할 때, 다른 사람에게서도 최선의 행동을 이끌어낼 수 있다. 그리고 계속 그런 행동들을 반복하면 높은 성과를 올리는 문화를 낳게 된다.

조직의 더 높은 목적

더 높은 목적에 초점을 둔 또 다른 사례로 전 미 해군특수부대 대원이며, 미주리 주지사인 에릭 그라이텐스Eric Greitens를 소개한다. 다음은 그와의 인터뷰 내용에서 발췌했다.

나는 사람들이 무언가의 성취를 위해 자신을 몰아갈 수 있는 매우 강한 내적 동기를 가질 수 있다고 믿는다. 그러나 그것이 목적의식과 관련은 있지만, 자신이 가진 감각과는 다르다고 생각한다. 누군가의 목적의식을 알 수 있도록 돕는다는 건 그들이 다른 사람에게 줄 수 있는 무언가를 가지고 있음을 실제로 알려주는 것이다. 우리가 재향군인회의 프로그램과 함께하는 일은 사람들에게 봉사해 달라고 요청하는 것이다. 우리는 그들이 기여할 무언가를 지니고 있음을 찾을 수 있는 상황을 만나도록 만든다.

미 해군특수부대 소령이었던 에릭은 동성훈장과 퍼플하트훈장 등을 받았다. 군 복역 후, 그는 상이군인들을 사회에 복귀시키는 데 도움을 주는 비영리조직인 '끝나지 않은 미션Mission Continues'라는 단체를 설립했다. 다음은 에릭이 이 단체의 더 높은 목적에 대해 기술한 것이다.

우리의 사명은 퇴역군인들이 미국 전역에서 공동체에 봉사하고, 선도 역할을 하도록 영감을 주는 것이다. 그것이 우리의 사명이다. 우리는 이곳에 오는 모든 퇴역군인이 자신이 전장에 있었던 시기와 상관없이 자신들이 할 수 있는 일에 관해 생각하게 만드는 목적도 있다. 흥미로운 것은 이들이 처음부터 목적의식을 지니고 있었다는 사실이다. 일부 퇴역군인들은 더 높은 목적의식을 팀의 일원이 되고, 자신보다 더 큰 뭔가에 기여하며, 군대에서 했던 어떤 일로 생각했다. 우리는 그들이 군대에서 배웠던 것을 그들의 남은 생애에 적용할 수 있는 어떤 것으로 바꾸길 원한다. 재향군인회의 프로그램에서 우리의 목표는 지금부터 10년 후의 사람들이 이 세대를 돌아보면서, 그들이 집으로 돌아와서도 계속 봉사했다고 말하게 하는 것이다. 그들은 고향으로 돌아와 고국을 더 강하게 만들었다. 이것이 우리가 말하는 일종의 더 큰 목적이다.

우리와 인터뷰한 후 에릭은 주지사가 되기 전에 외도한 사실을 인정했다. 그 여성이 고소를 하지는 않았지만, 그는 공개적으로 사실을 인정하기 전에 그 여성이 외도 사실을 공개하지 못하도록 협박했다는 혐의로 조사를 받았다. 그 결과 취임한 지 6개월 만에 미주리 주지사직을 사임했다. 상황이 이렇게 되자 우리는 에릭의 '끝나지 않은 미션' 프로그램 사례를 포기하라는 충고를 받았다. 하지만 우리는 에릭의 사례가 매우 중요하므로, 그대로 두어야 한다고 생각했다. 모든 인간은 결점이 있다. 여기에 제시한 설명을 그대로 두어, 독자들이 도덕적 힘은 밀물과 썰물처럼 역동적인 현상이라는 개념에 관해 생각해보도록 하는 것이 매우 중요하다고 느낀다.

더 높은 목적을 가진 또 다른 조직의 예는 월트 디즈니사의 사례다. 캘리포니아의 디즈니랜드 파크를 위한 기금모집 홍보 발표문에서 월트 디즈니는 다음과 같이 썼다. "여기 홍보문은 위대한 모험을 엿볼 수 있는 데 불과합니다. 디즈니랜드를 방문하는 분들이 보게 될 장면의 예고편에 지나지 않습니다."

홍보문 후반에는 월트 디즈니사의 사업전략에 영향을 미친 더 높은 목적을 몇 번이고 되풀이해서 명확하게 표현했다.

디즈니랜드의 이념은 단순합니다. 디즈니랜드는 사람들이 행복과 지식을 찾는 곳이 될 것입니다. 디즈니랜드는 부모와 자녀들이 함께 즐거운 시간을 나누는 곳이 될 것입니다. 교사와 학생들이 훨씬 더 나은 학습과 교육에 필요한 방법을 발견하는 장소가 될 것입니다. 여기서 나이 든 세대는 지나간 날들에 대한 향수에 젖어들 수 있고, 젊은 세대는 미래를 마음껏 즐길 수 있습니다. 여기서 우리 모두는 자연과 인간이 지닌 경이로움을 보고 이해하게 될 것입니다.

디즈니랜드는 미국을 창조한 이상과 꿈 그리고 공고한 사실에 기반을 두고 헌신할 것입니다. 또한 디즈니랜드는 이러한 꿈과 정보들을 각색해, 전 세계에 용기와 영감의 원천을 제공할 것입니다. 디즈니랜드는 박람회, 전시회, 놀이터, 커뮤니티센터, 살아 있는 정보 박물관, 아름다움과 마법의 명소가 될 것입니다. 디즈니랜드는 우리가 살고 있는 세상이 이루어낸 업적, 기쁨, 희망으로 가득찰 것입니다. 그리고 그러한 경이로움을 어떻게 우리 삶의 일부로 만들 수 있는지를 보여줄 것입니다.[33]

더 높은 목적의 경제이론

우리가 제시하는 더 높은 목적의 경제이론은 다음과 같다.

진정성 있는 더 높은 목적의 채택으로 구성원과 목적 간의 연대를 만들고, 그들에게 더 열심히 일하고 더 주인의식을 갖게 하며, 자기이익보다 공동선을 우선하도록 함으로써, 조직이 더 높은 목적을 위해 일하도록 돕는다. 이는 더 나은 경제적 성과를 가져온다. 그러나 이러한 일들은 구성원들이 그 목적이 진정성이 있다고 믿는 경우에만 일어난다.

우리는 간단한 관찰로부터 이 이론에 대한 논의를 시작하고자 한다. 즉 리더의 중요한 목적은 공동선을 인식하는 것이며, 그것을 위해 자신을 희생함으로써 다른 사람들이 따르게 하는 것이다.[34] 우리는 더 높은 목적의 경제이론을 위해 다음과 같은 구성 요소를 발견했다.

이기적인 사람들은 변화할 이유가 없으면 계속 이기적인 행동을 한다. 목적 중심적 조직에서, 리더는 지속적으로 공동선을 지향하고 개인적 희생을 감내한다. 이러한 관습에 얽매이지 않은 행동은 일부는 거부하는 이들도 있지만, 다른 사람들도 같은 행동을 하도록 끌어들인다. 관계가 변하면, 모든 계층의 사람들이 서로에게 활력을 주기 시작한다.

이러한 구성 요소를 사용하여 경제이론을 개발하기 위해서는 먼저 몇 가지 가정을 해야 한다. 첫 번째 가정은 구성원들이 자신들이 하는 일에 대해 조직으로부터 받는 금전적, 비금전적 보상 그리고 편협한 자기이익을 초월한 친사회적 목표를 추구함으로써 얻게 되는 효용이라는 두 가지에 관심을 둔다는 점이다. 그러나 많은 구성원이 특정한 친사회적 목표 혹은 조직의 더 높은 목적에서 얼마나 많은 유용성을 얻게 되는지, 그리고 더 높은 목적의 추구를 어떻게 일상적인 업무활동과 의사결정에 통합시키는지에 대해서는 확신을 가지지 못할 수도 있다. 그들이 이것을 발견하기 위해서는 관찰과 반성이 필요할 수도 있다. 조직이 진정성 있는 더 높은 목적을 가지고 있다고 구성원이 믿는다면, 일에 대한 금전적, 비금전적 보상뿐인 경우보다 기꺼이 더 열심히 일할 것이다.

달리 말하면, '공동선을 위한 희생'을 기꺼이 감수한다. 왜냐하면 그렇게 하는 것이 열심히 일하는 데 따른 임금과 승진 보상이 제공하는 이상의 만족이나 유용성을 제공하기 때문이다. 그렇게 하는 것이 서약이 되며, 개인의 유용성을 높여주는 내재적 보상이 된다. 이는 단순히 계약적으로 반응할 때는 일어나지 않는 일이다. 물론, 핵심은 구성원들이 조직이 추구하는 더 높은 목적의 진정성을 정말로 믿어야만 한다. 그러한 믿음을 창출하기 위해 리더는 다음과 같이 행동해야 한다.

★ 진정성 있는 더 높은 목적을 찾아서 그것에 대한 믿음을 가져라.
★ 더 높은 목적과 소통하라.
★ 진정성 있는 더 높은 목적과 사업전략을 통합하라.
★ 진정성 있는 더 높은 목적을 전략의 실행과 구성원의 일상적 의사결정에 반영하라.

두 번째 가정은 두 종류의 리더가 있다는 것이다. 즉 더 높은 목적을 진정으로 믿는 사람들진성리더과 사업 목표 추구에만 관심 있지만 구성원이 공동선을 위해 희생하고 그들의 행동을 바꾸게 하려고 진성리더로 가장하는 사람들유사리더이 있다.

리더만이 자신의 유형을 안다. 다른 사람에게는 그들 모두 똑같아 보인다. 또한 더 높은 목적을 추구하는 구성원들의 희생 덕분에 리더가 하는 일과는 관계없이 더 나은 결과를 가져오지만, 이렇게 얻는 이익은 리더가 진정으로 더 높은 목적에 전념하고, 꾸준히 더 높은 목적과 일치하는 방식으로 행동할 경우 얻는 결과에 비하면 약하다.

두 유형의 리더 모두 자신이 진성리더라고 말하고자 하는 의욕이 있다. 그러나 구성원들은 누가 진성리더인지, 유사리더인지를 구별할 수는 없어도 리더들이 마치 진성리더인 것마냥 연기한다는 사실은 알고 있다. 이는 조직의 리더가 더 높은 목적을 가진 것을 구성원들이 의심의 눈초리로 바라본다는 것을 의미하며, 리더는 구성원에게 자신의 진정성을 확신시키기 위해 특별한 노력을 기울여야 한다. 유사리더가 진성리더와 똑같이 행동하고 단기적으로나마 개인과 조직에 막대한 희생을 치른다하더라도 마찬가지다.

그러나 진성리더는 유사리더보다 조직의 더 높은 목적을 추구함으로써 항상 더 큰 개인적 만족과 효능감을 이끌어낼 것이다. 따라서 조직의 더 높은 목적을 추구하는 리더에게 가해지는 순수한 부담은 유사리더보다 진성리더의 경우가 더 적다. 그래서 진성리더에게는 바람직한 헌신으로 여길 수 있는 수준도 유사리더에게는 너무 높은 수준이 될 수 있다.

　더 높은 목적에 대한 헌신이 있는 경우, 구성원은 그것을 관찰하고 진정성 있는 것으로 믿게 될 것이다. 그러나 그러기 위해서는 리더가 먼저 사업 맥락을 고려하여 조직에 의미가 있는 더 높은 목적을 찾아야만 한다. 어떤 것이 보다 더 높은 목적을 구성하는지에 대한 공식은 없다.

　우리가 제공한 사례들은 진정성 있는 더 높은 목적이 매우 다양함을 보여준다. 스타벅스의 더 높은 목적은 '직장과 집 사이에 제3의 장소를 제공'하는 것이었다. 에릭의 재향군인회 프로그램의 더 높은 목적은 퇴역군인들에게 그들의 봉사가 그들 자신보다 더 원대하고, 전장이 아닌 사회에 봉사하면서도 그들의 열정을 추구할 수 있다는 생각을 주입해 상이군인들을 사회에 다시 통합시키는 것이었다. 월트 디즈니에게 더 큰 목적은 '사람들이 행복과 지식을 찾을 수 있는 장소'를 창조하는 것이었다. 조직의 더 높은 목적은 조직만큼이나 다양하다.

　그러나 모든 리더의 첫 걸음은 목적 중심적 구성원을 상상하고 조직을 위한 더 높은 목적을 찾는 것이다. 스티브 잡스가 정의한 '대의명분'이 친사회적인 그 어떤 것도 될 수는 있지만, 숙고와 발견이 필요하다. 이런 일이 항상 쉬운 것은 아니다. 예를 들어 우리는 본사를 세인트루이스에 둔 대형 금융서비스 회사인 에드워드 존스의 CEO 짐 웨들Jim Weddle과 인터뷰를 했다. 그는 에드워드 존스가 자사의 더 높은 목적을 발견하도록 하기 위해 피터 드러커가 이끌었던 과정을 다음과 같이 설명했다.

처음 시작할 때 그들은 조직의 목적을 수익창출이라고 설명했다. 드러커는 이에 수긍하지 않고, 이익이란 더 높은 목적을 추구한 결과라고 주장했다. 그러면서 "이 조직이 존재하는 이유가 뭔가요?"라고 질문했다. 설왕설래하며 고통스러운 논의 끝에 조직은 마침내 그들의 고객인 개인과 그 가족이 단지 돈을 버는 것만이 아닌, 생애의 재정적 목표를 달성하도록 돕는, 그들 삶의 목표를 성취하기 위한 재정적 의사결정을 돕는 것이라는 더 높은 목적을 찾았다. 이것은 회사의 사업과 크게 다르지 않은 더 높은 목적이다. 오히려 회사 사업의 필수적인 부분이며, 회사가 운영되는 모든 측면에 영향을 미친다.

일단 조직이 더 높은 목적을 찾았다 해도 경영자는 그 목적에 진정성이 없고, 구성원들이 그 진정성을 인정하지 않는다면, 그것이 서약이 될 수 없다는 점을 이해해야 한다. 다시 말하면, 구성원들이 경영자가 더 높은 목적을 홍보하기 위해 교묘하게 설명하는 조작자가 아니라는 것을 믿어야 한다.

진성리더십은 진정성을 전달하기 위해 개인 및 조직의 적절한 재정적 희생뿐만 아니라 명백하고 지속적인 메시지를 필요로 한다. 리더가 처음으로 더 높은 목적을 소통하고자 할 때 구성원이 그 말을 곧이곧대로 들을 것이라고 가정할 수는 없다. 메시지는 몇 번이고 반복해야 하고, 사업 결정과 거래가 가진 의미를 지속적으로 탐구하고, 논쟁하고, 설명해야 한다.

메시지를 반복하면 구성원들이 더 높은 목적을 내면화하고 믿는데 도움이 되며, 그들 각자가 어떻게 조직의 더 높은 목적을 자신의 의사결정과 행동에 통합시킬 수 있을지 학습하도록 자극한다. 이 과정에서 더 높은 목적은 모든 의사결정의 결정권자가 된다. 그들은 복잡성이 줄어들고, 자유가 늘어나는 것을 발견한다. 그들은 조직의 최고 의도를 알기 때문에 지시를 받지 않고도 올바른 결정을 할 수 있다.

이런 학습 과정은 구성원들에게 활력을 줄 수 있다. 그들이 조직의 더 높은 목적과 사업적 결정의 공통분모 공간에서 생활하기 시작하면, 공동선을 추진하는 데 도움이 되는 개인적 희생을 하기 시작하고, 더 높은 목적을 위한 홍보대사가 된다. 이런 식으로 중간관리자들은 점차 목적 중심적 리더로 변신한다. 그 결과 회사 내 경쟁 및 이기적 행동은 줄어든다. 구성원은 동료 구성원이 어떻게 행동할지에 대한 불확실성이 줄어드는 것을 느끼는데, 경제학자들이 전략적 불확실성이라고 부르는 인식이 줄어드는 것이다. 낮아진 불확실성과 목적에 대한 헌신으로 조직은 구성원과의 임금계약도 변화를 꾀할 수 있다.

조직은 명시적 임금계약을 통해서만 구성원들의 동기부여를 기대할 수 있다는 생각에서 벗어나게 된다. 조직은 성과에 따라 급격하게 증가하는 보너스를 지급하는 명시적 임금계약이라는 강력한 인센티브를 부분적으로 대체하는 더 높은 목적을 가진다. 조직은 구성원들의 태만을 염려할 필요 없이 그와 관련된 일부 위험으로부터 위험회피적 구성원을 보호할 수 있다. 구성원은 더 많은 보너스를 받기 위해서 더 열심히 일하는 것이 아니라 그들이 믿는 더 높은 목적에 기여하기 위해 열심히 일한다.

시간이 지남에 따라 이들 목적 중심적 리더들은 조직의 다른 사람들을 더 높은 목적에 연계시키기 시작한다. 구성원들은 자신의 일을 조직이 사업 목표를 달성하는 데 도움을 줄 뿐만 아니라 스스로 더 큰 무엇으로 여기기 시작한다. 서약이 정착하기 시작한다. 재향군인회 프로그램의 퇴역군인들처럼, 구성원들은 스스로 사회에 큰 기여를 하는 것으로 생각한다. 사람들을 목적에 연계시키는 이러한 책임을 선도하는 것은 적극적으로 활력을 제공하는 사람일 것이다. 그들은 더 높은 목적에 대한 한없는 열정으로 주위를 환하게 밝히고, 타인을 변화시킨다. 리더는 이러한 조직 내의 긍정적 에너자이저들이 마음껏 기를 펼 수 있도록 만들어야 한다.

따라서 우리의 더 높은 목적 이론은 주인-대리인 모형을 부정하지 않고, 증대시키려 한다. 우리는 인센티브가 노력 회피를 극복하는 힘이 있다는 것을 인식하고 있다. 또한 구성원들의 위험회피가 얼마나 계약상의 해결을 어렵게 하는지도 알고 있다. 진정성 있는 더 높은 목적은 구성원들이 느낄 수 있는 위험 부담을 줄이고, 그들이 열심히 일하는 것에 대해 느끼는 혐오감을 극복하는 데도 도움을 준다.

직장에서의 더 높은 목적의 경제학 : 사례연구

우리는 더 높은 목적을 가진 조직이 특히 스트레스를 받을 때 어떻게 행동하는지 살펴볼 것이다. 이런 조직 가운데 하나가 사우스웨스트 항공이다.

사우스웨스트 항공은 오래 전부터 목적 중심적이고 가치관에 기반을 둔 조직으로 알려졌다.[35] 목적 추구와 가치관에 기반을 둔 활동은 종종 관습에 얽매이지 않는 의사결정과 긍정적인 결과로 이어진다. 2001년 세계무역센터에 대한 공격은 항공 여행에 끔찍한 영향을 미쳤다. 승객들이 외면하자 항공회사들은 인원 감축을 할 수밖에 없었고, 많은 항공회사가 순전히 경제적 사고방식으로 그런 결정을 내렸다. 예를 들어 US 항공은 재정 긴급사태를 선언했다. 이로써 이 항공사는 노조계약이 무효화되어 수당과 퇴직금 없이 어떤 다른 항공사보다 더 많은 구성원을 해고할 수 있었다.

US 항공처럼 사우스웨스트 항공도 단거리 항공사였는데, 이런 회사가 가장 큰 타격을 받았다. 그러나 사우스웨스트는 단기적인 재정 압박에 대응하는 것보다 구성원들의 신뢰와 충성심이 더 중요하다는 가정을 바탕으로 행동했다. 사우스웨스트는 투자자들로부터 올바른 경제적 결정을 내리지 않은 데 따른 엄중한 처벌을 받을 위험을 무릅썼다. 그러나 이후 12개월 동안 사우스웨스트를 포함한 모든 항공사의 주식 수익률이 마이너스를 기록했지만, 사우스웨스트 주주들은 모든 주요 항공회사 중에서 손해가 가장 적었다. 사우스웨스

트는 대부분의 다른 항공사들보다 더 빨리 회복되었다.[36]

사우스웨스트는 압박상황에서도 업무수행 능력을 잃지 않았다. 2018년 4월, 사우스웨스트는 또 다른 위기를 겪었다. 고장 난 엔진 조각이 항공기의 동체와 날개를 손상시키면서 승객 한 명이 사망한 것이다.[37] 사우스웨스트 항공은 많은 기술적, 법적, 재정적 사안뿐만 아니라 슬픔에 빠진 피해 가족과 그 항공기에 타고 있던 148명의 다른 승객들을 다뤄야 하는 문제에 직면했다.

전국의 구성원들이 서둘러 대응에 나섰지만, 이러한 위기 상황에서는 구성원들을 중앙에서 통합적으로 관리할 수가 없다. 몇 가지 기본적인 지시사항을 내려보낼 수는 있지만, 각 지역은 상부로부터의 지침 없이 수백 가지 사항들을 결정해야 했다. 이런 상황에서는 기업문화가 지배하고, 우리가 아는 것처럼, 몇몇 회사는 비참할 정도로 실패했다.

사우스웨스트에는 두 가지 주요 관심사가 있었다. 남은 항공기의 안전 확보와 피해를 입은 고객들을 돌보는 것이었다. 회사는 148명의 탑승객들을 위해 경험 많은 승무원으로 구성된 특별기를 준비했다. 나중에 탑승객들은 회사가 "친절하고, 이해심을 보여주었고, 배려했다"고 진술했다. 이후에도 회사는 그 탑승객들과 연락을 유지했으며, 승객 한 명당 긴급경비 명목으로 5,000달러를 송금했다. 돈은 '심심한 사과의 말씀'을 전하는 CEO의 편지와 함께 전달되었다.

사우스웨스트의 공동체는 발생한 손해를 애석해했다. 구성원들은 서로 연민과 응원이 담긴 메시지를 보냈으며, 정기적으로 서로를 확인하고 보살폈다. 전직 인사과 구성원이 말했다. "문화가 달라요. 어떤 문제가 생기면, 모두가 그걸 느끼죠."

더 높은 목적의 경제학에 대한 경험적 증거

최근의 연구는 진정성 있는 더 높은 목적의 추구가 경제적 성과를 향상시킨다는 관찰을 뒷받침하는 증거를 제공한다. 두 명의 스웨덴 경제학자가 주인과 대리인에 대한 실험실 연구에서 더 높은 목적 추구의 영향을 조사했다. 그들은 진정한 더 높은 목적의 추구가 구성원에게 기업에 대한 '온정'을 유발하여, 구성원의 행동에 적극적인 영향을 미친다는 가설을 세웠다. 일부 연구 참여자들이 각각 주인과 대리인 역할을 한 실험 상황에서 실험군의 주인들에게 그들의 수입을 실험에서 설계된 다양한 방식으로 스웨덴 적십자사에 기부하라고 요청했다.

주인의 수입 중 일부를 자선기관에 기부한 실험군에서 대리인이 가장 열심히 일하고, 경제적 능률도 가장 높음이 밝혀졌다. 연구자들은 더 높은 목적 추구는 주인과 대리인이 협상하는 계약의 효율성을 향상시키며, 이는 대리인이 제공하는 더 많은 노력에 중요한 역할을 한다고 결론 내렸다.[38]

우리가 4장에서 더 높은 목적의 경제이론을 언급한 것처럼, 행동은 부분적으로 더 높은 목적 추구에 의해 상당한 영향을 받을 수 있는데, 이는 협상으로 이루어진 명시적 계약조차도 목적 추구의 영향을 받을 수 있기 때문이다. 다시 말해 계약과 노력, 결과로 이루어진 전체 생태계가 근본적으로 달라진 것이다.

하버드경영대학원, 컬럼비아대학교, 와튼스쿨이 수행한 대규모 표본연구는 2006년부터 2011년까지 917건의 기업연도 관찰을 포함해 429개 기업의 약 50만 명에 달하는 사람들을 대상으로 설문조사를 시행했다. 이 연구에서 명확하게 소통이 이루어진 진정성 있는 더 높은 목적은 재무운용 능력 및 주가 같은 미래의 성과 측정에 적극적인 영향을 미치는 것으로 밝혀졌다.[39]

연구자들은 높은 목적을 지닌 조직이 두 가지 형태로 나타나는 것을 발견했다. 구성원들 사이에 동지애가 강한 기업과 경영층의 명확성이 높은 기업이다. 그들은 더 높은 목적과 명확성을 모두 나타내는 기업은 현재의 성과를 통제한 후에도 체계적으로 더 높은 미래 수익과 주식시장 성과를 보였다고 기술했다. 그들은 이러한 관계가 고위 임원들보다는 중간 경영층과 전문적인 기능을 지닌 구성원들의 인식에 의해 주도된다고 결론 내렸다. 연구결과는 우리의 더 높은 목적의 경제이론과 일치한다. 중간관리자들이 조직의 더 높은 목적이 진정성을 가진다고 믿고 최고경영층이 그것을 명확하게 소통한다면, 더 나은 경제적 성과를 얻을 수 있다.

또 다른 연구에서는 기업 프로젝트 창안자가 자금 조성 목표를 채우기 위해 잠재적 소비자로부터 자본을 유치하고, 그들에게 미래의 제품이나 서비스를 대가로 제공하는 보상기반 크라우드 펀딩 맥락에서 이 사안을 고찰했다. 이 연구는 소셜펀딩사이트Kickstarter.com에서 30분 동안 수집된 2만 8,591개 프로젝트의 새로운 데이터세트를 사용하여 소비자의 기여 패턴을 조사했다.[40] 이는 소비자도 창안자가 자금조달 목표에 도달하도록 돕는 친사회적 동기를 가지고 있음을 보여주었다. 프로젝트 자금조달 속도는 목표치 달성 직후보다 달성 직전이 더 빨랐다. 아마 소비자들이 자금조달 캠페인을 성공적으로 완료해야 하는 프로젝트에 더 많은 자금을 투자해 친사회적 목표 추구를 시작하기 원했기 때문일 것이다. 이러한 결과는 소비자들의 친사회적 동기가 보상기반 크라우드 펀딩에서 의미 있는 역할을 하고 있음을 시사한다.

또 다른 연구에서는 기업의 사회적 책임활동CSR에 참여할 수 있는 선택권을 기업이 가지는 산업균형 경제모형을 조사했다.[41] CSR은 기업이 더 높은 수익률로 혜택을 얻도록 제품 차별화를 증대시키는 투자로 모형화되기 때문에, 회사의 사업 목표와 더 높은 목적이 통합되어 있다. 이 모형은 CSR이 체계적 위험은 줄이고 기업 가치는 늘린다고 예측하는데, 이런 효과는 높은 제품 차별화를 지닌 기업에 더 강하다. 연구자들은 이러한 예측을 뒷받침하는 실증적 증거를 발견했다.

간단히 말해, 우리의 더 높은 목적의 경제이론은 다음과 같다. 조직의 사업 목표와 부합되는 진정성 있는 더 높은 목적을 채택함으로써 구성원들에게는 개인적인 노력이 두 가지 효과를 나타낸다. 즉 더 많은 보상과 승진이나 기타 외부 보상으로 자신의 경제적 복지에 기여하고, 그들이 관심 있는 더 큰 사회적 선에 기여하는 것이다. 이는 그들이 노력에서 인식하는 가치를 증대시키고, 기꺼이 더 열심히 일하도록 만들며, 더 많은 위험을 감수하고, 더 기업가적이 되도록 한다. 따라서 개인의 이익과 조직의 목표가 정합되도록 하는 데 중요한 보상과 상벌의 영향력이 더욱 강화될 것이다.

핵심은 더 높은 목적을 추구하기 위해 진정성 있는 경영자가 행한 경제적 희생이 단지 구성원을 통제하고 조종하기 위한 또 다른 수단이 아니라는 점과 그 진정성을 구성원에게 충분히 납득시킬 수 있어야 한다는 것이다.

더 높은 목적이 그렇게 강력하고 설득력이 있다면, 왜 모든 사람이 수용하지 않을까? 다음 장에서는 이 질문을 다루기로 하자.

6장
왜 모든 사람이 더 높은 목적을 추구하지 않을까?

더 높은 목적의 의미를 우리가 처음 설명하는 것은 아니다. 실제로 이 주제에 관한 수많은 책이 출판되었다. 어떤 책들은 개인의 삶에서 더 높은 목적의 역할에 대해, 또 다른 책들은 조직에서의 더 높은 목적의 역할에 대해 썼다. 저자들은 목적의 역할을 "영혼으로 이끄는 것", "밖에서 안으로 들어오게 하는 것" 혹은 "'어떻게' 대신에 '왜'에 초점을 맞추는 것"으로 말한다. 그러나 아직도 소수의 기업들만이 진정한 더 높은 목적을 채택해 그들 사업의 의사결정에 활용하고 있다. 그 이유는 무엇일까? 왜 그동안 출판되었던 목적에 관한 많은 책이 실제 사업 운영에는 그다지 큰 영향을 미치지 못했을까?

더 높은 목적에 대한 경제적 사례:
자유시장 자본주의에 대한 위협

더 높은 목적은 세상을 바꾸는 엄청난 잠재력을 지니고 있기 때문에 이 질문은 중요하다. 세계적 기업과 시장주도 자본주의는 제2차 세계대전 이후 각국의 경제성장에 크게 기여했다. 이러한 성장은 전세계의 빈곤을 현저하게 줄였다. 그러나 모든 사람이 균등하게 그혜택을 누리지는 못했다. 실제로는 세계 인구의 극소수가 나머지 대다수 사람들보다 더 많은 혜택을 받아 경제적 불균형이 심해졌다. 그런 상황은 개발도상국에서 더 악화되었다.[42]

부와 소득 분배 실패는 많은 지역에서 자본주의에 대한 환멸을 불러왔다. 최근 미국인들을 대상으로 한 갤럽 여론조사에서 처음으로 자본주의보다 사회주의를 선호하는 민주당원의 비율이 더 높게 나타났다. 공화당원의 경우 사회주의를 좋아하는 비율(16%)이 훨씬 낮은 반면, 2018년 18세에서 29세까지의 미국인 과반수가 자본주의(45%)보다 사회주의(51%)를 더 선호했다.[43]

자유시장 경제를 신봉하고, 사회주의 실험이 실패한 모든 증거를 알고 있는 사람들에게 이번 결과는 충격적이다. 이는 제2차 세계대전 이후 서구세계가 수십 년 동안 누려온 번영의 많은 부분과 급속하게 성장하는 신흥 국가에서 번영의 기반이 되는 경제체제에 대한 실질적인 위협이다. 사회주의를 선호하는 이러한 태도를 정보 부족, 사회주의 실체에 대한 오해 혹은 정치 이념에서 비롯된 것으로 무시하기보다는 자본주의 경제체제에 대한 믿음을 회복하는 방법으로 어떻게 자본주의가 이 도전에 대처할 수 있는지 곰곰이 생각해봐야 한다. 우리는 자유경제체제에 대한 믿음을 회복하는 한 가지 방법으로 정부가 달래거나 사회적 압력을 가하지 않고, 기업들이 진정한 친사회적인 더 높은 목적을 채택하는 것이라고 믿는다.[44] 기업들이 그렇게 하지 못한다면, 그 결과는 끔찍할 것이다. 우리 모두는 유권자들이 현재 상황이 너무 불만스러워 더 나쁜 것에 찬성하는 사례를 알고 있다.

기업의 더 높은 목적과 연계한 기업 프로그램에 대한 관심이 늘어나고 있지만, 이에 대한 실망감도 자주 발생한다. 실제로 기업의 사회적 책임CSR 프로그램은 흔히 기업이 더 높은 목적을 찾을 수 있도록 유용한 아이디어를 제공한다. 이런 CSR의 한 예로 인도네시아와 니카라과 소농의 생산성 증대를 목표로 한 '신젠타의 착한 성장계획'이 있다. 그러나 이 프로그램 중 많은 것이 애초 기대했던 결과를 이끌어내는 데 실패했다.

로버트 카프란Robert Kaplan, 조지 세라핌George Serafeim 그리고 에드워드 투겐트하트Edward Tugendhat는 이러한 실패는 회사가 충분한 야망을 갖지 않고 프로그램에 착수했기 때문으로 추측한다. 그들은 "가난한 농부와 미고용 도시 청년들을 주류 경제로 끌어들이려면 문제점들을 해결하려는 대신, 기업이 참여하는 지역 생태계를 재구성해야 할 필요가 있다"고 제안한다.[45]

이들은 기업이 자체적으로 이익을 창출하는 사업을 찾는 것은 물론, 투자로 만들어진 '새로운 생태계'에서는 다른 사람들을 위한 사회경제적 이익을 창출해야 한다고 제안한다. 이러한 프로젝트는 다양한 행위자 집단으로부터의 투자가 필요하며, 향후 다른 공동체와 지역으로 규모를 늘릴 수도 있다.

카프란과 동료들은 우간다의 사례를 드는데, 우간다에서는 세계적인 경제개발 컨설팅 기업인 카라나 코포레이션이 2010년 빈곤한 영세 옥수수 농부들을 주류 지역 경제로 끌어들이는 공급망을 만드는 프로젝트를 시작했다. 그들은 프로젝트를 다음과 같이 설명한다.

이 프로젝트는 나일 양조장, 곡물 거래상 그리고 농부들을 포함한 다양한 행위자들의 긴밀한 참여가 필요했다. 여기에는 우수한 농업 관행과 적절한 수확 후 처리 방법을 보여주기 위한 옥수수 전시 구역을 마련했고, 거래상과 농부들을 위한 새로운 자산 및 역량에 대한 복합적인 투자가 포함되었다. 나일 양조장과 장기 구매계약으로 농부들의 신용거래가 용이해졌고, 관개와 해충 및 곰팡이 방지 해결책과 함께 개선된 종자, 장비, 비료 구매를 위한 자금조달에 도움을 줄 수 있는 농업자문업체들도 끌어들였다.

2015년까지 새로운 공급망에는 2만 7,000명의 농부가 포함되었고, 이들 중 절반 이상이 여성이었다. 농부들의 농작물 평균생산량은 65%로 늘었고, 세대 수입은 2배 넘게 증대했으며, 참여 농가의 순수익은 50%가 늘었다. 농부들의 가족은 식생활이 획기적으로 개선되는 경험을 했고, 농부들은 가뭄에 강한 종자를 구매하고 농작물 보험에 가입하기 시작했다. '농업 클러스터를 위한 지속가능한 대집단'을 창출하기 위해 점점 더 많은 회사가 지역으로 진입하면서 수많은 다른 효과들이 지역 경제 전반에 파급되었다.

이 프로젝트는 삶의 질도 향상시켰다. 한 농부는 다음과 같이 말했다. "이제 여러 가지가 달라졌어요. 내 자식들은 모두 신발이 있어요. 전에는 집에서 생각지도 못하던 소고기며 닭고기를 먹을 수 있는 행복한 가정이 되었죠. 우리 집 아이들이 학교에서 더 이상 따돌림을 당하지 않아서 좋아해요."

카플란과 동료들이 하는 조언은 회사들이 이런 종류의 더 높은 조직의 목적을 지향하는 것이다. 기업들이 이것을 받아들일까? 그러길 바란다. 그러나 이 장에서 많은 기업이 엄청난 잠재력이 있다는 것을 알고 있는데도, 왜 그렇게 하지 않는지를 설명하고자 한다.

진정성 있는 더 높은 목적의 도입에 실패한 경제학

우리는 여기에 대한 해답을 5장에서 개발한 우리의 더 높은 목적의 경제이론을 통하여 살펴볼 수 있다. 답을 찾기 위해서 정상적인 시기에 기업이 비교적 잘 운영되고 있다고 가정하자. 구성원들의 급여도 높은 편이고, 고객들은 회사의 제품과 서비스를 원한다. 그리고 투자자들은 위험과 투자한 돈의 가치를 보상할 정도로 높은 수익률을 올리고 있다.

우리는 5장에서 진정성을 확립하기 위해서 진성리더는 유사리더가 모방할 수 없을 정도로 원대한, 조직의 더 높은 목적에 헌신해야 한다고 말했다. 유사리더는 더 높은 목적에서 더 적은 한계이익을 얻으므로, 그것을 추구하면 더 높은 순 한계비용이 발생하는 것으로 인식해 모방을 단념한다. 즉 유사리더는 더 높은 목적을 추구하는 데 따른 개인과 조직의 비용을 알고 있지만, 그 두 가지 비용이 너무 적어서 추구할 가치가 없다고 평가한다. 호황기의 경우, 두 가지 일이 일어난다.

첫째, 더 높은 목적을 추구하기 위해 재정 및 기타 자원을 투자하는 것이 '부담 가능'하기 때문에, 특별히 비용이 크지 않다고 여긴다. 그래서 진성리더와 유사리더에게는 모두 큰 금액의 자원을 투자할 여력이 있다.

둘째, 더 높은 목적 추구의 한계 가치가 호황기 중에는 상대적으로 적다. 경제학자들은 사람들이 소비의 한계효용을 감소시켰다고 본다. 이것은 곤궁할 때보다는 부유할 때 여분의 부나 소비에 대해 그 가치를 작게 평가함을 의미한다. 따라서 기업이 더 높은 목적을 추구하면서 무엇을 하든 그 혜택을 누리는 고객이나 구성원에게는 그것에 대한 가치가 과소평가가 된다.

5장에서 논의한 사우스웨스트 항공의 예에서, 만약 사우스웨스트가 호황기에 더 높은 목적을 보여주기 위해 누구도 감원하지 않겠다고 약속했다면, 다른 항공회사도 이를 모방할 수 있었을 것이다. 왜냐하면 어느 항공회사도 구성원을 해고하고 싶지는 않기 때문이다. 설사 감원을 하더라도 경제가 호황인 때는 다른 직장을 구하기가 쉽다. 또 구성원들은 회사가 감원하지 않을 것이라는 사실을 알기 때문에, 이 조치는 구성원들에게는 의미가 적었을 것이다.

그러나 위기에 처한 상황에서는 달라진다. 9/11사태 후, 사우스웨스트 항공은 매일 500만 달러의 손실이 발생하고 있었으므로, 어떤 구성원도 감원하지 않는다는 것은 경제적 희생을 의미했다. 다른 항공회사들이 사우스웨스트를 모방한다는 것은 매우 부담스러운 일이었으므로, 사우스웨스트의 약속이 진정성 있고 신뢰할 수 있는 것임이 밝혀졌다. 또한 구성원이 다른 일터를 찾기 어려운 산업 불황기에 직면해 어떤 구성원도 감원하지 않는다는 사우스웨스트의 결정은 구성원들에게 특히 높은 가치를 부여했다.

이 두 가지 효과 때문에 호황일 경우 더 높은 목적을 위해 주어진 어떤 자원이든 그것의 추구에 드는 순수 비용이 진성리더에 비해 유사리더에게 그다지 크게 인식되지 않는다. 이런 결과는 유사리더가 진성리더의 흉내를 내는 것이 아니라는 보장을 통해 진성리더와 유사리더를 가르는 것을 더욱 어렵게 만든다. 실제로 더 높은 목적에 투입될 자원은 투자자들이 용인하지 않을 수도 있는 엄청난 재정적 희생을 요구할 수 있다. 아무리 진성리더라 할지라도 매우 어려운 상황이라면 더 높은 목적을 추구하지 못할 수도 있다.

호황기에 더 높은 목적의 채택을 좌절시킬 수 있는 또 다른 요인은 개인적 유용성은 있지만 친사회적 편익은 거의 없는 프로젝트에 유사리더가 관심을 두고 추진하는 것이다. 이런 프로젝트는 주주가 치를 현저하게 떨어뜨릴 수도 있다.[46] 예를 들어 정치적 야심을 가진 CEO가 향후 입후보를 대비해 정치적 신망을 쌓으려고 얄팍한 술책을 동원해 특정 선거구민 집단에 더 높은 목적 추구라는 명목으로 제품이나 서비스를 선물하기도 한다. 혹은 CEO가 회사 이사회 의석을 더 많이 확보하기 위해 관대하다는 평판을 얻는 데 도움이 되는 활동을 할 수도 있다.

이러한 사례에서, 유사리더는 회사의 재정적 희생이 필요한 활동에 상당한 조직의 자원을 배정함으로써 높은 개인적 이익을 챙길 수 있음을 감지할 수 있다. 그런 활동이 더 높은 목적으로 보이도록 꾸며지고, 구성원들에게는 진정성이 있는 것으로 비쳐질 수 있다. 유사리더는 기꺼이 큰 약속을 하는데, 자신이 얻는 개인적 이익 때문에 상대적으로 순 한계비용이 낮다고 인식하기 때문이다.

구성원과 마찬가지로, 투자자도 유사리더와 진성리더를 구별하지 못할 수 있다. 그러나 그들은 합리적으로 그 가능성을 인식할 것이다. 이러한 인식은 모든 더 높은 목적 추구를 의심할 수 있다. 그래서 투자자의 적극적 행동이 더 높은 목적의 추구를 방해할 수도 있다.

실제로, 이러한 의심이 밀턴 프리드먼Milton Friedman과 다른 많은 경제학자가 기업이 추구해야 할 주요 목표로써 주주가치 극대화를 강력하게 옹호했던 중요한 이유다. 더 높은 목적의 추구는 다른 모든 사람의 주장이 충족된 후에 기업 소유주의 부가 극대화되는 것이다. 그래서 특정인의 이익을 위한 프로젝트는 추구할 수 없도록 만든다. CEO가 기업에 해를 끼치는 특정 프로젝트를 추구하는지 혹은 사회에 이로운 친사회적 목표를 추구하는지를 그 누구도 알아낼 필요가 없다. 명백히 드러나기 때문이다. 그것은 기업주들의 잔여청구권 가치를 극대화함을 의미한다. 이러한 명료성은 자원이 잘못 관리되지 않도록 보장하는 데 필요한 규율을 제공한다.

더 높은 목적의 도입은 상황을 복잡하게 만든다. 리더는 장기적으로는 주주가치를 극대화할 뿐만 아니라, 진정성 있는 더 높은 목적에 기여하는 기회도 찾아야 한다. 즉 더 높은 목적과 사업 목적 간의 공통분모 발견이다. 그러나 회사 운영과 더 높은 목적 간의 차이가 크면 클수록, 투자자와 구성원들에게 더 높은 목적이 진정한 것이라고 설득하는 일이 더욱 힘든 과제가 된다. 따라서 지역 생태계 같은 야심 찬 프로그램 개발을 목적으로 채택하는 것은 많은 기업에 꽤 만만치 않은 일이 될 수 있다.

위기 효과

위기가 닥치면 변화가 생긴다. 기업이 만들어낸 재정적 희생이나 리더가 만든 개인적 희생은 진성리더와 유사리더 모두에게 매우 큰 부담이 된다. 그러나 유사리더는 진성리더보다 이익에 대한 인식이 덜하다. 더 중요한 것은, 더 높은 목적을 추구함에 있어 한계이익의 계산에서 진성리더와 유사리더 간의 인식 차이는 평상시보다 위기 시에 훨씬 더 클 수 있다. 이를 가장 쉽게 알 수 있는 방법은 유사리더는 더 높은 목적의 추구에 아무런 가치를 두지 않는다고 극단적인 가정을 하는 것이다. 그러면 더 높은 목적 추구의 한계가치가 평상시보다 위기 시에 진성리더에게 더 크므로, 더 높은 목적 추구에 따른 순수비용 측면에서 유사리더와 진성리더 간의 차이도 위기 시에 더 크게 된다. 이러한 차이는 진성리더가 더 높은 목적을 채택하는 방식에 있어 유사리더가 모방을 막을 수 있게 만든다.

자기에게 유리한 특정 프로젝트만을 더 높은 목적 추구로 가장하는 유사리더는 어떨까? 두 가지 고려사항은 위기 상황에서 이런 모방을 매우 힘들게 만든다. 첫째, 자기에게 유리한 프로젝트에 자원을 충당하는 것은 조직의 생존을 위험에 빠뜨릴 수 있다. 리카르도의 예에서 생존에 필수적이었던 인원 감축으로 일어났던 고통을 상상해보라. 이는 진성리더가 아닌 사람에게는 견디기 어려운 대가일 수 있다. 둘째, 투자자들은 위기 기간 중에 더 질문이 많아지며 리더의 소위 더 높은 목적 추구에 대한 심사에 더 많은 자원을 투자할 가능성이 높다. 리스크가 더 클 수 있기 때문이다. 이러한 정밀조사를 통해 사실상 위기시기에 사적이익을 위한 프로젝트가 노출될 가능성이 높아지며 유사리더로서는 그러한 위험을 감수하고자 하지 않을 것이다.

예상되는 유사리더의 행동은 진성리더에게도 영향을 미칠 수 있다. 진성리더는 유사리더의 모방에 크게 신경 쓰지 않고 더 높은 목적을 채택할 수 있다. 그들은 모든 것에 위험을 감수하지 않고도 더 높은 목적을 추구할 수 있다. 물론 위기에서 더 높은 목적이 모습을 드러내는 많은 경우 그에 투입되는 자원은 상당한 수준이긴 하다.

따라서 더 높은 목적의 추구는 종종 위기 시에 더 두드러지는데, 이는 놀랍게도 리더가 진정성을 전하고, 더 높은 목적을 다른 시기에도 계속해서 추구할 것이라는 점을 구성원에게 설득하는 것이 더 쉽기 때문이다. 리카르로와 랍비 색스가 설명한 것처럼 서약은 흔히 위기 시에 그 진가를 발휘한다. 이때 서약이 희생해야 할 공동의 목적을 위해 사람들을 더 쉽게 단결시키기 때문이다. 또한 더 높은 목적 추구에 따른 이익의 수혜자는 그 이익의 가치를 매우 높게 평가한다. 따라서 미래의 변화에 대한 구성원들의 믿음과 행동 변화가 두드러지게 나타난다.

그 밖의 더 높은 목적과 위기에 관한 것들

사람들이 삶에서 상처를 받거나 아픔을 겪게 되면, 대부분은 스트레스를 받고 우울해진다. 거기서 벗어나는 방법은 자신의 가장 높은 목적을 규명하고, 명확하게 표현하는 것이다. 목적은 초점을 상실감에서 상실의 가치로 이동시킴으로써 앞으로 어떻게 나아갈지를 가르쳐준다. 목적은 자신을 다시 일으키기 위한 학습욕구를 불러일으킨다.

외부로부터 받은 충격이나 위기, 더 높은 목적 그리고 위기 중에 보이는 사람들의 행동 사이에는 흥미로운 상호작용이 일어난다. 우리는 이런 상호작용 속에서 반복되는 주제를 발견했다. 워크숍에서는 종종 참여자들에게 자신에게 가장 중요했던 이야기를 하게 함으로써 자신의 삶을 되돌아볼 수 있는 기회를 제공한다. 이런 시간을 가질 때면 대부분의 참여자들은 위기에 관해 말하면서 그것이 자기를 어떻게 시험했고, 그 위기를 어떻게 극복했는지, 그리고 현재의 그들이 보는 긍정적인 혜택이 무엇인지에 대해 말한다.

우리는 더 높은 목적이 어떻게 위기 시에 나타나는지를 논의한 다음, 더 높은 목적이 위기 대처에 어떻게 도움이 되었는지를 논의했다.

동료인 빅터 스트레처의 저서에는 목적, 도전, 학습에 관한 항목이 있다.[47] 그는 삶의 목적과 역경에 대응하는 방법 사이에는 큰 상관관계가 있다고 했다. 즉 삶의 목적을 지니면, 그러지 않을 때와 다르게 생각한다는 것이다. 더 원대한 의식을 가지며, 경험에서 얻은 의미를 어떻게 구성할지 더 절제된 생각을 하게 된다. 또한 시간이 지남에 따라 생각하는 방법을 배우고, 생각을 통제하는 방법도 배우며, 원하는 미래에 에너지를 투자하는 방법도 배운다.

스트레처는 엄청난 파괴력을 드러낸 지진에 대한 사람들의 반응 관련 연구도 검토했다. 지진이 일어난 후에는 많은 사람이 오랜 기간 고통을 겪는다. 그러나 삶의 목적을 지닌 사람들은 스트레스, 우울증, 삶의 질 저하를 겪을 가능성이 낮다. 그들은 정신적 외상 경험에서 배우고 성장해 더 나은 양질의 삶을 영위할 가능성이 높다. 그들은 더 많은 성장을 경험하고, 외상성신경증을 겪을 가능성이 낮아지며, 더 많은 에너지와 의지력을 갖는다. 실제로, 위기가 광범위할수록 외상 후 성장은 더 커진다.

이러한 결과는 목적을 가지고 있는 상황에서 큰 도전을 경험하면, 잃은 것에 덜 집중하고 자신의 목적에 더 초점을 맞추게 됨을 시사한다. 목적 추구가 계속 앞으로 나아가게 하는 것이다. 그럼으로써 공포심이 줄어든다. 그것이 자신감을 키우고 학습을 촉진한다. 그 학습은 전통적이 아닌 깊은 변화를 불러오는 인문 학습이다. 자신이 누구이고, 세상에 어떻게 대처할지에 대한 새로운 시각을 갖는다.

도전은 가끔 우리를 일깨운다. 도전할 때는 자신의 가치관, 가정, 인식을 재검토해야 한다. 과거의 경험이 아닌, 현실에 초점을 맞춘 새로운 시각을 가져야 한다. 아직 목적이 없었다면, 이 과정을 통해 하나의 목적을 가지게 된다. 그러나 이미 목적을 가졌다면, 그 목적을 다시 검증하고 업그레이드해야 한다. 그러면 삶의 목적을 '재설정'할 수 있다.

삶에서 스트레스 요인을 겪을 경우, 공격적이 되거나 도피로 대응하게 된다. 그러나 더 건전한 대응 방법은 현실을 받아들이고 순응하는 것이다. 삶의 목적이 있고 더 나은 미래를 희망하며 산다면 이런 종류의 학습에 더 쉽게 참여할 수 있다. 진정성 있는 더 높은 목적의 경제이론에서는 사람들 누구나 높은 성과를 내는 조직을 만드는 리더가 될 수 있다는 점을 시사한다. 이런 일이 종종 위기를 통해 일어나지만, 항상 그렇지는 않다. 각자 자신의 리더십 개발에 책임이 있다.

더 높은 목적 채택에 따른 개인적 도전과제

우리는 연구를 통해서 기업의 임원들이 조직을 위해 더 높은 목적을 채택하는 데 실패한 원인들을 발견할 수 있었다. 다음 목록은 그들이 직면하는 6가지 핵심 도전과제다. 여기에는 〈포춘〉지 선정 500대 기업 44명 임원들의 답변이 반영되었다. 우리는 그들에게 변화를 주도할 때 가장 진정성 있는 개인적 질문을 공유하도록 요청했다.

개인적 의문

★ 내가 변화를 이끌 적임자라는 것을 확신하지 못할 경우에는 어떻게 할 것인가?

★ 나의 방향과 역할이 통제 받을 경우, 어떻게 전략적으로 변화를 이끌어나갈 것인가?

★ 어떻게 나의 팀이 불가능한 것을 가능하다고 믿도록 도움을 줄 수 있을까?

★ 주인의식이 없는 이들에게 어떻게 자신이 변화를 일으킬 수 있다고 믿게 만들 수 있을까?

★ 사기가 저하되고, 보너스는 줄고, 마찰은 늘어날 때 어떻게 팀에 혁신적 서비스를 제공하라고 동기부여를 할 수 있을까?

★ 협업과 경쟁 사이를 넘나드는 혼란 속으로 들어가도록 어떻게 그들에게 동기부여를 할 수 있을까?

★ 수도승처럼, 어떻게 하면 사심 없이 타인을 돕는 사람이 될 수 있을까?

개인적 의문을 다루는 법. 내가 과연 남을 이끌 적임자인지 의문이 들 경우, 조직의 다른 사람들을 목적을 찾는 데 동참시킴으로써 의문을 해소할 수 있다. 7장과 8장에서 그 방법을 설명한다.

윤리적 갈등

★ 변화에 기여하고 싶은지에 대한 확신이 들지 않는 경우에는 어떻게 하나? 정말로 변화가 팀을 위해 좋지 않다는 생각이 들 경우에는 어떻게 하나?

★ 내가 진정으로 헌신하지 않으면서 어떻게 다른 사람에게 변화하라고 부추길 수 있나?

★ 조직 개편으로 인해 팀의 원래 목적선언문이 폐기된 경우에 팀의 목표와 실행을 어떻게 재조정해야 하나?

★ 어떻게 하면 믿어야 한다고 생각되는 것이 아니라 진정으로 믿는 것을 토대로 일상생활을 하고 의사결정을 할 수 있을까?

개인적 의문과 윤리적 갈등을 다루는 법. 개인적으로 더 높은 목적에 대한 자신의 진정성에 확신이 들지 않는다면 그렇게 하지 마라. 목적이 자신에게 맞는지 더 심사숙고해 결정하든가 아니면 믿을 수 있는 목적을 계속 찾아야 한다. 만약 선택한 더 높은 목적이 '제대로 역할'을 할 수 있을지에 대한 증거를 찾는다면, 그것은 찾을 수 없다는 사실을 명심하라.

목적을 믿을 때만 목적의 힘을 알 수 있을 것이다. 목적의 힘을 알기 전에 먼저 그 목적을 믿어야 한다.

시간 관련 스트레스

★ 계속되는 고객과 관련된 위기에 대처할 시간밖에 없는 경우 어떻게 변화를 창출할 수 있는가?

★ 일과 삶의 균형을 어떻게 유지할 수 있는가?

★ 중견 리더로서의 직무와 가족을 위한 시간 사이의 균형을 어떻게 맞출 수 있는가?

시간 관련 스트레스를 다루는 법. 시간 관련 스트레스는 많은 사람에게 큰 문젯거리지만, 저절로 쉽게 사라지는 성질의 문제는 아니다. 그러나 더 높은 목적에 열정을 느낀다면 창의성이 뒤따르고, 시간이 부족했던 문제에 대한 창의적인 해법이 떠오를 수 있다. 실제로 더 높은 목적을 명확히 하는 것은 목적이 모든 의사결정을 중재하기 때문에 상황에 따라 변화를 수용할 수 있게 한다. 가장 높은 목적을 잘 알게 되면, 바쁘기만 했던 소중하지 않았던 일들이 실행 목록에서 떨어져나간다. 그러면 이전에 꼭 해야 한다고 생각했던 일들이 이제 더 이상 소중하지 않은 일이 된다.

수평적 불신

★ 다른 사람들을 지배하고 이기려는 동료를 어떻게 다른 사람들과 협업하고 협조적인 사람으로 만들 수 있는가?

★ "이게 나에게 무슨 이득이 되지?"라는 의문을 가지고 머뭇거리는 팀과 동료들에게 어떻게 협업을 독려할 수 있을까?

★ 수많은 경쟁과 단기적인 압박이 너무 많은 상황에서 어떻게 사업 전반에 걸친 투명성을 보장받을 수 있을까?

★ 이러한 경쟁체제 속에서 어떻게 남보다 뛰어날 수 있는 방법을 배울 수 있을까?

수평적 불신을 다루는 법. 수평적 불신의 현실적인 도전과제를 극복할 수 있는 단 하나의 방법은 중간관리자들을 목적 중심적 리더로 바꾼 다음, 이들이 긍정적 에너지를 마음껏 발산할 수 있게 돕는 것이다. 그러면 그들이 당신을 도와 수평적 불신을 창출하는 사람들을 다룰 수 있게 해 줄 것이다. 이 도전과제를 처리하는 방법은 12장에서 다룰 것이다.

잘못된 수직적 정렬

★ 만약 내가 조직 내에서 위계상 최상부에 있지 않고, 도전과제를 좋아하지 않는 사람 아래에 있다면, 내가 과연 조직문화를 바꿀 수 있을지를 어떻게 알 수 있는가?

★ 나에게 통제권이 없는 경우, 어떻게 내가 더 높은 목적을 이행할 수 있는가?

★ 경영층이 변화를 원치 않는 경우에도, 내가 필요하다고 믿는 조직의 변화를 실행하기 위해 나는 경영층에 영향력을 행사할 수 있

는 용기와 능력을 갖고 있는가?

★ 최고경영층의 이기적인 의사결정과 리더십 부재로 인해 감원, 목표 상실, 해이한 영업인력, 또 다른 조직개편을 겪게 될 부서를 나는 어떻게 구할 것인가?

★ 상부 경영진이 단기적인 생각을 하고 있을 경우, 나는 어떻게 팀이 장기적인 생각을 하도록 만들 수 있나?

조직문화의 기대치

★ 협업의 가치를 무시하고, 협업에 진정으로 올인 하지 않는 경영층이 있는 회사에서 어떻게 협업을 촉진할 수 있나?

★ 위험을 회피하는 조직문화에서 더 빨리 움직여야 할 경우 어떻게 대처해야 하는가?

★ 경쟁적 과업과 선도 계획들이 조직문화를 다른 방향으로 몰아가는 경우, 어떻게 변화를 이끌 것인가?

★ 평범한 사람들로 둘러싸여 있을 때 어떻게 열정적인 자세를 유지할 수 있는가?

★ 이 회사에 계속 근무하기 위해 대규모로 조직문화를 개선하는 데 충분한 영향을 미칠 수 있을까?

잘못된 수직적 조직과 문화적 기대치에 대한 대처법. 이것은 해결할 수 없는 문제처럼 여겨질지 모른다. 우리는 보통 조직문화가 최고경영층에서 내려와 조직에 하달되며, 보스는 넘을 수 없는 장벽으로 가정한다. 이러한 가정은 회사 안 모든 계층의 주체적 리더십이 발휘되는 것을 방해한다. 그러나 전통적인 계층구조에서도 목적 중심적이고 긍정적인 사업 단위를 만드는 중간관리자들을 볼 수 있다. 이 몇몇이 바로 진정한 리더들이다. 전통적인 가정으로, 상명 하달 식으로 운영하는 권위적인 인물은 목적 중심적 조직을 만들지 못한다. 그러나 대부분 거대한 체제 속에서도 그러한 조직을 만드는 소수의 리더들은 존재한다. 7장부터 14장까지는 이런 일을 어떻게 해야 할지에 관한 정보를 제공한다.

제2부

목적 중심 조직을
만드는 8단계

2부는 7장부터 15장까지로 8단계를 통해 더 높은 목적 중심적 조직을 만들어내는 방법을 다룬다.

7장의 1단계는 더 높은 목적의 조직을 마음속으로 그려보는 것이다. 구성원들이 목적 중심적이 될 수 있다고 믿을 때, 그 조직이 어떠할지를 상상할 수 있다.

8장의 2단계는 목적을 찾는 것이다. 조직이 목적 중심적이 될 수 있다고 믿으면, 이제 목적이 의식 속으로 들어오는 과정을 이해해야 한다.

9장의 3단계는 진정성에 대한 검증을 받는 것이다. 더 높은 목적이 참된 것이고, 그것을 믿으며, 기꺼이 희생할 수 있음을 확신해야 한다.

10장의 4단계는 목적을 지속적인 것으로 만드는 것이다. 더 높은 목적을 모든 의사결정의 결정권자로 만듦으로써 조직문화를 바꿀 수 있으며, 조직 DNA의 일부로 만들 수 있다.

11장의 5단계는 구성원의 학습 욕구를 자극하는 것이다. 목적 중심적 조직을 창출하면 학습이 가속화된다. 구성원들이 작업 수행방법을 바꾸는 혁신적 방법을 알아내면서 배우고 성장한다. 모든 사람이 승자가 된다.

12장의 6단계는 중간관리자를 목적 중심 리더로 만드는 것이다. 중간관리자가 목적 중심적이 되면, 조직문화 전체가 바뀔 준비가 된다.

13장의 7단계는 구성원을 목적에 연계시키는 것이다. 조직의 모든 관리자가 사람들이 마음에 목적을 받아들이면, 준비된 변화는 진짜 변화가 된다.

14장의 8단계는 긍정적 에너지를 가진 사람이 자유롭게 그것을 발산하게 해야 한다. 목적을 믿고 조직 전체에 그 목적을 신속하게 전파할 수 있는 긍정 에너지 전파자를 확인해 그들의 협력을 얻게 되면, 더 높은 목적의 실행은 한층 탄력을 받을 것이다.

7장

1단계

목적 중심 조직을
마음속으로 그려보라

<u>호르스트</u> 아브라함Horst Abraham은 수년 동안 습관처럼 교도소에 있는 수감자들을 방문하곤 했다. 그는 자기가 방문하는 수감자들이 정규 갱생 프로그램에 참가하는 수감자들보다 다시 교도소로 들어오는 가능성이 더 낮다는 사실을 알고는 놀랐다. 우리는 "왜 그들이 더 잘하죠?"라고 그에게 물었다.

이 질문에 대한 답으로 그는 수감자들을 잠재력이 충만한 인간으로 본다고 말했다. 우리의 이해를 돕기 위해, 그는 방문하는 수감자들 중 한 명으로부터 받은 편지를 보여주었다.

내가 늘 당신과 만나기를 고대한다는 사실을 당신이 아는지 모르겠습니다. 그 기다림은 생명줄입니다. 당신이 나의 말을 들어줄 것임을 알기에, 나는 펜과 종이를 구해 당신에게 글을 씁니다. 당신의 대답은 우리가 교도관, 카운슬러, 성직자들로부터 지겹게 듣는 그런 충고가 아닌, 항상 '더 많은 질문', 그냥 호기심에 찬 질문의 연속입니다. 우리의 만남은 나로 하여금 시멘트벽보다 더 옥죄는 생각의 벽인 이 교도소 담을 넘어서 삶과 그것의 더 큰 의미를 생각하게 합니다. 나의 편지 친구가 되어주셔서 감사합니다. 당신의 편지는 나에게는 '산소'입니다.

사고의 장벽

우리 모두는 수감자다. 자기만의 '생각의 벽'에 갇혀 있다. 우리들 각자는 경험으로 축적된 일종의 믿음을 지니고 있다. 이 책에서 우리는 이러한 믿음 혹은 가정을 '전통적 사고방식'이라 부른다. 전통적 사고방식은 권위적인 인물이 조언을 하도록 이끈다. 호르스트처럼 목적을 지닌 사람은 전문가의 역할을 포기하는 경향이 있다. 그들은 학습 동기를 부여하고 학습의 의미를 상승시킨다. 노력에 의한 성공은 힘을 부여하고, 자신만의 생각의 벽에서 해방시킨다.

전통적 사고방식에 도전해, 그것으로부터 우리를 해방시키는 경우는 두 가지다. 하나는 위기이고, 또 다른 하나는 훈련된 방식으로 경험을 성찰하는 선택이다. 호르스트는 사람들이 후자를 택하도록 도왔다.

사람들이 생각의 벽을 넘어서도록 인식을 바꾸는 한 가지 방법은 적극적인 사고에 노출시켜 규칙에서 벗어나도록 하는 것이다. 디스

커버리 채널쇼 〈더티 잡스〉의 호스트인 마이크 로위가 햄튼 호텔에서 겪은 경험을 올린 2015년 7월의 블로그 포스트를 생각해보자.

나는 오늘 아침, 완전 멋진 비행기에서 뛰어내리려고 호텔 방을 나섰는데, 한 남성의 하반신이 복도를 가로막고 있었습니다. 그는 두 발을 사다리에 내딛고, 상반신은 천장 속에 들어가 있었죠. 나는 내 소개를 하고는, 그에게 지금 뭘 하고 있는지를 물었습니다. 나의 타고난 호기심도 만족시킬 겸, 서둘러 지킬 필요가 없는 비행기에서 뛰어내리는 중력과의 약속도 지연시킬 좋은 핑곗거리도 생긴 것 같았습니다. 그의 이름은 코리 먼들입니다. 우리는 곧 이야기를 나누었습니다.

"마이크, 여기 문제가 좀 생겼어요. 나의 파이프가 금이 가서, 나의 뜨거운 물이 나의 방 세탁실로 새고 있어요. 고객들이 눈치 채기 전에 물을 잠그고, 나의 낡은 파이프를 나의 새 파이프로 교체해야 해요." 그가 말했습니다.

내가 도움이 필요하냐고 묻자, 〈더티 잡스〉를 빗대어 일거리가 그리 더럽지는 않다고 말했습니다. 우리는 같이 웃었지요. 코리가 사진 한 장 찍어도 되냐고 ███습니다. 나는 그가 내 부탁도 들어준다면 좋다고 말했어요. 그는 왜 ███ 사진을 원하느냐고 물었고, 나는 그의 말투가 좋아서라고 답했습니다.

"당신이 자기가 하는 일에 대해 말하는 방식이 좋아서요. 그냥 뜨거운 물이 아니고 '나의' 뜨거운 물, 세탁실이 아니고 '나의' 세탁실, 새 파이프가 아니고 '나의' 새 파이프라고 해서요. 대개 사람들은 자기 일에 관해 그렇게 말하지 않거든요. 사람들 대부분이 일을 자기 것이라고 말하지는 않지요."

코리는 어깨를 으쓱하고는 대답했습니다. "이건 '그냥' 직업이 아니에요. '나의' 일이죠. 일이 있어서 좋고, 내가 하는 일이 뭐든 뿌듯해요." 그는 몰랐지만, 그날 코리의 말 때문에 내 일이 조금은 수월했습니다. 3시간 후, 완벽하게 멋진 비행기에서 뛰어내릴 배짱을 애써 끌어 모으면서 낙하산 펴는 줄을 생각한 것이 아니라, 나의 낙하산 줄, 나의 낙하산을 생각하고 있었기 때문입니다.[48]

코리 먼들은 목적 중심적 구성원이다. 그는 전형적인 대리인처럼 최소한의 노력을 기울이는 대신 주인의식을 발휘한다. 그와 같은 사람들이 존재한다는 사실은 중요하다. 임원들에게 어떻게 조직에서 목적을 수행하는지 조언할 때, 흔히 "실제로 일어나는 일이라면, 그건 가능한 일이다"라고 말해준다. 긍정적인 한 사람이나 팀을 발견할 수 있다면, 이미 존재하는 그 탁월성을 사람들이 찾도록 영감을 줄 수 있다. 탁월성을 찾아라. 탁월성을 주도하는 목적을 찾아라. 그런 다음, 구성원에게 미치는 영향력을 상상하라.

우리는 앞서 수감자가 그랬던 것처럼 배우고, '삶과 그것의 더 큰 의미를 생각'할 때, 이해력이 깊어진다. 우리는 종종 목적의식을 느낀다. 더 높은 목적을 추구할 때, 마음을 열고 피드백을 수용한다. 미래를 꿈꾸며 앞으로 나아가면, 우리는 케케묵은 믿음을 버리기 시작한다. 우리가 성장함에 따라, 힘이 충만함을 느끼게 된다. 그 수감자처럼, 자유로워지기 시작한다.

이 책의 목적 중 하나는 독자가 조직과 리더십에 대해 더 포괄적인 관점을 갖고, 어떻게 목적 중심적 조직을 창출할지를 고민하는 것이다. 그래서 2부의 각 장에서는 전통적인 가정을 하고, 뒤이어 포괄적 관점의 가정과 더 높은 목적의 조직을 구축하기 위한 반직관적 단계를 기술한다. 첫 번째 단계는 목적 중심적 조직을 그려보는 것이다.

사고의 장벽 허물기

우리는 최근 호르스트가 썼던 개인 경험 같은 것을 집단적으로 경험했다. 우리는 이익에만 중점을 두는 경향이 있는 대기업과 일했다. 매니저들은 냉소적인 경향을 띠었다. 리더십 프로그램의 첫째 날 우리는 임원들에게 더 높은 목적과 포괄적이고 긍정적인 관점을 습득하는 것에 관해 소개했다. 그들은 수긍하지 않았다.

그들은 이미 학습된 무기력한 주장들을 늘어놓았다. 생각의 벽이 두텁다는 사실이 명확해졌다. 그들은 우리에게 말했다. "조직문화는 상층부에서 결정합니다. 내가 할 수 있는 일은 아무것도 없어요. 그냥 그런 조직문화에 반응할 수밖에 없습니다. 하향식 회사에서는 적극적인 리더십을 발휘할 기회가 없으니까요."

새로운 관점에서의 질문

그들에게 연습문제를 풀어보라고 요청했다. 우리는 그들을 4개 집단으로 나누어, 각 집단에게 질문을 했다.

★ 좋은 대화와 훌륭한 대화의 차이점은 무엇인가?
★ 좋은 결혼과 훌륭한 결혼의 차이점은 무엇인가?
★ 좋은 팀과 훌륭한 팀의 차이점은 무엇인가?
★ 좋은 조직과 훌륭한 조직의 차이점은 무엇인가?

우리는 집단마다 그들의 경험을 토의할 시간을 주고, 주어진 질문에 대한 답변 목록을 작성하도록 했다. 다음은 그들의 답변 내용이다.

좋은 대화와 훌륭한 대화의 차이점은 무엇인가?
★ 대화 당사자들이 완전히 참여하고, 의사를 표현한다.
★ 대화가 매우 활력이 넘친다.
★ 대화 당사자들이 정서적, 지적으로 자극됨을 느낀다.
★ 상호 영감, 발견, 창의적인 느낌이 든다.
★ 각자가 대화 전보다 더 많은 것을 얻고 헤어진다.
★ 기억이 생생하며, 더 많은 대화를 하고 싶은 욕구가 생긴다.

좋은 결혼과 훌륭한 결혼의 차이점은 무엇인가?
★ 관계가 풍성하다.

★ 존경, 공감, 신뢰를 만들어내는 작은 일에 마음을 쓰고, 주의를 기울인다.

★ 상호 이해와 하나 됨이 있고, 서로의 마음이 융화된다.

★ 갈등이 해소된다.

★ 서로가 공유하는 가치관으로 생활한다.

★ 서로가 지속적으로 성장한다.

좋은 팀과 훌륭한 팀의 차이점은 무엇인가?

★ 공유하는 목적 혹은 비전이 있다.

★ 팀원들이 도전감과 연대감을 느낀다. 심지어 그들 스스로에 도전한다.

★ 팀원들이 열정적이다.

★ 다양성이 존재하지만, 통합되어 있다.

★ 신뢰감과 협동심이 높다.

★ 팀원들이 하는 일을 스스로 즐긴다.

★ 높은 성취감이 있다.

★ 이웃 팀을 능가하는 강한 영향력이 존재한다.

좋은 조직과 훌륭한 조직의 차이점은 무엇인가?

★ 조직의 존재에 깊은 목적이 존재한다.

★ 의도를 공유한다.

★ 사람들이 기꺼이 자신의 에너지를 기부한다.

★ 시너지 효과가 존재한다. 그 조직은 각 부분의 총합보다 더 크다.

★ 지속적인 학습, 적응, 혁신이 있다.

★ 영향력과 성공 의식이 있다.

★ 조직은 추가적 차원을 개발하고, 자원을 끌어들이는 자석이 된다.

비전이 드러남

우리는 임원들의 사려 깊은 답변을 칭찬했다. 그런 다음, 그들이 만든 4개의 목록을 살펴보고, 새로운 목록을 만들도록 요청했다. 우리는 사회시스템에서 탁월함은 어떤 모습일지를 물었다. 많은 토론 후에 그들은 다음과 같은 것들을 제시했다.

★ 더 높은 목적이 나타난다.

★ 사람들이 공유하는 가치관에 헌신하게 된다.

★ 사람들이 활력을 띠고 완전히 동참하며, 기여하기를 원한다.

★ 온전성이 존재한다.

★ 존경심이 우러나며, 사람들은 서로 신뢰하기 시작한다.

★ 이기심은 사라지고, 대화는 더 정직하고 유순하며, 진정성을 지닌다.

★ 상호관계가 늘어난다. 모든 사람이 공유하고, 모든 사람이 듣는다.

★ 아이디어가 서로 쌓인다.

★ 대화는 열정적이면서도 논리적이다. 그 대화는 영감을 주고 생산적이다.

★ 개별적 차이는 통합되고, 나눔은 상승효과를 일으킨다.

★ 대화는 새로운 자원을 생성한다.

★ 배움이 지속된다. 개인과 인간관계는 성숙해지고, 발전한다.

★ 잠재력이 실현된다.

★ 결과가 기대치를 넘는다.

★ 결과가 중요해진다. 성공의 문화가 존재한다.

★ 성공이 성공을 낳아 영감을 줌으로써, 새로운 자원을 끌어들인다.

우리는 임원들에게 자신의 탁월성 이론을 믿는지 물었다. 그들은 믿는다고 말했다. 우리는 그들의 이론이 새로 나타난 비전이라고 말해주었다. 그들의 비전이 어디서 왔는지를 그들에게 물었다. 우리가 그들에게 주었는가? 아니라고 말했다. 그들은 자신의 경험과 그러한 경험에 대한 상호 토론을 통해 집단적으로 이끌어낸 것이라고 말했다.

임원들에게 방금 그들이 창출한 것의 함의를 확인하라고 요청했다. 그들은 잠시 멈칫했고, 그런 다음 황금 같은 순간이 펼쳐졌다. 그들은 그동안의 모든 무기력과 불신을 언급했음에도 불구하고, 다양한 상황에서 시시각각으로 사회적 탁월성이 나타남을 깨달았다. 심지어 탁월성은 그들이 설명할 수 있을 정도로 자주 드러났다.

임원들에게 탁월성이 매력적인지를 물었다. 그들은 훌륭한 대화,

훌륭한 결혼, 훌륭한 팀, 훌륭한 조직 속에서 살고 싶은가? 그들은 적극적으로 답했다. 우리는 그들에게 탁월성이 현실적인 것이라면, 즉 그것이 이 세상에서 일어나는 것이라면, 탁월성은 가능하다고 말했다. 그렇다면 이제 우리의 질문은 다음과 같다. "당신은 과연 대화, 결혼, 팀, 조직을 포함한 어떠한 상황에서도 탁월성을 창출할 것인가?"

탁월성의 창출

우리는 그들에게 두 가지 사항이 사회적 탁월성을 불러오는 경향이 있다고 말했다. 하나는 위기이고, 다른 하나는 진정성 있는 리더십이다. 관리가 아니라 리더십이다. 이 언급은 고통스러웠다. 이 말은 그들이 리더십으로 이끌고 있지 않음을 시사했기 때문이다.

조용하게 있던 한 여성이 손을 들었다. 그녀는 머뭇거리는 말투로, 자신의 부서는 탁월성의 모든 특성을 갖췄다고 말했다. 우리가 좀 더 자세히 말해보라고 하자, 그녀는 자기 부서에 관한 인상적인 이야기를 했다. 우리는 부서 구성원들에게 그녀의 말을 믿는지 물었다. 어쨌든 그들의 냉혹한 하향식 회사에서는 탁월성을 창출하는 것이 불가능하다는 사실을 모두 알고 있었기 때문이다

다른 두 사람도 비슷한 주장을 했다. 우리는 더 속 깊은 이야기를 해보라고 했다. "적극적이고 목적 중심적 부서를 만드는 것이 힘들 긴 하지만, 그 결과는 엄청나죠. 모든 사람이 승자가 되니까요. 그런

데 왜 다른 방식으로 리드를 할까요?" 두 사람 중 한 명이 말했다.

예상치 못한 강한 표현에 모두들 생각에 잠긴 듯, 한순간 침묵이 흘렀다. 이 그룹은 처음 무기력을 말한 후, 긴 과정을 거쳤다. 그 재소자처럼, 그들도 자기 생각의 벽을 허물고 있었다. 우리는 그들이 적극적이고 목적 중심적인 조직을 구상하고 만들 수 있도록 준비시키고 있었다.

▌ 비전 연습 ▌

워크숍 참여자들은 종종 다음과 같은 질문을 한다. "실질적인 측면에서 본다면, 과연 긍정적인 목적 중심적 조직이란 어떤 것인가요?" 우리는 이제 더이상 대답하지 않는다. 대신, 그들 자신의 비전을 만들도록 한다. 우리는 그들에게 다음과 같은 간단한 연습을 시킨다. 당신에게도 도움이 될 수 있다.

우리는 사람들에게 그들의 조직을 시간이 지남에 따라 흘러왔다 흘러가는 역동적인 시스템으로 생각하라고 일러준다. 그런 다음, 통상적인 관점이 아닌 다음과 같은 가장 극단적인 관점들 중 하나에 초점을 맞추라고 말한다. "당신 조직이 최고의 상태가 되었을 때, 어떻게 여겨질까요? 몇 가지 핵심단어를 적어보세요."

핵심단어 목록이 준비되면, 이 장 끝에 있는 체크리스트를 확인한다. 그런 다음, 준비된 핵심단어 목록에 추가하고 싶은 문구나 단어가 있는지 확인한다.

확장된 목록을 마음에 새기고, 그들 부서가 잠재력을 최고로 발휘했을 경우 어떻게 보일지에 대한 그들 자신의 비전을 적는다. 우리는 가능하다고 믿는 것만 써야 하고, 모든 사람이 이해할 수 있는 말로 적어야 한다고 강조한다. 그러고 나서 그들의 부서를 긍정적인 목적 중심적 조직으로 변화시킬 수 있는 전략을 적는다.

이런 글을 쓰는 과정은 큰 영향을 미친다. 참여자들은 자신이 가능하다고 생각하는 파격적인 이미지를 창출한다. 그 과정이 할 수 없는 것을 할 수 있다고 믿는 것으로 그들의 마음을 바꾼다. 그들은 스스로 영감을 얻는다. 한 참여자가 이런 말을 했다. "이렇게 글로 쓰니 모든 게 바뀌네요. 내가 전에는 상상도 못하던 것을 시도하고 싶어요."

어떤 프로그램에서는, 일주일 내내 어떻게 긍정적인 목적 중심적 조직을 만들지 탐구한 적도 있다. 우리가 함께 작업한 그룹의 예에서, 해당 그룹은 고무적인 결과를 얻었다.

참여자들이 통찰한 내용을 공유하고 있을 때, 한 남성이 손을 들었다. 그는 다음과 같이 말했다. "지금까지 전혀 생각도 해본 적이 없는 말을 하려 합니다. 나는 이번 주에 우리 회사의 고위직 리더들에게 정말로 화가 났습니다. 하지만 이제 분노는 사라졌습니다. 그들이 상관없다는 걸 깨달았기 때문입니다. 그들이 어떻게 행동하든, 나는 구성원들을 이끌 수 있습니다. 나는 우리의 가장 높은 목적을 명확히 알고, 긍정의 에너지가 넘치는 조직을 만들 수 있습니다. 그리고 이제 그 일을 하려 합니다."

방안에는 정적이 흘렀다. 이 임원은 방금 참여그룹의 목소리를 대변했다. 그의 목소리는 무기력하지 않았다. 임원들 중 몇몇은 이제 자기 생각의 벽 그 너머를 바라보고 있었다. 그들은 목적 중심적 조직을 상상하고 있었다. 밥은 이 남성에게 다가가 하이파이브를 했다.

요약

주인-대리인 모형은 명시적 계약의 역할에 초점을 맞추고, 조직은 구성원들로부터 바람직한 행동을 이끌어내기 위한 인센티브 계약을 설계하는 데 많은 시간과 돈을 투자한다. 이 모형은 리더로 하여금 구성원이 계약상 보상받지 못하는 일을 더 높은 목적에 의해 동기를 부여받을 수 있다는 걸 믿기 어렵게 만든다. 그러나 더 높은 목적을 소중하게 받아들이는 리더는 사람들이 목적 중심적이고 공동선을 위해 희생하며, 기대를 넘어서는 협업을 하는 상상할 수 없는 탁월성을 지닌 조직을 상상해야 한다. 따라서 목적 중심적 조직을 창출하는 첫 번째 반직관적 단계는 구성원이 더 높은 목적에 의해서는 영감을 받을 수 없다는 가정을 버리고, 목적 중심적 조직을 상상하는 것이다.

목적 중심적 조직을 상상하기 위해서는 이 장에 설명된 연습을 시도해야 한다. 조직의 여러 부서에서 핵심 인력을 확인하여, 그들에게 다음 방식으로 당신에게 합류하도록 요청한다.

먼저 최고의 조직을 묘사하는 단어 혹은 문구 목록을 만든다. 그리고 다음의 체크리스트를 검토한다. 당신이 열망하는 면면을 포착하는 다른 단어와 문구를 확인하고, 확인 후에는 당신이 믿는 것이 가능하다고 설명하는 문단을 작성한다. 비전을 공유하고 통합한다. 그리고 구성원들이 목적 중심적 조직을 상상하는 것을 돕는다.

체크리스트 : 긍정적인 목적 중심 조직

의미 있는 목적

☐ 우리는 더 높은 목적을 가졌다.

☐ 우리는 공유하는 비전이 있다.

☐ 우리는 전략적인 계획을 가졌다.

☐ 우리는 우리가 믿는 가능성을 추구한다.

동료의 적극적인 압력

☐ 우리는 더 긍정적인 규범이 드러나는 것을 본다.

☐ 우리의 기대치는 목적과 일치한다.

☐ 동료 간 부정적 압력이 긍정적으로 변한다.

☐ 성과가 낮은 동료와 정면으로 맞선다.

자발적 기여

☐ 우리는 이기심을 포기한다.

☐ 우리는 공동선을 위해 희생한다.

☐ 우리는 자발적으로 자기 할 일을 한다.

☐ 우리의 자아 목표는 기여 목표가 된다.

협업적 관계

☐ 우리는 상생의 사고방식을 가졌다.

☐ 우리의 경쟁은 협업으로 전환된다.

☐ 우리의 팀워크는 자연스럽다.

☐ 우리는 역동적인 전체가 된다.

전적인 참여

☐ 우리는 우리가 하는 일에 몰입한다.

☐ 우리는 우리의 목적에 관여한다.

☐ 우리는 우리가 가진 모든 것을 바친다.

☐ 우리는 우리의 목적에 전적으로 헌신한다.

창의적 시도

☐ 우리는 새로운 아이디어를 시도한다.

☐ 우리는 지적인 위험을 무릅쓴다.

☐ 우리는 주어진 것에서 해결책을 찾는다.

☐ 우리는 앞으로 나아가면서 새로운 것들을 발견한다.

완전한 포용

☐ 우리는 누구도 소외받지 않도록 한다.

☐ 우리는 완고한 사람들이 믿기 시작하는 것을 본다.

☐ 우리 모두는 소속감을 느낀다.

☐ 우리는 저항하는 사람을 설득하느라 에너지를 허비하지 않는다.

적극적 존경

☐ 우리는 긍정적인 언어를 사용한다.

☐ 우리는 누구도 판단하지 않는다.

☐ 우리는 적극적으로 감사를 표현한다.

☐ 우리는 서로의 가치를 인정한다.

연약함의 공유

☐ 우리는 개인적 취약함을 공유한다.

☐ 우리는 자신의 실수를 기꺼이 드러낸다.

☐ 우리는 이해할 수 없을 때는 질문한다.

☐ 우리는 서로에게 도움을 요청한다.

시간 규율

☐ 우리는 신속한 속도를 유지한다.

☐ 우리는 계획된 스케줄을 지킨다.

☐ 우리는 적시에 결과를 전달한다.

☐ 우리는 마감일을 지켜야 할 때는 쉬지 않고 일한다.

건설적 대치

☐ 우리는 진실을 권력보다 더 중요한 것으로 본다.

☐ 우리는 진정성 있게 소통한다.

☐ 우리는 실제로 느끼는 것을 공유한다.

☐ 우리는 새로운 아이디어에 정중하게 도전한다.

성공의 인식

☐ 우리는 인정받을 만한 성공을 경험한다.

☐ 우리는 우리의 서비스를 받는 사람들로부터 칭찬을 받는다.

☐ 우리는 새로운 사업을 끌어들인다.

☐ 외부인들이 우리와 함께 일하고 싶어 한다.

자발적 리더십

☐ 우리의 리더십은 자발적으로 나타난다.

☐ 우리의 리더십은 사람에서 사람으로 옮겨간다.

☐ 우리들 각자는 타당하게 리드한다.

☐ 우리들 각자는 필요에 따라 일을 주도한다.

즐거운 성취

☐ 우리는 우리가 이룬 결과에서 기쁨을 찾는다.

☐ 우리는 긍정적인 에너지로 서로에게 영향을 미친다.

☐ 우리의 성장은 열정을 창출한다.

☐ 우리는 일을 사랑한다.

집단 학습

☐ 우리는 배움을 함께 창출한다.

☐ 우리는 서로의 기여에 편승한다.

☐ 우리는 공유하는 사고방식을 창출한다.

☐ 우리는 무엇이든 알아낼 수 있다고 느낀다.

자원의 끄는 힘

☐ 우리의 성공은 성공을 낳는다.

☐ 새로운 사람들이 우리를 위해 일하고 싶어 한다.

☐ 새로운 고객들이 우리에게 흘러 들어온다.

☐ 우리 일에 대한 수요가 많다.

8장

2단계

목적을 찾아라

에크나트 이스와란Eknath Easwaran이 쓴 책인 《영원한 지혜: 세계의 성인과 현자들의 명상을 위한 통로Timeless Wisdom: Passages for Meditation from the World's Saints and Sages》의 서문은 돌로 코끼리를 조각하는 고대 인도 조각가에 관한 우화로 시작한다. 어느 날 조각가를 방문한 왕이 그의 뛰어난 예술적 솜씨에 대한 비밀을 물었다.

조각가는 큰 돌이 마련되면, 그 돌을 연구하는 데 오랜 시간을 보낸다고 설명한다. 그는 정신을 흩트리지 않고, 완전히 집중한다. 처음에는 아무것도 하지 않고 거대한 돌덩이를 바라보기만 한다. 그러고 나서, 오랜 시간에 걸쳐 그 거대한 돌덩이의 본질에서 무언가를 발견하기 시작한다. 그의 자각은 점차 확장되어 하나의 느낌으로 다가와, 겨우 인식할 수 있는 윤곽을 지닌 희미한 인상으로 변한다.

눈을 크게 뜨고 간절한 마음으로 끈질기게 깊이 생각을 거듭하면,

그 윤곽이 점차 뚜렷해지면서, 어느 순간 바위 속의 코끼리를 보게 된다. 이 순간, 그는 다른 누구도 볼 수 없는 것을 보고, 오직 그만이 그 바위에서 코끼리를 끄집어내는 능력을 가진다.

그렇게 윤곽을 볼 수 있을 때에 이르러서야, 조각가는 끌질을 시작한다. 끌질을 할 때, 그는 항상 드러난 윤곽대로만 한다. 그 과정에서 그는 돌 속의 코끼리와 연결된다. 그러한 경험은 감정적인 것으로, 전통적인 논리를 무시한다. 그는 미래를 느낀다. 그것을 존재로 키우라는 어떤 부름을 느낀다. 이러한 감정적 자각과 함께, 조각가는 더 강렬하고 유일한 목적을 얻는다. 그는 코끼리가 아닌 돌 조각은 낱낱이 쪼아낸다. 그렇게 남는 것이 코끼리다.[49]

미켈란젤로도 비슷한 말을 했다. "나는 대리석 속에서 천사를 보았고, 계속 조각해서 그 천사를 자유롭게 했다."

바위 응시하기

우리는 어떤 조직을 이끌어 달라는 요청을 받은 사람을 한 명 알고 있다. 그에게는 6개월이라는 여유 기간이 있었는데, 그 기간 내내 자신이 이끌게 될 조직, 즉 그의 바위를 응시하며 보냈다.

그러면서 그는 하나의 주제, 즉 그 조직을 위한 그의 목적에 관한 생각을 기록했다. 그는 수백 페이지를 썼지만, 마지막 결과물은 단 하나의 문장이어야 함을 알고 있었다. 그러한 과정은 6개월 간 지속되었고, 그러고 나서 3주 동안 새로 맡은 일에 착수했다. 드디어 그는 최초의 목적과 비전을 언명했다. 그는 네 단어로 그것을 포착했지만, 이후 6개월에 걸쳐 약간의 수정을 했다. 이후 2년 반 동안, 그는 코끼리가 아닌 것은 무엇이든 깎아냈다. 이제 그는 자신이 이룬 것에 대해 경외감을 갖고 되돌아본다.

리더는 자리를 잡고 앉아, 자신의 삶이나 자신이 이끌려고 하는 조직인 바위에 정신을 집중하는 남다른 선택을 할 수 있다. 처음에는 아무것도 보지 못할 수 있다. 계속하다 보면, 겨우 식별 가능할 정도의 윤곽으로 드러나는 희미한 이미지 정도를 알아차릴 수도 있다. 이러한 이미지가 뚜렷해지면, 조각할 코끼리를 보이기 시작한다. 그것은 누구도 볼 수 없는 비전일지도 모른다.

그러한 비전을 근거로 리더는 이제 끌질을 할 용기를 찾을 수 있을 것이다. 만약 윤곽선 안에 머문다면, 그들은 자궁 속에 생명체를 품고 있는 어머니처럼, 이 세상에 존재할 가능성을 지닌 잠재적 관계 혹은 잠재적 조직에 정서적으로 애착을 갖게 될지도 모른다. 이러한 연계성이 강화됨에 따라, 한 가지 목적에 대한 몰입도가 더욱 강렬해질 수도 있다. 그의 모든 힘, 마음, 가슴, 강도로, 새로운 버전의 자신과 조직을 탄생시키는 산고를 겪을 수도 있다.

조직의 더 높은 목적을 찾는 것은 바위를 응시하여 그 속의 코끼리를 보는 것과 매우 흡사하다. 그것이 쉽지는 않지만, 잘만 하면, 조직이 그런 일을 해야 하는 이유와 조직 내 사람들을 연계시킬 수 있다. 그것은 대리인을 주인으로 탈바꿈시킨다. 또한 주인-대리인 모형에서 도덕적 해이를 줄여준다. 더 높은 목적은 조직의 창의적이고 협력적인 에너지를 해방시킨다.

전통적인 일

바위에서 코끼리를 꺼내는 일이 전통적이지는 않다. 우리는 세계적인 석유회사의 CEO로부터 조직의 목적을 정의하는 임무를 받은 TF팀을 만났다. 그들은 목적, 사명, 일련의 가치관을 명확하게 표현한, 수개월 동안의 작업 결과물인 문서를 우리에게 건넸다. 그러나 그들의 분석과 논의는 단지 전략적으로만 받아들여질 수 있는 진부한 의견을 내놓은 것에 불과했다. 우리는 그들에게 이런 것은 아무 힘이 없다고 솔직하게 말해주었다. 그러자 그들은 화를 벌컥 냈다.

TF팀은 전통적인 사고방식에 젖어 있었다. 그들은 조직의 목적을 선언하는 것은 전통적이고 전략적인 토대를 바탕으로 한 대화에서 나온다고 추정했다. 그들은 이기심과 갈등회피의 태도로만 작업했던 것이다. 그들은 오직 머리로만 더 높은 목적을 만들었다.

더 높은 목적은 만드는 것이 아니다. 그것은 이미 존재한다. 더 높은 목적은 거대한 인력을 보유한 조직이라는 바위에 숨어 있다. 더 높은 목적은 인간의 시스템을 충분히 배려할 경우에만 드러난다. 집단의 간절한 요구를 느끼고 공감을 확장해감으로써 그것을 찾을 수 있다. 물론 도발적인 질문을 하고, 경청하고, 성찰하는 것도 포함된다.

영화 〈간디〉에서, 간디가 남아프리카를 떠나 인도에 도착했을 때, 그의 멘토는 간디가 마침내는 인도를 이끌 것이라고 넌지시 말한다. 간디는 "나는 인도를 모릅니다"라고 응답한다.

멘토는 "그렇다면 가서 인도를 찾아보게나"라고 말한다.

간디는 삼등열차를 타고 다니며, 인도의 가난한 사람들과 많은 시간을 보낸다. 그들의 고초를 더 잘 이해할 목적으로, 간디는 그들에게 묻고, 관찰하고, 느끼고 성찰한다. 그러자 그에게 드디어 인도라는 코끼리가 보이기 시작한다.

오랜 여행에서 돌아온 직후 간디는 종교집회에 참석한다. 그는 연설에서, 처음으로 인도 리더들의 전통적이고 이기적인 추정에 도전한다. 그의 충격적인 도전이 청중들의 관심을 주목시킨다. 그런 다음, 간디는 인도가 필요한 것은 '빵과 소금'이라고 간단하게 말한다. 그는 계속해서 국민들의 처지에 관해, 그리고 나라가 번영하려면 진정한 리더가 무엇을 해야 하는지를 힘차게 이야기한다. 그의 이해심과 진정성에 청중들은 압도되고, 감화를 받는다. 수십 년 후, 자신이 지닌 자원에 대한 소유권과 지배권을 가진다는 '빵과 소금'의 이미지는 국민들에게 영감을 주는 도구로 사용되어, 마침내 인도가 영국의 지배를 벗어나게 만들었다.

앞서 언급한 석유회사 임원들과는 달리 간디는 바위를 살핀 조각가처럼 행동했다. 그는 국민에게 다가갔고, 깊이 성찰했다. 그렇게 함으로써, 그는 보편적 공감을 실천했으며, 인도의 영혼에 목소리를 전할 수 있었다. 그는 진정성 있는 더 높은 목적을 명백하게 표현할 수 있었다. 그는 목적을 만들어내지 않았다. 목적을 찾아서 그 목적에 자신의 목소리를 실었다.

대학교에서 목적 찾기

우리는 미시간대학교의 교육대학원장인 데버러 볼Deborah Ball을 인터뷰했는데, 그녀는 조직의 목적 찾기에 대한 또 다른 예를 제공했다. 대부분의 회사들과 마찬가지로, 전문적인 학교들도 목적의 표류를 경험한다. 조직이 목적을 지닐 수도 있지만, 그 목적은 종종 실종되거나 다른 것으로 대체되고, 필요에 따라 새로 나타난 목표가 조직을 움직이는 권력의 핵심으로 쓰이기도 한다. 새로운 대학원장으로서, 볼은 조직의 목적을 명확히 하여 '집단행동이 가능'하도록 하고 싶었다.

그녀가 말한 것처럼, "조직을 배우고, 이미 배웠던 것을 잊기" 위해, 그녀는 학교의 모든 구성원들을 인터뷰했다. 그녀는 매우 다양한 의견을 기대했고, 실제로 그랬다. 그런데 그녀는 놀라운 공통점도 발견했다. 그녀가 '새롭게 부상한 이야기'라고 불렸던 것으로 사회에 긍정적인 영향을 끼치고자 하는 교직원들의 강력한 욕구에 관한 이야기였다. '새롭게 부상한'이란 말이 중요하다. 그들의 대화를 경청함으로써 그녀는 새로운 의미 체계를 실현시키고 있었다. 볼은 자신이 알게 된 내용을 기록해 인터뷰한 사람들과 공유했다. 그녀는 그들의 반응을 듣고, 그들의 이야기를 계속 다듬었다.

이는 단순한 의견 청취의 여정이 아니었다. 그것은 확장되고 훈련된, 조직을 배우는 반복적인 과정이었다. 볼은 말했다. "당신은 먼저 가장 중요한 실체를 확인하고, 그들과 일하고, 그들을 규명하며 그들을 통합하고, 지속적으로 그들에게 피드백을 제공한다." 그녀는 그 과정을 '집단 창조'라고 불렀다.

작업이 계속됨에 따라, 그녀는 학교가 사회적 선을 가져다줄 수 있는 특별한 힘이 있다고 확신하게 되었다. 예를 들어 세계의 다른 교육기관이 교사들을 훈련하는 방법에 영향을 미칠 수 있는 역량이 있었다. 교육비용 부담능력 문제를 언급했으며 소외된 인구집단에 봉사한다는 것을 깨달았다. 볼은 이러한 점들이 학교구성원들의 노력을 통합할 수 있고, 의미 있는 새로운 일자리를 창출하며, 연구기금을 모금하는 가장 큰 잠재력을 지녔다고 결론 내렸다. 그녀는 이것이 학교 집단 정체성의 매우 중요한 요소임을 강조했다.

목적을 찾아주는 사람 : 사람들이 목적을 찾도록 도와주기

우리는 지난 10년 간 수천 명의 사람들이 자신의 목적을 찾도록 도운 경영리더인 닉 크레이그Nick Craig도 인터뷰했다. 닉의 일은 사람들의 삶을 변화시키는 것으로, 그는 자신의 일을 사랑했다. 그는 기쁜 마음으로 우리에게 이야기보따리를 풀어놓았다.

흥미롭게도 닉은 개인적 변화부터 말하기 시작했다. 그는 자신의 어린 시절을 이야기했고, 절망과 자포자기했던 시기를 설명했다. 열 살 무렵 어느 날, 서점에 있던 그는 갑자기 자신이 어떤 결정을 해야만 한다는 생각이 뚜렷해졌다.

"나는 피해자의 사고방식으로 계속 살 수도 있고, 아니면 가능성의 사고방식으로 살 수도 있었죠. 내 삶에 대한 책임을 지기 시작했습니다. 다른 사람들은 피해의식에 계속 젖어 있기를 선택했기에, 결국 우리는 매우 다른 장소에 있게 되었습니다."

개인의 목적을 일깨워주기

닉은 "내 삶의 사명은 당신을 일깨워, 마침내 안식처에 머물게 하는 것"이라고 말했다. 그는 사람들이 자신들의 목적을 명확히 표현할 때, 진정한 자아를 찾게 된다고 믿는다. 그들은 마침내 안식처를 찾은 것처럼 느낀다. 그는 항상 사람들이 이미 자신들의 마음속에 있는 위대함을 명확히 표현할 수 있는 말을 찾도록 돕는다.

닉은《목적 중심 리더십Leading from Purpose》이라는 책을 썼다.[50] 우리는 그가 책을 쓰는 중에 인터뷰를 했고, 그가 느끼는 것을 전부 표현하기가 어려웠다. 그는 개인의 목적은 이미 안에서 연결되어 있다고 말했다. "우리가 자신의 목적을 찾지 못하면, 그에 따른 삶을 영위할 수가 없습니다. 목적을 찾으면, 우리는 깨어나고, 의식하고 자각하게 되죠. 이렇게 자각하게 되면, 우리는 변합니다. 새로운 관점과 함께, 의미에 대한 감각을 얻게 됩니다. 책임감을 갖게 되는 거죠. 무언가 할 수 있는 힘이 부여된 것 같은 느낌이 들고, 창조하고 기여하고 싶은 욕구가 생깁니다."

"목적이 행동을 이끕니다." 닉의 말이다. 일단 자신의 목적을 찾고 나면, 초점이 뚜렷해지고, 불확실성을 향해 나아갈 수 있는 자신감을 얻는다. 불확실성을 통과하는 여정은 심층 학습을 보장한다. 삶의 여정을 거치면서, 목적은 우리가 불가피하게 맞닥뜨리는 역경을 헤쳐 나갈 수 있는 에너지와 열정을 선사한다. 우리는 더 쉽게 회복되고, 다른 사람은 배울 수 없는 것들을 배운다.

"목적을 지니면, 역할이 더 이상 우리를 규정하지 못하게 됩니다. 목적에 중심을 두면, 내면 지향적이 되어 힘이 내면으로부터 나오게 되죠. 힘든 일도 기꺼이 하게 됩니다." 닉은 이렇게 말하고는 "목적을 지니게 되면, 쉽고 바르지 않은 일보다는 힘들고 올바른 일을 택하게 됩니다"라는 말을 반복했다.

닉은 우리가 목적 속에 살면, '좋은 스트레스'를 만든다고 말했다. 협박당하는 것 같은 반사적 반응 대신에 도적적인 반응으로 산다는 것이다. "도전적 반응에서 우리는 창조하려는 만큼 배우고 전진하며 성장합니다. 그렇게 하면서 우리는 역설적인 자질을 얻게 되지요. 목적은 우리에게 불확실성 속에서도 계속할 수 있는 힘을 주고, 또한 그러는 동안 취약점도 생깁니다. 우리가 강하면서 취약할 때, 진정한 자아를 찾아 나타내게 됩니다."

개인적인 목적의 힘

사람들이 자신의 목적을 찾는 것을 돕기 위해, 닉은 그들 자신의 "어린 시절의 마법 같은 순간", "가혹한 시련의 이야기", "삶의 열정"을 살펴보는 것을 돕는다고 말한다. 사람들이 이러한 것들을 공유할 때, 닉은 열심히 경청하고 그들이 실마리를 찾는 것을 돕는다.

누군가 자신의 목적을 찾는 순간, 그들은 흥분으로 맥박이 요동친다. 그들은 힘이 실린 목적선언문purpose statement을 만든다. 그것을 발표하면, 모든 사람의 얼굴이 활짝 밝아진다. "사람들의 선언문을 들을 때, 방안의 모든 사람이 몸속으로 짜릿함을 느끼지요." 닉은 이렇게 말하고는 말을 이었다. "그것이 진실한 것인지는 이 질문으로 가늠할 수 있습니다. '당신 속의 호기심 많은 소년 혹은 소녀가 갑자기 나타났나요? 그렇지 않다면, 당신은 당신의 목적을 찾지 못한 것입니다.'"

목적, 수양, 성장에 관해 닉은 다음과 같이 관찰했다.

나는 모든 종교를 다 연구했다. 나에게는 정신적 수양이 되어 있거나 특수 소속 군인들로 채워진 친구 네트워크가 있다. 나는 정신적 수양과 군대 훈련은 더 높은 목적을 지닌 사람들을 만든다고 생각한다. 왜냐하면 그들은 자신보다 더 큰 어떤 것을 추구하고 있기 때문에, 쉽고 그른 일보다는 힘들고 바른 일을 기꺼이 하려 한다. 목적은 당신의 진정성에 생긴 틈을 노출시키고 당신의 스코어를 알게 해준다. 목적은 당신이 휴가를 즐기도록 용납하지 않으며 당신을 포기하지도 않을 것이다. 목적은 당신을 그다음 시련으로 끌어들인다. 당신은 마침내 다음 시련을 선물로 여기기 시작한다.

개인적 목적에서 조직의 목적으로

조직의 목적에 관해 닉은 우리에게 이렇게 말했다. "개인적 목적은 조직의 목적에 대한 리트머스 시험입니다." 그가 말하는 요점은 자신의 개인적 목적을 찾는다면, 그 사람은 변한다는 것이다. 조직의 목적이 명확하게 표현될 경우에도 마찬가지로 변화의 힘을 가진다. 사람들이 조직의 목적을 개인적 수준으로 느끼는 경우, 그들은 집단적 수준에서 비슷한 느낌을 상상하기 시작할 수 있다. 그들은 조직의 목적이 홍보용 단어 그 이상이라는 것을 안다. 오늘날 많은 조직이 회사의 목적을 고안하기 위해 마케팅 혹은 커뮤니케이션 회사를 고용한다. 그들이 작업에 성공할 수도 있지만, 그 가능성은 높지 않고 확실하지도 않다. 닉은 이렇게 말한다. "집단적 목적을 찾기 위해, 사람들은 개인적 목적 속에서 살아야만 한다. 광고업계가 당신을 집단의 목적으로 데려다줄 가능성은 거의 없습니다."

조직의 목적을 찾는 것은 변화를 찾는 것이다. 경쟁사들이 이루지 못하는 특이한 변신을 할 수 있는 잠재력을 얻는 것이다. 목적을 가지기 전에는 변화를 볼 수 없다. 설령 변화를 보더라도 그러한 변화를 하고 싶은 욕구가 생기지 않을 것이다.

목적 워크숍

개인적 목적이 명백한 사람은 관습적인 대화를 진정한 대화로 잘 전환할 수 있다. 닉은 종종 진실한 대화들로 구성된 3일간의 워크숍을 진행한다. 첫째 날과 그다음 날 오전까지, 그는 모든 사람이 자신의 개인적 목적을 찾는 것을 목표로 한다. 힘들기는 하지만, 사람들은 그것이 매우 효과적이라는 것을 알게 된다.

그런 다음, 나머지 하루와 반나절은 그들이 조직의 목적을 찾는 것을 돕는다. 워크숍이 열리면 닉은 참여자들을 4인 1조로 나누어 그룹을 만든다. 그는 각 그룹에 집단 목적을 상상하여, 그 목적이 3년 안에 어떻게 실현될지에 관한 스토리를 쓰게 한다. 먼저 2명의 참여자에게 가장 가치 있는 것을 선택하게 하고, 이를 4명이 공유하도록 한다. 이 과정은 8인 1조의 집단으로도 똑같이 반복된다. 이러한 복잡한 실행 과정에서는 당연히 예상치 못한 일이 일어난다. 어느 순간 누군가가 모든 사람이 인정할 정도로 매우 강력한 이야기를 명확히 표현한다.

이야기 속의 말들이 중요하긴 하지만, 가장 중요한 것은 아니다. 중요한 것은 그들이 모여 있는 방, 그 신성한 공간인 그곳에서 일어나는 그들 간의 진정한 대화다. 그 대화에서 학습은 관습적이지 않은 수준으로 나아간다. 사람들은 서로의 의견을 공유하고, 새로운 것들을 발견한다. 드디어 목적이 어둠 속에서 나오기 시작한다. 닉은 그 과정을 다음과 같이 기술했다.

나는 그들이 통과해야 할 일련의 단계들을 준비하지만, 면밀하게 주의를 기울이다 나 자신의 공식에 따라 언제 중단시켜야 할지를 알아내야 한다. 마법이 나타나면, 나는 재빨리 상황에 적응해서 그 마법을 계속 진행시키는 데 필요한 일을 해야 한다. 그 과정이 지속가능한 것이 아니기 때문에 쉬운 일은 아니다. 결과를 얻기 위해서는 모든 것들이 서로 잘 짜여 돌아가야 한다. 나는 그러한 과정이 순조롭게 계속 흘러가도록 최선을 다해야 한다. 나는 영향력을 미칠 수 있는 더 높은 상태에 있어야 한다. 나는 진정성을 지녀야 하고, 그들이 진정성을 계속 유지하도록 만들어야 한다. 나는 그들이 표출하는 소중한 말들이, 그 말들을 만들어내는 집단적이고 행동적인 상태만큼 중요하지 않다는 점을 그들이 이해하는 데 도움이 되기 위해 노력한다. 나는 그들이 집단학습이라는 더 높은 수준에 계속 머물도록 독려해야 한다.

닉은 이렇게 고양된 상태를 우리의 연구에서 나온 어떤 것에 비유했다. 우리는 그것을 '근원적 리더십의 상태'라고 부른다.[51] 과학을 토대로 한 이 개념은 개인과 집단 모두가 그들의 목적의식, 진실성, 공감, 겸손의 증대를 의식적으로 선택할 수 있음을 시사한다. 이 상태에서 관계는 변화하고, 상호작용은 새로운 자원을 낳는다.

닉은 몇 가지 구체적인 조직의 예를 들었다. 가장 눈에 띄는 것 중 하나는 싱가포르 개발은행이었다. 닉은 이 은행의 최고경영층 팀과 작업해 임원들이 자신의 목적을 찾은 다음, 그들의 주의를 집단 목적으로 향하도록 했다. 그는 그들이 자신의 목적을 지어내는 것을 원치 않았다. 그들이 목적을 찾기를 원했다.

닉은 임원들로 하여금 그들의 어린 시절 이야기부터 시작하도록 했다. 그들 중 몇몇은 어렸을 때 은행에 갔던 이야기를 했다. 예를 들어 한 여성 임원은 자신의 숙모가 수납원으로 일하던 은행에 돼지저금통을 들고 갔다고 했고, 또 다른 임원은 기쁨이라는 단어가 쓰였던 고객감사 편지를 떠올렸다. 결국, 누군가 은행 일과 기쁨이 연관이 있다고 제안했다. 이 제안은 팀으로부터 심한 비난을 불러왔다. 그러나 다음 날 온종일, 기쁨이란 말이 계속 등장했다.

마침내 "은행 업무를 즐겁게 만들기"라는 목적선언문이 등장했다. 닉은 이 선언문을 설명해줄 이야기에 관해 질문을 던짐으로써 타당성을 검증했다. 임원들은 많은 이야기를 공유했다. 팀은 자신들이 과거 그 은행의 핵심 측면이었던 무언가에 다시 연결되고 있음을 깨닫기 시작했다. 선언서를 만듦으로써, 그들은 한때 이 은행을 이끌었던 목적을 명확하게 표현하고 있었다.

이 팀의 많은 사람이 이전에는 그렇게 강하게 배척했던 관념이 이제는 에너지의 원천이 되었다. 개인의 목적과 집단의 목적을 명확히 표현함으로써, 팀은 새로운 비전을 가지고 함께 앞으로 나아갔다. 그들이 비전과 함께 생활함에 따라, 직급이 낮은 구성원들에게서도 진정한 변화가 일어나는 징후를 볼 수 있었다. 임원들은 고객과의 교감과 기쁨을 조사하는 데 재정적 지원을 아끼지 않았다. 그들은 기쁨과 관련된 75건의 변화 프로젝트를 시작했다. 그들은 은행의 가장 상층부를 다시 설계해 즐거움을 독려하며 일했다. 그들은 기쁨이란 주제를 강조하기 위해 마케팅을 재구성했으며 고객 중심의 솔루션과 앱에 대한 투자를 늘렸다.

은행은 변했다. 변화의 증거는 단 한 번의 대화에서 엿볼 수 있었다. 싱가포르에서는 설날 헌 돈을 새 돈으로 바꾸는 풍습이 있다. 이는 은행 대기 줄이 길어짐을 의미한다. '즐거운 은행 업무'이라는 개념이 주도하자, 하위직 구성원이 이동식 현금자동인출기ATM를 밖에 내놓기로 결정했다. 이 아이디어는 큰 성공을 거두었다. TV 쇼에 출연한 이 은행 CEO는 고객으로부터 선견지명이 있다는 칭찬을 들었다. 그는 얼떨결에 감사의 말은 들었지만, 정작 이동식 ATM 프로그램이 시작된 줄도 모르고 있었다.

쇼가 끝난 후, 그는 최고정보책임자를 불러, ATM건에 관련한 보고를 왜 하지 않았는지를 물었다. 그는 다음과 같이 대답했다. "음, 우리가 은행 일을 기쁘게 하려면, 은행장이 모든 일의 결정에 다 관여하지는 않아야 합니다."[52]

마지막 문장을 생각해보자. 이 말이 관습적 관점에서 포괄적 관점으로의 전환에 대해 무엇을 말해주는가? 이것이 새로운 문화, 즉 탁월성 문화의 출현에 대해 무엇을 말하는가?

이 예가 진정성 있는 더 높은 목적을 찾는 것이 쉽고 재미있다고 암시할 수도 있지만, 실제로는 그렇지 않다. 힘을 가진 리더에게 더 높은 목적을 설득하는 일은 꽤 힘들다. 가끔 리더는 진정한 목적이기 때문이 아니라 중요한 투자자나 이사가 그것을 제안했기 때문에 혹은 구성원들에게 동기를 부여함으로써 문제를 해결할 수 있다고 생각해서 목적을 생각해낸다. 따라서 그들은 홍보문구처럼 그럴싸해 보이는 목적을 고안해낸다. 싱가포르 은행의 목적 같은 예는 그들에게 감명을 주지 못한다. 왜냐하면 좋은 홍보용 문구가 어떻게 보여야 한다는 그들의 선입견에 들어맞지 않기 때문이다. 그래서 그들은 조직의 진정한 목적을 찾을 기회를 놓친다.

예를 들어 우리는 전문 직종의 중간관리자들과 얘기를 나누었는데, 그녀의 윗사람이 조직의 목적선언문 개발을 위한 프로젝트를 이끌도록 지시했다고 했다. 그녀는 프로젝트를 시작하면서, 이 일이 만만치 않음을 알게 되었다. 그래서 우리는 먼저 다른 조직들의 목적선언문의 예를 공유했고, 그것을 본 그녀는 기뻐했다. 그녀는 다음번 상사와의 미팅에서, 자신이 적절하다고 느낀 예를 보고했다. 그러나 상사는 그 예를 받아들이지 않았다. 그 선언문은 변화가 요구되는 진정성과 헌신의 수준을 반영하고 있었다. 이는 그의 예상을 벗어난 것이었다. 그는 쉬운 해결책인 좋은 홍보성 문구들을 기대했으며 그는 진정한 목적을 찾아서 그것에 맞추는 일 따위에는 전혀 관심이 없었다.

많은 사람을 일깨우기

닉이 겪은 사례 전부가 싱가포르 개발은행처럼 인상적인 결과를 얻는 것은 아니다. 닉은 다음과 같이 말했다.

나는 현실주의자가 됐습니다. 경영과 관련된 책을 쓰는 사람들은 자신의 특정 수단이 항상 효과가 있는 것처럼 보이도록 합니다. 하지만 항상 잘 되는 건 없습니다. 조직은 다양한 수준의 변화 태세를 갖추고 있습니다. 그들이 목적선언문을 이미 갖고 있다고 말하면, 나는 그냥 그들을 자극하지 않고 일단 수긍하는 태도를 보입니다. 그들의 입장을 있는 그대로 받아들이고서, 그들과 함께 작업을 시작합니다. 그러다 종종 개인의 목적을 찾으면, 그들은 조직의 목적이 현실적이 아니라는 것을 알게 됩니다.

나는 가끔 그들에게 묻습니다. "만약 당신 조직이 내일 사라진다면, 지금 당신이 하는 일을 다른 사람이 대체하는 데 얼마나 걸릴까요? 당신의 조직은 얼마나 독특하게 기여하고 있나요? 아무도 하지 않는 일을 당신이 하고 있는 게 있나요?"

그들은 가끔 조직이 다르게 해야 할 무언가가 있음을 깨닫습니다. 조직의 근간이 되는 정신을 깨워야 합니다. 이전에는 그것을 보지 못했습니다. 그들은 어떤 말을 고안해내야 하는 작업을 하는 것으로 생각했습니다. 그들은 이 작업이 말이 아니라, 심오한 힘에 관한 일임을 알기 시작합니다. 더 열심히 궁리하여 진짜 목적을 찾게 되면, 그들은 전체 조직을 더 높은 수준으로 끌어올릴 수 있게 됩니다.

닉은 몇몇 사람들이 이를 깨닫고, 다른 사람을 이끌기 시작한다고 말했다. 그들은 다른 사람을 일깨우고, 그 다른 사람은 더 많은 사람을 일깨운다. 이런 일이 일어나면, 사람들의 삶은 이전과 같지 않고, 조직도 이전과는 전혀 달라진다. 일은 더 신성해지고 지루함은 사라진다. 모든 사람이 에너지가 넘친다. 더 이상 사람들을 감시할 필요가 없다. 리더십이 쉬워진다. 자신이 뭔가 속임수를 쓰는 것처럼 느껴질 정도다. 감시하지 않아도 사람들은 자기가 해야 할 일을 한다. 닉은 주인-대리인 모형 문제점의 변화를 설명했다.

닉은 다음과 같은 도발적인 생각을 전하며, 우리와의 대화를 마쳤다. "목적이 반드시 행복은 아닙니다. 목적은 의도와 행동에 있는 것이지 행복은 아니죠. 종종 행복을 주기도 하지만, 여정의 중간은 매우 힘들 수도 있습니다."

닉은 목적이 리더십에 영향을 미친다고 말했다. 진정한 목적을 지닌 사람은 다른 사람의 잠재력을 보며, 더 높은 집단 목적에 연계시키려 한다. 그들은 모든 상호작용에서 사람들을 더 높은 이미지에 연계시킨다. 말하자면, 그들 모두는 똑같은 '코끼리'를 보고 있으므로, 마법이 일어난다. 사람들이 스스로 움직이기 시작하므로, 감시의 필요성이 줄어든다. 조직은 학습과 성장을 시작한다.

주인-대리인 모형에서, 사람들이 리더를 꼭대기에 두는 위계를 시각화하는 경우, 그들은 주인 혹은 CEO를 '리더'로 본다. 그들은 리더의 할 일이 조직의 목적을 알고 발표하는 것이라 가정한다. 더 높은 목적은 CEO가 고안하는 것이 아니라, 집단적으로 찾는 것이다. 더 높은 목적을 찾기 위해서는 훈련된 성찰, 진정한 대화 그리고 조직의 새로운 이야기를 들어야 한다. 공감의 확대는 전체의 고통과 기쁨을 인식하는 것을 의미한다.

조직이 더 높은 목적을 찾아서 명확하게 표현하면, 그 목적은 의미를 부여하고 도덕적 행동을 야기하며, 일부를 물리치고 다른 것을 끌어들이기도 하며, 새로운 관행을 구축하고 동료의 압력을 변하게 하며, 협업을 초래하고 회복을 촉진하며, 이전에 잠재해 있던 자원에 조직이 접근하도록 만든다. 목적 중심적 조직을 창출하는 두 번째 반反직관적 단계는 더 높은 목적을 찾는 것이다.

시작하기 : 수단과 연습

1단계: 당신의 업무 그룹과 함께, 영화 〈간디〉의 장면 중 간디가 "가서 인도를 찾게"라는 말을 듣는 장면을 찾아본다. 간디가 기차여행

을 하고 돌아와 사람들에게 한 '빵과 소금'에 관한 연설은 큰 감명을
준다. 이런 통찰을 불러일으키는 배움의 과정과 왜 사람들이 그의
말을 듣기 시작했는지에 관해서 토론한다. 이 장에서 설명된 사항들
을 검토하고, 어떻게 업무그룹이 조직에서 '인도'를 찾는 과정에 착
수할 수 있는지를 토론한다.

조직의 목적을 찾기 위해 취해야 하는 핵심 단계를 합의한다.

2단계: 업무그룹이 조직 구성원과 고객, 소비자들을 인터뷰하게 한
다. 업무그룹은 다음과 같은 질문을 할 수 있다.

★ 만약 우리 조직이 내일 사라진다면, 다른 조직이 우리가 하던 일
  을 대신 맡아 하는 데 얼마나 오래 걸리겠는가?

★ 우리의 집단 기여는 얼마나 독특한 것인가? 아무도 하지 않은 일
  을 우리가 하는 것은 어떤 것인가?

★ 이 조직에서 당신의 충성도를 높이려면 어떤 기여를 해야 할까?

3단계: 업무그룹에서, 사람들과의 인터뷰에서 얻은 중요한 통찰사
항을 공유한다. 그런 다음 이 장을 재검토하고, 조직의 목적을 찾기
위한 전략을 만든다.

9장

3단계

진정성과 마주하여
검증을 받아라

우리는 진정성을 주제로 한 학술 모임에 패널로 참석했다. 우리는 진정성을 가진 사람들이 이상적인 더 높은 목적에 따라 진실하게 살아갈 수 있는지에 대해 이야기했다. 그들은 목적과 꿈을 쫓아서, 내면 지향적이 되고 주인의식을 갖게 된다. 그들의 행동은 자아 기반에서 도덕 기반으로 이동하여, 스스로 더 나은 자신을 되찾는다. 그들은 삶의 목적을 추구함에 있어 통상적인 역할 기대치를 벗어나 탁월한 일들을 성취한다. 그들은 머리와 가슴으로 말하기 때문에, 다른 사람들이 그들의 진정성과 취약함을 알아보고, 신뢰와 협력 관계를 이끌어낸다.

전통적 추정

우리는 청중을 대상으로 토론을 시작했다. 청중석의 교수들 대부분은 진정성 연구에 관심을 가지고 참석했지만, 우리가 위에서 논의했던 방식으로 이해하는 것 같지는 않았다. 그들의 질문은 거래와 교환에 대한 가정을 바탕으로 했으며, 우리가 생각하는 진정성을 상상하는 것 같지는 않았다.

진정성에 대한 전통적 가정을 하면서, 그것은 사실과 부합되는 것을 의미한다고 믿었다. 즉 정직하고 사실적 진실을 말하는 것을 의미했다. 또한 더 높은 이상을 가지고, 내면 지향적이며, 머리와 가슴으로 동시에 말하는 개념은 그들의 전통적인 관점을 벗어나는 것 같았다. 이 교수들도 우리 모두가 그런 것처럼, 문화적 경험을 통해 사람들은 외부에 의해서 주도되는 이기적이고 전략적인 행위자라고 배웠다. 그들은 의사소통이 이기심에 의해 왜곡된다고 예상했다. 그들은 사람들이 자신이 느끼고 그 느낀 바를 말하는 것을 기대하지 않았다.

진정성에는 두 가지 차원이 있다. 첫 번째 차원은 사실적인 정직에 대한 전통적인 개념이다. 두 번째 차원은 감정적인 정직이다. 진정성을 가진 사람은 둘 다 가지고 있어, 머리와 가슴 둘 다로 말한다. 그래서 그들의 감정과 말은 일치한다. 그들은 역할 기대치를 충족시키거나 전략적인 상황의 변화에 맞추려 하지 않는다. 그들은 깊이 내재된 자신의 관점을 반영하는 메시지를 전달한다. 자신만의 고유한 메시지를 만들어내는 것이다.

추정된 위선

사람들은 단지 자기이익만을 추구하는 정략적 행위자라는 회의적인 관점이 기업 경영의 관행에 젖어 있다. 예를 들어 한 CEO는 실제로 자신의 임원진들은 목적 중심적 삶을 살지 않는 것을 알기 때문에, 그들이 목적 관련 일을 하는 것을 원치 않는다고 말했다. 그는 더 높은 목적을 명확히 표현하는 것은, 사람들이 조직을 더 이기적인 행동에 참여시키기 위한 정치적 구실로 사용하는 것으로 느꼈다. 조직은 정치적 시스템이며 위선이 불가피하다는 인식으로, 그는 관습적 현실을 그대로 수용하고 있었다.[53]

그러나 팀의 한 사람이 이렇게 대답했다. "왜 우리는 그걸 바꾸지 못합니까? 목적과 가치관을 확인하고, 온전하게 그것을 실천합시다."

진심 어린 이 말은 기존의 회의론을 좌절시켰다. 이 말은 진정한 더 높은 목적 추구에 대한 범상치 않은 가능성을 높여 주었다. 결국, 임원진은 그 가능성을 숙고해, 목적 관련 작업을 진지하게 수행하기로 결정했다. 한 사람의 말이 조직을 바꾸었다.

기존의 사고방식에 대한 충격

진정성 있는 더 높은 목적의 힘을 이해하려면, 제약적인 현실과 가능성을 지닌 현실을 통합하는 포괄적인 사고방식이 필요하다. 우리가 이미 알고 있는 것처럼, 사람들은 종종 외부적 충격을 통해 그런 사고방식을 갖는다.

우리는 문제가 있는 조직의 재정적 혁신에 성공했던 자금관리이 사CFO를 인터뷰했다. 그는 자신이 속한 조직이 직면한 재정 문제를 해결하기 위해 열심히 노력했다고는 말했지만, 실제로는 미미한 영향만을 끼쳤을 뿐이었다.

그 후, 그의 상사는 조직의 목적을 명확히 해서 재정의하고, 조직의 문화를 변화시켰다. 새로운 조직문화 속에서, 사람들은 더 많은 통제력을 가졌고, 신뢰가 높아졌다. 그들은 더 적극적이 되었고, 좀 더 진정성 있는 대화를 나누었다. 그들은 더 많이 협력했다. 사람들은 조직의 이익을 위해 더 많은 노력을 기울이기 시작했다. 그들은 배정된 연간 예산을 낭비하기보다는 남은 예산을 반납하는 데 동의했다. 조직은 변했고, 얼마 되지 않아 재정 위기는 '재정 기적'으로 널리 알려지게 되었다.

CFO는 '재정 기적'을 삶을 바꾼 사건이라고 말했다. 그는 예전에는 영감, 진정성, 신뢰, 협력이 주요한 재정 문제를 해결할 수 있다고는 꿈에도 생각하지 못했다고 말했다. 그는 조직의 인력은 이기적인 '대리인들'로 구성되어 있고, 사람들이 공공선을 위해 기꺼이 희생하며 조직을 이끈다는 것은 상상조차 할 수 없었다.

CFO는 깨달음을 얻었다. 이제 그는 진정성 있는 목적과 긍정적인 문화의 힘에 대해 같은 업종의 동료들에게 말해준다. 그는 우리에게 말했다. "그들은 내 말을 듣지 않았어요. '그건 너희 회사에서나 통한 거지 우리는 다르다. 우리 회사에서는 절대 통하지 않을 거야. 사용 안 한 예산을 그 누구도 기꺼이 반납하려 하지 않을 거야.' 그들이 내게 한 말이에요." 이 CFO는 더 깊은 수준의 이해를 얻었으며, 이를 통해 동료들이 볼 수 없는 가능성까지 믿고 볼 수 있게 되었다.

그의 동료들이 방어하는 기재는 단지 경험에 기초한 가정 이상의 어떤 것도 아니라는 점에 주목해야 한다. 사람들은 CFO들을 재정과 주주의 가치 창출 분야의 전문가로 예상한다. 이 특별한 CFO의 메시지가 사실이라면, 다른 CFO들은 지금까지 그들이 받아온 정규적인 훈련과 수련과정의 '우수사례' 밖에서 가치를 만들 수 있는 방법을 찾아야 함을 의미한다. 이것은 물론 힘든 일이다. 그러나 우리는 이런 성향을 공유한다. 우리의 기능적인 전문지식은 해당 분야의 경계 바깥 영역에 존재하기에 때로는 우리가 보지 못할 수도 있다. 그리고 이러한 영역이 우리에게 닥쳐도 우리의 세계관과 맞지 않기 때문에 우리의 성향은 쉽게 거기에 반감을 갖는다.

▎목적과 진정성 있는 소통 ▎

관습적 문화는 정치적으로 수용할 수 있는 자아를 드러내도록 훈련시킨다. 사람들은 그것을 알고 있으며, 관습적인 문화는 정치적 메시지의 정보 가치를 약화시키기 때문에 사람들로 하여금 당신이 전달하려는 메시지에 무관심하도록 만든다. 리더들이 더 높은 목적으로 관심을 돌리면서, 우리는 하나의 트렌드를 볼 수 있었다. 그들은 새롭고 더 영향력 있는 방식으로 소통하기 시작한다.

우리는 DTE 에너지에 관한 리더십 연례회의에 참석했다. 이 회사는 8년간에 걸쳐 점차 목적 중심적이 되었다. 회의에서는 회사가 목적으로 전환할 때 주로 관찰되는 새로운 패턴을 볼 수 있었다. 대다수의 중견 간부들이 더 친근해지고, 취약점을 드러내며, 진정성 있는 사람이 되었다.

DTE 연례회의는 항상 처음부터 끝까지 대본에 의해 진행되어 왔었다. 그런데 첫날 CEO인 게리 앤더슨이 목적에 대한 프레젠테이션 후, 자리에서 일어나 짜인 대본을 과감히 던졌다. 그는 자신의 개인사에 관해 이야기하고는 가족의 중요성에 대해 말했다. 그런 열린 태도는 예기치 못한 것이었지만, 듣는 사람들은 진심으로 감사했다.

마지막 날에 그는 다시 개인사를 이야기했다. 그는 자신의 삼촌이자, 세계적으로 엄청난 업적을 쌓은 저명한 존에 관해 말했다. 존은 심장마비로 죽어가고 있었다. 게리는 존을 방문해, 최근에 무슨 생각을 하고 지내는지부터 물었다. 존은 자신이 살면서 만난 모든 사람에 관해 생각하고 있다고 대답했다. 그는 최근 자신을 만나러 왔던 아들들에 관해 이야기했다. 아버지 집을 방문한 두 아들은 서로 얼싸안았다. 존은 그 순간을 "정말 멋진 장면이었지"라고 말했다.

대화 내내 존은 인간관계에 관해 이야기했고, 엄청난 업적이나 그것이 가져다준 보상에 대해서는 한 마디도 말하지 않았다. 게리는 감동을 받았다. "나에게 그것은 미래로부터 온 메시지였습니다. 정말로 중요한 것, 우리에게 가장 큰 의미를 주는 것은 우리의 인간관계입니다." 게리의 말이다.

게리는 성공적인 삶을 이끄는 것과 의미 있는 삶을 이끄는 것의 차이를 말하기 시작했다. 성공은 개인적 성취에 관한 것이기 쉽다. 의미 있는 일은 다른 사람의 이익에 기여하는 경향이 있다. 그는 주변 사람들에게 작은 기부를 많이 할 때의 누적 효과에 대해 말했다. 그러고는 "인간관계에 대한 투자는 자연스럽게 내게 오는 것이 아니기 때문에 그 일을 열심히 노력하려고 합니다"라고 말했다. 이 고백은 모든 사람의 마음을 사로잡았다. CEO는 자신의 약점을 고백했고, 사람들은 감명을 받았다. 사람들은 진정한 메시지에 목말라 있었으며, 취약점을 드러내는 것은 신뢰를 여는 문이다.

게리는 또 다른 사사로운 일화를 말했다. 40년 동안 근무하고 은퇴하는 하급 구성원에 관한 이야기였다. 그 사람의 은퇴소식을 전하러 온 직원이 게리에게 잠깐 정년 축하파티에 참석해줄 수 있는지 물었다. 게리가 달력을 확인해보니, 파티가 열리는 날이 이사회가 있는 날이었다. 이사들과 점심을 해야 하기 때문에, 그는 그 초대를 거절했다.

하지만 그 일이 그의 마음에서 떠나지 않았다. 그가 참석하는 것이 그 구성원에게 얼마나 많은 의미를 부여할까를 계속 생각했다. 그는 이사회를 몇 분 동안 비우는 것이 대단한 일이 아니라고 생각하기 시작했다. 그래서 파티 장소를 방문하기로 마음을 정했다.

그가 정년 축하파티장에 들어서자, 그를 초대했던 사람은 '얼굴이 밝아지는' 정도였지만, 은퇴하는 당사자는 CEO가 자신의 은퇴파티에 참석했다는 사실에 '말문이 막힐' 정도의 감동을 받았다. 거기 있던 모든 사람이 기뻐했다. 그러한 행동들은 CEO에게도 영향을 미쳤다. 그 역시 '얼굴이 밝아지는' 것을 느꼈고, 긍정적인 에너지로 가득 차 이사회로 돌아왔다.

그 경험은 비록 작은 것이었지만 매우 긍정적이어서, 게리는 자신에게 반문하기 시작했다. '내가 이렇게 작지만 적극적인 투자를 얼마나 더 정기적으로 할 수 있을까?' 그래서 그는 자신의 주위 사람들에게 그렇게 할 수 있는 기회를 찾아서 알려 달라고 요청했다. 그는 150명의 고위 경영진 모두가 비슷하지만 적극적인 투자를 정기적으로 하는 회사를 상상하기 바란다면서 이야기를 끝냈다.

회의가 끝날 때, 우리는 참여자들 중 한 명과 이야기하면서 3일 동안의 행사를 평가해 달라고 요청했다. 그녀는 이렇게 말했다. "이번은 아주 달라요. 지금까지 내가 참석한 모든 연례회의 가운데 최고인 것 같아요. 이 회사에서 어떤 일이 일어날지 너무 기대되네요."

회사가 더 높은 목적을 지향하기 시작하면, 왜 고위직들이 더 친밀하고 연약하며, 진정성을 지니기 시작할까? 한 가지 이유는 고위직들이 개인과 조직의 목적을 설명할 때, 그들이 개인의 가치관과 목적에 따라 움직이는 것을 설명할 필요가 있기 때문이다. 그래서 자신이 겪은 경험을 공유함으로써 자신의 개인적 정체성과 운명을 설명한다. 그들은 의미 있는 개인적 경험을 공유하는 것으로, 개인적 목적과 조직의 목적 간의 연계성을 이야기한다.

전통적 문화는 연약하게 보이지 않도록 우리를 훈련시키지만, 긍정적인 시각은 우리가 진정성과 약점을 지니도록 요구한다. 긍정적인 목적 중심적 조직 안에 있는 사람들은 그들이 진정한 자신과 소통하는 것이 안전하다고 생각하기 때문에 조직 속에서 품격 있는 인간관계를 맺는다.

월 스트리트에서의 진정성

우리가 진정한 목적을 소개하면, 비평가들은 흔히 그건 순진한 접근 방식이라고 말한다. 그들은 "월 스트리트에서는 절대로 통하지 않는다"라고 우리에게 말한다. 우리는 뉴욕시의 중간 규모 투자은행인 샌들러 오네일의 CEO인 지미 던Jimmy Dunne을 인터뷰했다

2001년 어느 날, 지미는 골프를 치고 있었다. 그가 골프 코스를 걷고 있을 때, 이해할 수 없는 메시지를 받았다. 조직의 최고위 리더 3명 중 2명을 포함해 구성원의 1/3이 사망했다는 것이다. 그날은 9월 11일이었다.

그 순간부터 지미는 가혹한 도전에 직면했다. 구성원의 죽음을 애도하는 동시에, 남은 자원이 거의 없는 회사를 구해야 했다. 이런 극심한 압박 속에서도 지미는 자신이나 다른 고위직 중 한 명이 9.11에 사망한 구성원의 모든 장례식에 빠지지 않고 참석하는 일을 해냈다. 이는 지미가 많은 장례식에 참석했음을 의미했다. 매일 밤늦도록 그

는 회사를 구하는 일에 매달렸다. 오늘날 지미는 위기상황에서 가장 심오한 가치관을 발견했고 가장 높은 목적을 명백히 확인했다고 주장하며 다음과 같이 말했다. "위기는 인격을 창조하는 것이 아니라, 그것을 드러냅니다."

지미가 장례식에 참석하면서 해결해야 할 첫 번째 문제 중 하나는 사망한 사람의 급여와 수당과 관련된 것이었다. 대부분의 조직에서 구성원이 사망하면 그 즉시가 아니라도 수개월 내에 임금과 수당이 만료된다. 지미는 이렇게 말했다. "우리는 애초에 그런 관례를 따르지 않기로 결정했습니다. 우리는 다른 회사가 할 수 없다고 생각하는 일을 할 것입니다."

지미는 어떻게 했을까? 이 월 스트리트 투자자는 사망한 모든 구성원의 가족에게 그해 연말까지의 급여와 보너스를 지급하기로 결정했다. 그들은 사망한 파트너가 최고의 실적을 올린 해의 수입을 전부 수령하게 될 터였다.

지미는 자신의 가치관과 목적을 더 명확하게 설명했다. 그는 CFO에게 2002년에도 동일하게 지급할 수 있을지를 물었다. 그녀는 감당할 수는 있지만, 그렇게 하면 살아남은 파트너들의 수탁 책임과 상반될 수 있다고 말했다. 그래서 지미는 파트너들에게 연락해, 이런 조치에 반대한다면 소유 지분을 액면가로 현금 지급 받을 수 있는 기회를 주겠다고 제안했다. 아무도 반대하지 않았다.

회사는 3년 동안 그들에게 급여와 수당을 지급했다. 지미는 이 일을 하면서 회사의 재정적 생존능력을 위험에 빠뜨릴 수도 있다는 것을 인식했지만, 파트너들의 재산을 그들의 가족에게 돌려주겠다고 결심했다. 그는 "창업자 샌들러가 하려고 했던 게 바로 그런 것"이었음을 믿는다고 말하고, "규범에 따르거나 평범하게 경영하는 것"에 대해서는 걱정하지 않았다고 덧붙였다.

우리 모두가 규범에 따르고 있기 때문에, 지미의 마지막 말은 중요하다. 전통적인 사회 환경에서 규범 준수는 실제로 우리를 평범한 방향으로 몰고 간다. 조직에서 사람들이 마지못해 동의하는 것은 자연스런 현상이다. 그러나 사람들이 자신의 심오한 가치관과 목적, 정체성과 운명을 명확하게 확인하는 경우, 그들은 지미처럼 보다 내면 지향적이 된다. 지미는 통상적인 것을 걱정한 것이 아니라 옳은 일을 하고 있는지 걱정했다고 말했다. 도덕적 탁월성에 대한 그의 강력한 헌신이 '일찍이 전례가 없었던 시나리오'로 그를 이끈 것이다.

결과

우리가 살펴본 다른 회사들과 마찬가지로, 샌들러의 더 높은 목적은 최선의 방법으로 고객에 봉사할 뿐만 아니라, 헌신적이고 활력이 넘치며 신뢰할 수 있는, 가족처럼 대우받는 직원을 갖추는 것이었다. 이 같은 생각을 염두에 두고 우리는 지미에게 그러한 특이한 조치를 사람들은 어떻게 받아들였는지 물었다.

지미는 위기 이후 심리치료 과정에 모인 미망인들에 대해 말했다.

한 미망인이 자신이 속한 그룹에 다른 회사 소속의 미망인들도 많이 있었는데, 그들은 재정적으로 어려움을 겪고 있다고 말했다. 그러고 나서 샌들러에 대한 이야기가 나왔다. 그 그룹 사람들은 샌들러의 가치관에 대해 깊은 찬사를 표했다. 지미는 그 이야기를 들었을 때, '브랜드가 무엇인지' 그리고 '샌들러 웨이'가 가진 의미를 발견했다고 말했다. 달리 말하면, 지미는 진정성 있는 목적과 협력 문화의 힘을 발견했다. 진정성 있는 목적과 문화를 보유함으로써 기업을 차별화하고, 그 기업과 거래하는 사람들을 매혹시킨 것이다.

샌들러사는 대내외적으로 다르게 여겨졌다. 지미는 "우리의 지위가 높아졌습니다"라고 말한다. 내부적으로는 회사에 대한 사람들의 충성도가 점점 더 높아졌다. 외부적으로는 각종 지원이 회사로 흘러들어오기 시작했고, 다른 회사들은 샌들러사의 관행을 따르기 시작했다. 그 후 몇 년 동안 회사는 재정적으로 융성했고, 성장을 거듭했다.

목적과 관행

지미는 조직에서 진정성 있는 목적과 긍정적인 문화의 역할을 깊이 의식하게 되었다. 그는 CEO가 목적의 본보기를 설정해야 한다고 말한다. 그는 우리가 도착하기 직전에 일어났던 일에 대해 말했다. 신입 사원이 실수로 회사에 상당한 금전적 손실을 입혔다. 지미는 자기 방으로 그를 불렀고, 존중하는 태도로 무슨 일이 일어났는지를 묻고는, 그가 이 상황을 통해 배울 수 있도록 도왔다. 그런 다음, 안도하는 구성원을 제자리로 돌려보냈다.

지미가 물었다 "그게 내가 하고 싶었던 일이냐고요? 아니요. 사실, 나는 그를 호되게 꾸짖고 싶었습니다."

지미는 자신이 타고난 본능을 따르는 호사를 누리지 못한다고 설명했다. 그가 하는 모든 조치가 회사 문화에 스며들고, 기대치를 창출한다. 회사는 목적과 가치관을 지니고 있고, 지미는 그것을 실천해야 하기 때문에, 그는 그 구성원을 잘 대해야 했다. 그가 그렇게 실천하지 않는다면, 그 목적과 가치관은 위선적으로 비쳐지고, 모든 사람이 냉소적으로 될 것이다.

샌들러사는 고용 과정에서도 진정성을 지닌 사람을 찾는다. 지미는 그 과정을 설명하면서, 그들이 고용하지 않는 사람을 그래픽 이미지로 보여줬다. "여기 있는 모든 사람은 우리가 힘들게 애써 찾은 적임자들이라, 다른 멍청한 친구들을 받아들일 마음은 전혀 없어요. 아마 여기서 견뎌내지 못할 거예요."

지미는 자아 주도적인 사람을 빗대어 말하고 있었다. 샌들러사는 공동선에 헌신하는 사람을 찾아서, 붙잡아두고 싶어 한다. 지미는 "이기적이거나 받기만 하는 사람은 우리와 오랫동안 함께 하지 못해요"라고 말했다. 샌들러의 더 높은 목적은 공동선을 중시하고 진정성 있는 문화를 이끌어내는 데 기여했다.

진정한 소통에 필요한 규칙은 지미도 가지고 있다. 누군가가 없는 자리에서 그 사람을 헐뜯어서는 안 된다는 것이다. 지미는 예를 하나 들었는데, 언젠가 한 임원(존이라고 하자)이 그의 사무실로 와서, 다른 임원(앤드류라고 하자)에 대해 불평을 했다. 존이 이야기를 늘어놓자, 지미는 자기 책상 위의 전화로 번호를 누르기 시작했다. 존이 누구에게 전화하느냐고 묻자 지미는 "당연히 앤드류죠"라고 대답했다. 존은 충격을 받았다. '왜 그에게 전화를 하지?'

지미는 존이 자신에 관해 말하는 바를 앤드류가 직접 듣고, 그가 해명하는 이야기도 같이 듣고 싶어서라고 설명했다. 존은 무척 당황해 말했다. "지미, 당신에게만 이야기하려고 온 거예요." 그러자 지미가 답했다. "아, 그렇군요. 앤드류가 들을 수 없는 앤드류에 관한 일을 말하고 싶은 건가요?"

지미는 이 규칙이 엄청난 효과를 미친다고 우리에게 설명했다. 회사는 매우 사소한 험담까지도 처리해야 한다. 갈등이 일어날 경우, 사람들은 스스로에게 묻는다. "우리가 이 문제를 지미에게 들고 가면, 그가 뭐라고 할까?" 대부분의 문제는 실제로 지미에게까지 오지 않는다. 사람들은 그런 종류의 문제는 자기들끼리 해결한다. 이 회사의 기업문화는 개방, 진정성, 신뢰의 문화다. 최고위층이 세세한 것까지 관리할 필요가 없다.

인터뷰가 끝날 때쯤, 지미의 비서가 그의 귀에 뭔가를 속삭였다. 지미는 우리를 향해 이렇게 말했다. "아, 참! 우리가 실제로는 그들(사망한 구성원들)의 급여와 수당을 10년간 지급했어요. 하지만 마지막 7년에 관해서는 말하지 않았는데, 그 기간은 충분히 그럴만한 여력이 있었거든요. 뭐든 감당할 수 있을 때는 너그럽게 처리하는 게 쉽지요."

회사 사람들은 회사의 목적이 CEO의 의사결정과 행동을 주도하기 때문에 그 목적이 진정한 것임을 안다. CEO는 일반적인 편의의 압력에서 벗어나, 탁월성을 추구하는 목적을 따를 수 있다. 이 회사는 사망한 구성원의 가족에게 급여를 지급하는 것과 같은 흔치 않은 일을 하면서, 이 기업문화가 다른 비슷한 기업은 끌어오지 못하는 자원을 끌어오는 특이한 보상을 받았다. 지미의 더 높은 목적의 발견과 제정은 전적으로 진정성을 지닌 것이다.

요약

표준적인 주인-대리인 모형에서는 사람들이 사적이익을 추구할 것이라고 가정한다. 소통 역시 그러한 사적이익의 보존을 위한 수단으로 기대하고, 당연히 그러기 위해 하는 것으로 해석한다. 주인-대리인 모형의 계약 메커니즘은 오르지 사실적 정확성을 인식하는 차원의 신뢰성을 보장받기 위해 사용된다. 이 모형에는 진정성의 두 번째 차원인 정서적 정직성의 역할은 없다. 그러나 진정성의 두 가지 차원을 모두 소통할 수 있는 사람은 내면 주도적이라는 것을 암시한다.

진정성 있는 더 높은 목적을 갖기 위해서 리더는 내면주도적 목적의 대표자가 되어야 한다. 구성원들은 자신의 행동을 더 높은 목적에 맞추기 위해 희생하며, 이는 구성원들이 더 높은 목적을 진정으로 신뢰할 수 있도록 이끈다. 그렇게 함으로써 현재의 상황은 변화된다. 그들은 자기 회사 구성원과 다른 사람들을 정서적으로 연결시키며, 더 높은 목적은 기업문화로 스며들기 시작한다. 목적 중심적 조직을 만드는 세 번째 단계인 반직관적 단계는 더 높은 목적을 진정성을 가지고 소통하는 것이며 영혼에서 우러나온 소통이며 진정성을 위한 필요성을 인식하고 그것을 만족시키는 것이다.

시작하기 : 방법과 연습

1단계: 구성원들이 이 장을 읽게 하고, 게리 앤더슨과 지미 던의 사례에 특별히 주의를 기울이라고 요청한다.

2단계: 다음 질문에 대한 답을 각각 적게 한 다음, 공개토론한다.

★ 사람과의 관계 면에서 진정성을 무엇이라고 정의하는가?

★ 전문 분야 경험에서 진정성 있는 행동으로 감명받은 적이 있는가?

★ 게리 앤더슨과 지미 던의 이야기에서 가장 중요한 핵심사항은 무엇인가?

★ 다음 문장을 보고 어떤 생각이 떠오르는가?

"왜 우리는 그걸 바꾸지 못합니까? 목적과 가치관을 확인하고,

진정성 있게 그것에 부합하는 삶을 살아갑시다."

★ 우리 그룹이 진정한 더 높은 목적을 지닌 조직이 되기로 결정한다면, 첫 번째로 취할 단계는 어떤 것인가?

10장

4단계

더 높은 목적을
모든 의사결정의
최종 중재자로 삼아라

언젠가 전 세계에서 온 회사 임원들을 대상으로 한 프로그램을 진행하고 있을 때, 두 명의 임원이 우리에게 한 가지 문제점을 공유했다. 그들의 상관인 CEO가 퇴직은 먼 장래에 잡아놓고는 회사 일에는 마음이 떠서 전적으로 사적이익에 따라 행동을 한다고 말했다. 모든 구성원이 이 사실을 알고 있었다. 두 임원은 그런 식으로 표현하지는 않았지만, 주인-대리인 계약에 위반된다고 느꼈다. CEO가 자기의 역할을 하지 않았고, 구성원들은 몸을 사리게 되었다. 그들은 출근은 했지만, 마음은 다른 곳에 가 있었다. 그들은 마지못해 열심히 일하는 척했다. 결과는 조직에 심각한 영향을 미쳤다.

이는 더 높은 목적이 없는 조직에서 일어나는 일이다. 모든 사람은 사적이익이 빚어낸 결과에 상처입기 쉽다. 보통 이렇게 자신의 에너지와 노력을 보존하려고 몸을 사리는 상황은 CEO가 아니라 중간관리자와 말단 구성원에게서 종종 일어난다. 그들이 몸을 사리면 조직이 그 결과를 떠안게 된다. 다른 사람들도 이기적이 되어, 자신의 업무에 자발적인 에너지를 쏟아 붓지 않는다. 부패한 사회 시스템을 변화시키는 비결은 어떤 위치의 누군가가 더 높은 목적을 찾아서, 진정성 있고 명확하게 표현하고 지속적으로 실행할 수 있는 영감과 문화를 형성하는 것이다.

전통적 추정

일관성 있는 목적은 진정성의 개념을 보완해준다. 이 점은 너무 중요하기 때문에, 별도로 다룰 것이다. 그러나 일관성은 상상하기 어려울 만큼 힘들다. 그 이유는 전통적인 경영자들은 주어진 과업 완수에 초점을 맞추기에, 더 높은 목적을 갖는 것이 목적지에 도착하는 것이라기보다 끝나지 않는 여정의 시작이라는 사실을 받아들이기 힘들기 때문이다. 세계적인 전문 서비스 회사의 CEO와 목적 중심적 조직을 구축하는 방법에 관해 이야기했을 때, 그의 첫 번째 질문은 "내가 언제 목적 중심적 조직의 구축을 끝낼 수 있을까요?"였다.

그의 질문은 현대 조직문화에서 중요한 가정을 반영한다. 전문가 세계에서는 시간이 너무나 소중하다. 평사원이 경영자 지위에 올라가면, 이미 행동에 중독되어 있다. 그들은 체크리스트 기반의 사고 방식과 연계된 성취 욕구를 가진다. 그들은 해야 할 업무 리스트에 매달리게 되고, 퇴근 무렵에 얼마나 많은 항목을 리스트에서 지웠는지를 따져서 그날 업무의 질을 판단한다. 그들은 언제나 마감을 갈망한다.

우리는 한 건설회사를 변모시키기 위해 1년 동안 노력했던 또 다른 CEO에 관한 이야기를 들려주는 것으로 그 CEO의 질문에 답을 해주었다. 그 CEO는 자신의 변화 계획서를 보여주며, 그것에 관한 우리의 의견을 물었다. 우리는 A- 점수를 받을 만하다고 말했다. 그는 왜 A가 아니냐고 물었다.

1년 동안 잔소리를 한 후에, 그는 이제 자신이 해야 할 일은 끝났다고 생각했지만, 그의 구성원들은 그의 메시지를 이제 막 알아듣기 시작했다. 그는 계속해서 조직의 목적을 명확하게 설명해야 할 필요가 있었다. 그래서 사람들이 목적을 가슴으로 받아들여 그것이 모든 결정의 결정권자가 되도록 목적을 고무시킬 필요가 있었다. 이를 위해 그는 변함없는 가장 높은 목적의 흔들림 없는 상징이자 주기적인 영감의 원천이어야 했다. 그는 목적에 고무되고 주도되는 기업문화가 정착될 때까지, 그렇게 해야 했다. 우리가 이 내용을 CEO에게 말하자, 그는 의자에 몸을 깊숙이 파묻었다.

예상치 않았던 정서의 문화

데이비드 퍼킨스David Perkins는 미국 육군의 4성 장군이다. 우리가 이 책을 쓰고 있을 때, 그는 긍정적조직센터 강당에서 청중들을 대상으로 연설을 하고 있었다. 전 세계적으로, 사람들은 대체로 군대는 계급사회라고 가정한다. 군대는 필요한 결과물을 얻기 위해 권위를 사용하는 계층구조다. 강의를 듣기 위해 수많은 청중이 모인 것은 그런 군대의 장군이 목적 중심적인 긍정적 조직 창출에 대해 무슨 말을 할지 궁금했기 때문이었다.

퍼킨스 장군은 매우 부정적인 태도를 지닌 권위적인 인물을 포함하여, 모든 형태의 리더십은 성과를 거둔다는 말로 연설을 시작했다. 예를 들어 유해한 리더toxic leader와 마이크로매니저micromanager 부하의 업무에 강한 감독·간섭을 실시하는 관리자도 성과를 거둔다. 종종 그런 자질이 그들을 현재의 직위까지 오르게 한 이유가 되기도 한다. 그들 상사는 그들의 과거 업무성과를 토대로, 새로운 자리에서도 그런 성과를 올릴 것으로 믿었다. 그러나 그런 상사들은 잠시 멈춰 서서 그들의 부하들이 어떻게 그런 결과를 얻었는지를 숙고하지 않았다. 전통적 관점을 가진 리더는 목적과 수단을 별개로 여긴다. 그들은 목표를 강조한 나머지, 성과를 어떻게 얻었는지는 관심이 적다.

퍼킨스 장군은 유해한 리더와 마이크로매니저들이 많은 것은 매우 당연하다고 말했다. 우리 문화는 평균평점, 표준점수, 실적평가를 강조하고, "이게 너의 전부야"라고 가르친다. 조직에서는 리더가 성과를 올릴 것을 기대하므로, 야심 찬 리더의 사적이익은 어떤 수단으로 성과를 얻었는지보다는 오직 성과를 얻은 데만 초점을 맞춘다. 특정 환경, 특히 반복적인 작업을 하는 거대 계층조직에서는 유해한 리더와 마이크로매니저들은 사람들을 채근해 보이는 결과를 달성할 수 있다. 그러나 문제는 거대한 조직에서도 새롭고 예측하지 못한 도전과제를 처리해야 하는 변화의 세계에 살고 있다는 점이다.

오늘날 군대를 포함한 모든 조직은 학습하는 조직이 되어야 하며, 학습하는 조직은 그들의 리더를 신뢰하며, 리더가 지켜보지 않아도 적절한 시기에 올바른 일을 하는 고무된 사람들을 필요로 한다. 달리 말하면, 동기가 내재화된 사람들이 필요하다. 이런 내재된 동기는 종종 진정성 있는 더 높은 목적을 수용함으로써 얻어지며 모든 사람이 그 목적을 내면화할 때까지 리더들은 일관성 있고 명확하게 그 목적에 관해 소통해야 한다. 그러면 사람들은 기꺼이 자발적인 에너지를 일하는 데 쏟아 붓는다.

영감과 서비스

퍼킨스 장군은 봉사를 통해 사람들에게 영감을 줄 수 있다고 믿는다. 그들이 어려움에 처해 있을 때 봉사를 하는 것이 중요하다. 그래서 그는 도움을 요청하는 외침에 즉시 응답하려고 노력한다. 그는 자신의 고위 참모들 중 한 명이 전장 속에서 사람들이 절차를 따르지 않는다며 불평했다고 말했다. 사람들이 참모를 무시하고, 퍼킨스 장군에게 곧바로 가고 있었다. 그 참모는 위계질서를 존중하는 사람으로, 퍼킨스에게 군사들이 자기에게 먼저 올 수 있게 해달라고 간청했다.

"그들이 자네에게 먼저 가지 않는 건 자네가 부가가치가 없다고 보기 때문이네. 그 점을 고친다면, 그들은 자네를 먼저 찾을 거야." 퍼킨스 장군이 대답했다.

이는 명쾌한 답이었다. 만약 당신이 장군의 직속 부하이고, 이런 말을 들었다면, 이 말은 당신의 리더십 이론에 관해 어떤 말을 할 수 있었을까? 당신은 어떻게 응답하겠는가?

총알과 영감

퍼킨스 장군은 영감을 주는 영향력을 키우고 더 높은 목적을 가지는 문화 창출에 대해 진지한 생각을 가졌다. 그는 실제로 적극적인 목적 중심의 조직을 만드는 일에 관여하고 있다. 그런 사실을 우리가 어떻게 알 수 있을까?

그는 유해한 리더와 마이크로매니저로 알려진 고위급 및 중견 장교 수백 명을 개선시킨 사례를 이야기했다. 그는 모든 계층 사람들과의 만남에서 영감을 주는 리더십 속성을 가르친다고 설명했다. 그는 심지어 훈련담당 부사관들과도 만났다.

그는 영감을 주는 리더십의 필요성을 설명하면서, 전쟁에서 완전히 고립되고 심하게 부상당한 사람들 이야기를 들려주었다. 그들은 모든 것을 스스로 결정해야 했으며, 그들의 리더와 동료 그리고 사명에 대한 신뢰가 필요했다. 그들은 위기를 겪기 전에, 리더로부터 영감을 얻어야 했다. "총알이 단 두 개밖에 남지 않은 사람은 계속해서 중요한 결정을 내려야 하는데, 만약 그가 영감을 받지 못한 상태라면, 때는 이미 너무 늦은 거죠." 그가 한 말이다.

주의를 끌어당기는 힘

샤우리와 지미 그리고 닉에 이르기까지 이 책에 등장한 사람들의 사례에서 보면, 더 높은 목적을 가진 사람은 변화했으며, 그 변화된 모습은 그들이 살아 있는 상징이 되는 것이다. 그들이 바로 메시지다. 그들이 말하고 행동하는 것은 특별한 더 높은 목적을 지닌 사람들이 행하는 진정한 표상이다. 그 사람을 바라보는 다른 사람들은 공동선을 인식하고, 가장 높은 목적을 이해하게 된다.

퍼킨스 장군은 몇 년 전 자신의 부하였던 사람들과 다시 만난 경험담을 들려주었다. 흔히 그들은 자신에게 가장 의미 있었던 경험을 회상하며 다음과 같은 말을 하곤 했다. "우리가 곤경에 처했던 20년 전에 장군님이 한 말씀과 행동을 아직도 기억합니다."

한 남성은 최근 대대장으로 승진했다. 그는 장군에게 다음과 같은 내용을 담은 편지를 썼다. "제가 장군님 부대에 있었을 때, 장군님의 모든 행동을 지켜보고, 그것을 기록했습니다. 제가 승진했을 때, 다시 전부 읽어보았습니다. 장군님이 하신대로, 저도 그렇게 하려고 노력하겠습니다." 이러한 충성심은 리더가 지속적으로 더 높은 목적을 실천하고 모범을 보인 결과 사람들이 그 진정성을 믿지 않는다면, 결코 이루어질 수 없는 일이다. 퍼킨스 장군은 수많은 리더가 우리에게 했던 말을 또 했다. 리더는 주의를 끌어당기는 힘이고, 힘든 시기에는 리더에게 주의가 집중된다. 일관성은 매우 중요하다. "사람들이 당신을 지켜보며 낱낱이 기록하고 있어요. 당신은 올바름이 무엇인지를 보여줘야 합니다."

도덕성

도덕성과 영감 사이의 연관성을 주목하라. 퍼킨스 장군은 리더십은 올바른 일을 하기 위한 용기를 모범적으로 보여주는 것이라고 말한다. 양심이 두려움을 이길 때, 무엇이 옳은 것인지를 보여준다. 비록 그렇게 하기 어렵더라도 꾸준히 지속한다면, 다른 사람들에게 영감을 주게 된다.

퍼킨스 장군도 지미 던처럼 긍정적인 조직문화를 구축하는 데는 많은 시간이 걸린다고 말했다. 어려운 시기에는 영향력이 최고조에 달한다. 가장 심한 스트레스를 받고 있고, 모든 사람이 지켜보고 있을 때야말로 자신이 누구인지를 보여줄 때다. 그는 "최악의 시기에 가장 긍정적이 되어야 한다."라고 말했다.

모든 의사결정의 결정권자

싱가포르 개발은행의 목적인 '즐거운 은행 일하기'처럼, 더 높은 목적이 진정성을 띠며 지속적일 경우, 그 목적은 모든 의사결정의 중재자인 동시에 결정권자가 된다. 그렇게 되면 모든 행동이 올바르게 정렬되고, 조직은 변한다. 이는 상상하기 어려운 일이다.

우리는 어느 날 저녁 회식 후에 목적과 비전의 가치를 검토할 예정이었다. 회식 몇 시간 전, 마음이 편치 않은 인원 감축 작업을 하기 위해 모든 관리자가 소규모로 모임을 가졌다. 회의를 진행하면서, 우리는 회사의 목적과 가치관을 먼저 검토한 다음 어려운 인원 감축 작업을 시작한 소집단이 얼마나 되는지를 물었다. 대답은 아무도 없었다, 였다. 관리자들은 왜 자신이 이런 일을 해야 하는지 상상할 수 없었다. 그들은 현실적으로 해결해야 할 문제가 있었고, 인원 감축의 필요성은 목적이나 가치관과는 아무 관련도 없었다.

그들의 문제 해결은 그들의 목적과 가치관과는 아무 관련이 없다는 그들의 생각은 옳았다. 사실 문구가 벽에 걸려 있음에도 불구하고 그들은 목적이나 가치관을 가지고 있지 않았다. 벽에 걸린 말들이 진정성이 있었다면, 회의에 참석한 사람들의 의식에 스며들었을 것이다. 그런 의식은 인원 감축을 어떻게 할지에 대한 그들의 생각을 바꾸어 놓았을 것이다. 그들은 닉 크래그가 우리에게 가르쳐 준 '힘들고 올바른 일'을 하기 위한 목적을 따랐을 것이다. 힘들고 올바른 일은 다수의 다른 집단들과 한 집단을 차별화시키며, 이는 비범하고 장기적인 결과를 만들어낸다. 조직을 떠나거나 남은 모든 사람이 회사가 사람들을 소중히 여기고, 유달리 긍정적인 문화를 가지고 있었음을 입증할 것이다. 남은 사람들의 공헌도는 더욱 높아질 것이며, 회사의 가치는 더 커질 것이다.

하지만 많은 조직에서, 목적을 명시하는 것이 단순하게 기대치를 충족시키기 위한 운동에 불과하다. 그것은 위선을 부풀리는 하나의 게임으로, 구성원들의 냉소만을 더욱 불러일으킬 뿐이다. 진정성이 없는 목적을 말할 때 리더는 조직에 결정적인 해를 끼치고, 가치를 떨어뜨린다. 진정성에 대한 검증은 지속성이다. 목적이 모든 의사결정의 결정권자로 작동하고 있는가?

사회적 압력과 비진정성

많은 조직이 외부의 사회적 압력 때문에 목적을 선언한다. 오늘날 대부분의 조직은 목적선언문이 있을 것으로 기대한다. 목적을 믿지 않는 리더조차도 이사회 구성원, 투자자, 구성원, 기타 이해 당사자들로부터 더 높은 목적을 명확하게 표명하라는 압력에 직면한다.

이러한 압력은 때로 8장에서 언급한 석유회사의 TF팀이 만든 것과 같은 선언문을 만들게 한다. 회사가 그 목적과 가치관을 발표하고 내세워도, 그 말들이 고위 경영층의 행동을 지배하지 않는다면, 선언은 공허한 메아리에 불과하다. 모든 사람이 위선을 알아채고,

구성원들은 더욱더 냉소적이 된다. 그 과정은 좋은 점보다는 나쁜 영향을 더 많이 준다. 진정성 있는 목적은 눈부신 홍보성 선언문을 만들어내는 기교의 산물이 아니라, 존재를 위한 진정성 있는 이유이어야 한다. 목적은 진정성과 지속성으로 전달되어야 한다.

분리 대 통합

우리 동료들 중 한 명이 기업체의 가장 높은 목표를 찾는 작업을 돕고 있다. 그와 함께 작업하던 회사의 리더가 그에게 말했다. "회사에 재정적 문제가 생겨서, 상황이 좋아질 때까지 진행 중이던 목적 작업은 잠시 보류하려 합니다."

그 CEO는 해야 할 일을 분류해 놓고 있었다. 목록 중 한 가지 목표는 목적 중심적 조직을 만들어야 하는 것이고, 또 한 가지는 재정적으로 살아남는 것이다. 재정적으로 살아남는 것은 단기적인 생존의 문제이고, 더 높은 목적 구축은 그렇지 않기에, 전자가 후자를 밀쳐낸 것이다.

그는 문제를 인식하지 못했지만, 그의 논리는 자신을 반응적이고 전통적인 사고방식에 집착하도록 만든다. 그는 모든 문제와 일들을 논리적으로 분류한다. 그는 목적도 단지 자신이 해야만 하는 과업의 목록으로, 조직이 도입한 하나의 멋진 도구로 취급했기에, 그의 행위는 조직이 목적을 찾는 능력을 떨어뜨렸다.

그는 가장 숭고한 목적을 끊임없이 명확히 하고 전달하는 것이 리더의 가장 높은 목적이라는 것을 알지 못했다. 그는 목적과 자신이 하는 모든 업무 간의 연관성을 모르고 있다. 간단히 말하면, 리더는 더 높은 목적 추구를 또 다른 사업상의 의사결정과 분리하지 말아야 한다. 오히려 리더는 의사결정을 통합하여, 목적이 지속적인 동기가 되도록 만들어야 한다.

목적의 일관성은 조직이 더 높은 이익을 얻는 것과 조직의 '존재 이유'에 일치하게 행동하는 것 중 하나를 선택해야 할 경우에 목적이 '최종결정권자'라는 것을 의미한다. 더 높은 목적은 구성원들을 현혹하기 위해서 벽에 게시되는 메시지가 아니다. 그것은 모든 의사결정을 지속적으로 통합하며, 모든 문제의 해결을 위한 지침이다.

모든 의사결정의 최종 중재자

우리가 인터뷰한 모든 사람 중에 토니 미올라Tony Meola 만큼 리더십과 목적의 일관성에 대해 설득력 있게 말한 사람은 없었다. 뱅크오브아메리카Bank of America의 미국 소비자 운영부 책임자였던 토니는 최근 은퇴했다. 그는 자신이 진행 중인 목적 중심 경영의 특성을 이해하는 리더다. 그는 리더십은 제도를 바꾸는 것을 포함하기 때문에 당연히 어려움이 따르며, 기존의 문화는 그러한 움직임을 방해할 수 있다고 말한다. 게다가 기업문화가 확장되면, 관리자들은 그런 변화에 저항한다. 조직의 복잡성과 경쟁에 대한 요구도 행동을 방해한다.

토니는 운영의 탁월성을 최종 목표로 정하고, 그가 이를 수행하는 데 혼란을 일으킬 수 있는 어떤 압력도 허용하지 않음으로써, 이런 장애물을 극복한다. 그는 구성원 훈련과 개발에서 운영 기술과 리더 십을 강조하고, 팀이 직면한 모든 문제와 소통 그리고 의사결정에 집중했다. 그는 항상 "이것이 우리를 더 나은 운영자로 만들 수 있을까?"라고 묻는다.

시간이 지남에 따라, 이러한 목적의 일관성은 승리하게 된다. 토니는 다음과 같이 말한다. "목적을 일관성 있게 유지하고 결코 흔들리지 않을 때, 놀라운 일이 일어난다. 사람들은 목적이 진실하다는 것을 알게 된다. 목적은 집단의식 속에 깊이 스며든다. 기업문화가 변하고, 그 조직은 더 높은 수준의 성과를 내기 시작한다. 실행과 유지하기 위한 과정은 더욱 단순하고 쉬워진다. 사람들은 과정상의 변수들을 통해서 더 많은 비효율성을 야기하는 임시방편보다는 영구적인 해결책을 찾기 시작한다."

토니는 이런 입장을 수용한다는 것은, 목적을 반영하지 않는 것에 대해서 단호하게 '아니다'라고 거절하는 것을 의미한다고 말했다. 예를 들어 콜센터에서는 회사에서 기술과 인력을 추가로 투자하면 질문에 더 빨리 더 잘 응대할 수 있으며 문의전화를 25% 더 많이 처리할 수 있을 거라는 제안이 나왔다. 그러나 관리자와 구성원들이 더 나은 운영자가 될 수 있는지 스스로 물었을 때, 그 답이 아니었기 때문에 프로젝트는 거절되었다. 이러한 인식은 그들로 하여금 콜센터에 문의하도록 만든 고객의 불만 사항을 어떻게 사전에 없앨 수 있는지를 묻게 했다. 더 높은 목적에 대한 관심이 그들의 사고전환을 가져오게 했고 결과를 바꾸었다.

리더가 목적과 일관성을 가지고 소통하는 경우, 목적은 모든 의사결정의 결정권자가 된다. 그리고 구성원들은 서약을 내면화한다. 그들은 그 목적을 믿기 시작한다. 따라서 상층부에서부터 변화의 신호가 나오면 하부조직에서 퍼져나간다.

요약

전통적인 주인-대리인 모형에서는 계약의 결과에 중점을 두기 때문에 조직은 보통 의사결정의 촉매제로서 더 높은 목적에 의존하지 않는다. 그래서 더 높은 목적과의 일관성 있는 소통의 필요성을 느끼지 않는다. 그러나 조직이 목적을 모든 의사결정의 결정권자로 만들려면 리더는 목적을 일관성 있고 분명하게 전달해야 한다.

이러한 일관성 있는 메시지는 비용이 많이 들고 명시적인 계약상의 인센티브에 대한 의존을 줄여준다. 따라서 목적 중심 조직을 만드는 네 번째 반직관적 단계는 더 높은 목적을 일관성 있는 메시지로 전환시켜, 이 목적을 모든 의사결정의 결정권자로 만드는 것이다.

시작하기 : 수단과 연습

1단계: 모든 사람이 이 장을 읽게 한다.

2단계: 부서에서 소규모 회의를 열어, 다음 질문에 대해 토론한다.

★ 더 높은 목적을 도입할 때, CEO가 "언제 끝낼 수 있을까요?"라고 묻는 이유는 무엇일까?

★ 목적의 일관성이란 무엇인가?

★ 모든 의사결정의 결정권자인 목적을 가진다는 것은 무엇을 의미하는가?

★ 경제적 부가가치가 모든 의사결정의 결정권자가 될 경우, 무슨 일이 일어나는가?

★ 퍼킨스 장군이 수많은 유해한 리더와 마이크로매니저를 없앴을 때, 무엇을 전달하고 있었는가?

★ 토니와 같은 임원이 모든 제안을 "이것이 우리를 어떻게 더 나은 운영자로 만들까요?"라는 질문으로 대응했다면, 무슨 일이 일어날까?

3단계: 각자가 자신의 현재 조직을 고려해, 토니가 했던 것과 같은 질문을 제안하게 한다. 모든 사람이 자신의 질문을 공유한다. 전체 조직을 위한 일관성 있는 결정권자가 될 수 있는 통합된 선언문의 작성을 시도해본다.

11장

5단계

학습을 독려하라

어느 날, 우리가 스튜디오에서 프레젠테이션을 하고 있었는데, 음향 기술자들 중 한 명이 우리가 하는 모든 말에 집중하는 것 같았다. 작업이 끝난 후, 그가 우리에게 다가왔다. 그는 한때 회사 엔지니어팀의 감독관이었지만 지금은 그 일을 포기하고 은퇴했다고 했다. 지금은 프리랜서로 일하고 있었다. 그는 감독관이었던 시절을 회상하면서 다음과 같이 말했다. "실수를 많이 했어요. 몇 년이 지났는데도, 내가 한 일 중 몇 가지가 기억납니다. 그러면 그때 왜 그랬을까, 하고 내 자신에게 묻곤 합니다."

그는 얼굴을 돌려 잠시 회상에 잠겼다가, 다시 우리를 쳐다봤다. 그는 감정에 잠겨 말했다. "사실, 프로듀싱 일과 직접 관련되는 문제는 극히 적어요. 대부분 관계에 관한 문제들이었죠. 그때는 이해를 못 했습니다. 그래서 많은 실수를 했어요. 사람과의 관계를 보지 않고 할 일만 보면 옳은 일을 하기가 힘들어요."

같은 날, 비슷한 일을 하는 또 다른 남성이 우리에게 말을 건넸다. 그는 깊은 존경심을 가지고 자신의 상사에 관해 이야기했다. 그는 상사가 점점 지혜로운 사람으로 발전했으며 조직의 모든 사람이 그를 높이 평가한다고 말했다. 그는 성과 평가에 대해 다음과 같은 이야기를 들려주었다. 그의 상사는 그에게 성과가 좋다며 지금 하는 대로 계속하면 되겠다는 뜻을 내비쳤다. 그러고는 이렇게 말했다. "좀 더 분명하게 말하겠네. 가장 중요한 건 당신 가족이야. 여기 너무 오래 이러고 있잖아. 이젠 일을 끝내고 집에 가서 가족과 함께 있어야 해."

이 이야기를 들려주던 남자는 약한 모습을 보이며 눈물을 글썽였다. 그는 우리에게 이렇게 말했다. "상사로부터 이런 말을 듣는다는 게, 뭘 의미하는지 상상할 수 있나요? 이런 상사를 위해 일하고 있는 내가 얼마나 운 좋은지 정말 믿을 수가 없어요."

이 이야기들에서 중요한 차이점을 알 수 있다. 한 사람은 해야 할 일만 보았다. 사람은 단지 목적을 이루기 위한 하나의 수단이었다. 오늘날까지 그는 감독관으로서 자신이 한 일을 후회했다. 이제 그는 그 사실을 깨달았다. "사람과의 관계를 보지 못하면 옳은 일을 하기 힘들어요. 할 일만 보이는 거죠."

또 한 사람에게는 더 큰 인지적 복잡성을 드러내는 보스가 있었다. 그는 업무를 완수해야 한다는 점을 인식하는 동시에 사람들에게는 내재된 가치가 있다는 사실도 알고 있었다. 부하직원을 돌보고 격려하며, 도전하게 하며 지지해주는 것이 보스의 책임이었다.

첫 번째 사람은 전통적인 견해를 가지고 있었다. 그는 독립적이고 과업 중심적이었으며, 그의 일은 전략을 실천하고 개념화함으로써 문제를 해결했다. 두 번째 사람은 상호의존적이며, 포용적인 견해를 지니고 있었다. 과업에 초점을 맞추는 동시에 사람들에게도 집중했다. 그는 전략을 강조하는 동시에 문화도 강조했다. 업무수행에 신경을 쓰면서도, 부하직원의 인간적 요구사항을 충족시키는 데도 주의를 기울였다.

관습과 포용

사람들은 조직에서의 근속기간, 기술 전문성 그리고 성과 실적에 따라 경영진으로 올라가는 경향이 있다. 성과를 내는 데 중점을 두는 것은 사람들을 자기중심적으로 만들고, 과업완수에 중점을 두게 한다. 퍼킨스 장군이 지적한 바와 같이, 전통적 문화는 관계보다는 결과를 더 중시하며, 그 결과가 어떻게 달성되었는지는 관심이 없다. 이는 문화에서 결과를 분리시켜, 결과를 강조하고 문화를 파괴한다. 첫 번째 사람이 말한 것처럼, "할 일만 보는 경우, 옳은 일을 하기 힘들다".

목적과 친사회적 행동

2장에서 본 것처럼, 사람들이 목적 중심적 삶을 수용하는 경우, 과학적으로 입증된 많은 건강 관련 혜택을 누리게 된다. 그들은 또한 주도적으로 행동하고, 의미 있는 고집하며, 부정적인 피드백도 듣는다. 즉 그들은 성공할 방법을 배울 가능성이 높아진다.[54]

하지만 그들의 성공 지향성은 이기적이지 않다. 그들은 다른 사람들을 돕고 동기부여를 하며, 새로운 아이디어를 찾아 창의적인 행동에 참여하도록 자극한다. 목적 중심적 사람들은 개인적 성장과 함께 다른 사람의 성장도 촉진시키려 한다. 이것은 '친사회적 동기'라 불린다.

성장의 태도

최근 우리는 루이스란 이름을 가진 운전기사가 운전하는 리무진을 타게 되었다. 그는 바로 우리를 대화에 끌어들였고, 이야기 도중에 가끔씩 온몸을 들썩이며 웃었다.

예순 살 먹은 아프리카계 미국인인 루이스는 테네시주에서 성장했고, 고등학교 2학년 때 학교를 그만두고 디트로이트로 옮겨 갔다고 했다. 그가 가진 재능 중 하나가 열심히 일하는 법을 안다는 것이었다. 그는 대다수 이웃들이 주당 200달러를 벌 때, 주당 1,000달러

이상을 벌었다. 하지만 그는 술, 마약, 여자에게 돈을 마구 쓰고 다녔기 때문에, 오히려 이웃들의 형편이 더 나았다. 그는 남는 게 없는 삶을 살고 있었다.

정신적 전환점에 관한 이야기를 나누며, 그가 말했다. "그냥 아무 의미 없는 삶을 살아갈 수는 없었죠. 더 나은 무언가를 찾기 시작해, 사람들을 만나고 여러 가지 것들을 배우기 시작했습니다."

루이스는 배우기를 좋아하고, 다른 사람이 성장하고 배우는 것을 돕는 것도 좋아한다. 그는 최근 그의 차에서 나눴던 대화에 관해 이야기했다. 그는 비행기가 6시간이나 연착되어 기분이 몹시 나빴던 한 회사 임원을 태웠다. 다른 사람의 성장을 돕는 것이 자신의 목적이었던 그는, 어떻게 하면 그 임원의 기분을 바꿔줄 수 있을지를 궁리했다고 말했다.

한참을 곰곰이 생각한 후에 루이스는 그 임원에게 물었다. "내일이 되면 지금보다는 기분이 나아지겠죠?"

남자가 고개를 끄덕이며, 그렇다고 말했다. 그 말에 루이스는 "왜 내일까지 기다리나요?"라고 말했다.

남자는 충격을 받았다. 그러고는 웃으며 말했다. "당신 말이 맞아요. 왜 기다리죠? 당신은 방금 나를 더 나은 사람으로 만들었어요. 당신 덕분에 우리 가족이 오늘 저녁을 기분 좋게 보낼 수 있겠네요."

루이스는 이야기를 마치고는 또 한 번 온몸을 들썩이며 웃기 시작했다. 그러고는 이렇게 말했다. "이게 제 삶이에요. 나는 사람을 돕기 위해 있어요. 나는 배우기를 절대 멈추고 싶지 않고, 다른 사람이 배우는 것을 돕는 것도 절대 멈추고 싶지 않습니다."

　루이스 자신이 알고 있는지 모르지만, 그는 변화를 창출하는 리더임이 분명하다. 리무진 운전기사 루이스의 이야기는 목적 중심 회사들의 많은 CEO로부터 들은 이야기와 같다. 그들은 원래 전통적 관점을 가졌지만, 이후 목적과 의미를 깨닫고 큰 변화를 가져오게 한 개인적 경험을 했다. 그들은 성장하기 시작했고, 타인에 대한 그들의 지향점이 바뀌었다. 이렇듯 목적 중심적 리더들은 사람들을 성장시키는 촉진자가 되는 경향이 있다.

성장 지향성

심리학자 캐럴 드웩Carol Dweck은 '고정형 사고방식'과 '성장형 사고방식'으로 부르는 두 가지 측정 가능한 지향성을 발견했다. 고정형 사고방식의 사람들에게 지능과 재능은 양자택일의 명제다. 즉 둘 다 가지거나 아니면 둘 다 가지지 못하거나이다. 고정형 사고방식을 지닌 사람은 스마트하게 보이도록 노력하고 실패를 피하며, 무능함이 노출되는 난처한 상황을 회피하려는 자기 지향적인 경향을 띤다. 실수를 피하고 좋은 성과를 올리는 것에만 집착하고 있어서 그에 따른 불안감 때문에 그들의 학습은 위축되어 있다. 그러나 성장형 사고방식을 지닌 사람들은 다르다. 그들은 재능과 지능이 노력을 통해 향상될 수 있다고 믿는다. 그들은 배움을 열망하고 도전과제를 찾아다

닌다. 그들은 실패를 학습의 한 요소로 본다.

드웩의 연구에서 관리자가 고정형 사고방식을 지닌 경우, 그는 자신의 의견에 반대하는 사람을 처벌하고, 거절당하는 경우에는 복수를 모색하며, 난관에 부딪히면 노력하지 않는다. 또한 구성원은 변화할 능력이 없는 사람으로 취급하고, 판단하려는 의도를 전달하고, 거의 가르치지 않으며, 구성원이 개선한 일을 무시하는 경향을 띤다. 이와 반대로 관리자가 성장형 사고방식을 지닌 경우에는, 반대의견을 받아들이고, 용서하며, 상생 해법을 찾고, 구성원이 발전할수 있다고 가정하며, 구성원을 자극하고 육성하는 경향을 띤다. 또한 가르침에 대한 열의가 있고, 관찰한 개선사항은 더욱 강화한다. 이처럼 성장형 사고방식을 지닌 리더는 타인의 성장에 초점을 맞추고 헌신한다.[55]

루이스는 고정형에서 성장형 사고방식으로 전환한 좋은 예다. 많은 CEO가 사람들은 노력하기를 싫어한다고 가정하는 전통적인 주인-대리인 모형의 사고방식으로 자신의 역할을 시작한다. 그들은 사람들이 돈을 위해 일하며, 감독하지 않으면 노력을 충분히 하지 않아 저조한 성과를 올린다고 믿는다. 따라서 사람들을 단순히 기대치에 부합하도록 만들기 위해 돈을 주고 통제한다. 관리자는 사람들이 기대한 만큼 일하도록 열심히 노력해야 하며, 그들이 기대치를 넘어설 것을 기대하지 않는다. 이러한 그들의 관점으로 인해 조직의 더 높은 목적이 어떻게 구성원들로 하여금 명시된 금전적 보상보다 더 많이 일하게 할 수 있는지를 이해하기 어렵게 된다.

더 높은 목적의 관점을 지닌 관리자는 일이 매력적이지 않을 수 있음을 인정하지만, 진정한 더 높은 목적이 구성원들이 자신의 일에 대한 관점을 바꾸고, 더 높은 참여를 이끌어낼 수 있으며 나아가 기꺼이 기대치를 뛰어넘는 조직으로 만들 수 있다는 사실을 알고 있다.

참여에 대한 연구에서, 보상이 참여에 대한 필요조건이긴 하지만, 가장 중요한 충분조건은 아님을 보여준다. 가장 중요한 기여조건은 리더십의 질과 적극적인 문화의 창출이다.[56] 참여도가 높은 조직의 사람들은 명확성과 자제력을 가지고 있다. 리더는 명확한 기대치와 해야 할 일을 지원하기 위해 필요한 기술적 자원을 제공한다. 또한 개별적 요구사항을 인식하고 그에 대응한다. 또한 그들은 한 가지 다른 일을 한다. 그들은 의미, 목적, 학습, 발전을 위한 요구사항에 주의를 기울인다. 그들은 부하를 의미 있는 미래에 연계시켜, 그들이 현재의 직무 그리고 조직 내외부의 미래 직무에서 성장할 기회를 찾도록 돕는다. 역설적이지만 경험적인 사실은 부하의 학습, 성장, 발전을 가속시키는 리더는 가장 높은 고용유지율을 보유한다.[57] 그 구성원들은 배우고 성장하며, 기꺼이 공동선에 기여한다.

징거맨스 Zingerman's

징거맨스는 1982년에 폴 새기노와 애리 바인츠바이크가 창립한 회사로, 미시간주 앤아버 Ann Arbor 와 인근 지역에 레스토랑과 식품 관런 단체를 소유하고 있다. 이 회사는 훌륭한 음식과 멋진 서비스로 유명한 지역 명소 중 하나다. 많은 사람이 이 회사를 세계 최상위 25개 식료품회사 중 하나로 간주한다. 또한 긍정적인 목적 중심적 조직의 본보기 사례로 종종 언급된다. 우리는 공동소유자 겸 공동창립자인 애리 바인츠바이크를 인터뷰했고, 그에게 징거맨스의 더 높은 목적이 무엇인지를 물었다. 그는 회사의 사명선언문mission state-ment을 들려주었다.

우리는 징거맨스의 경험을 공유한다.
당신을 행복하게 해주는 식품을 판매한다.
당신을 미소 짓게 하는 서비스를 제공한다.
우리의 사명을 열정적으로 추구한다.
우리의 모든 행동에서 사랑과 관심을 보여준다.
우리가 할 수 있는 한 많은 삶을 풍요롭게 한다.

가장 높은 목적이 '사랑'을 보여주고, 최대한 많은 삶을 풍요롭게 하는 것에 있다. 애리는 구성원 개개인 모두가 미래의 기업가가 되도록 훈련시키고 싶다고 말했다. 그는 모든 구성원이 회사에 평생토록 남기를 기대하지 않았다. 언젠가 그들은 떠날 것이며, 그들이 떠날 때는 비록 식당 관련 사업은 아니더라도, 자신의 사업을 시작할 수 있는 능력을 개발하기를 희망했다.

이러한 배움과 성장에 대한 특별한 헌신이 우리의 관심을 끌었다.

징거맨스는 더 높은 목적을 어떻게 사업 운영에 통합시켰는가? 애리는 회사가 지속적으로 하는 일 중 하나가 긍정적인 면을 강조하여, 구성원들 각자가 자신들의 삶을 긍정적이고 성장 지향적으로 개발하게 하는 것이라고 말했다. 구성원에게 긍정적 측면을 배양시키는 것은 고객을 즐겁게 만들자는 더 높은 목적에 부합했고, 고객의 즐거움은 다시 구성원에게 되돌아오게 되었다.

애리는 신뢰를 구축하고 성장을 증진하며, 협업을 촉진하는 수많은 특이한 경영 관행에 대해 말했다. 예를 들어 회사는 재무회계를 공개한다. 연수생들에게 회계 장부를 공개하고, 징거맨스가 어떻게 운영되는지를 알려준다. 구성원들은 애리와 다른 고위 임원들이 일상적으로 하는 원재료 구매, 메뉴 결정, 가격책정, 고용 등과 같은 모든 의사결정을 해야 한다. 훈련 프로그램은 두 가지 중요한 목적을 지닌다. 첫째, 구성원들에게 사업을 어떻게 운영하는지를 가르치고, 그들이 기업가가 되도록 훈련시킨다. 둘째, 신뢰와 협업을 불러일으킨다.

그에게 왜 이런 저런 특이한 관행에 관여하는지를 묻자, 다음과 같이 답했다. "많은 회사가 운영되는 방식을 설명하면, 우리가 왜 그렇게 행동하는지를 이해할 수 있습니다. 예를 들어 풋볼 팀을 보유하고 있고, 11명의 선수가 있다고 가정해보겠습니다. 그들 각각은 자신의 포지션에서 매우 높은 기량의 플레이를 하는 선수들입니다. 그러나 선수들 중 6명은 개인적인 기량은 좋지만, 더 큰 게임에 대해서는 이해를 못 하는 선수들입니다. 당신은 기량이 뛰어나고 스피드도 좋은 와이드 리시버를 보유하고 있다고 합시다. 그가 패스를 받은 공을 고의로 떨어뜨려 디펜시브 백(수비팀의 최후열: 역주)에게 볼을 넘겨줄 수도 있어요, 이것은 그가 '나누고' 싶어 하는 '멋진 녀석'이기를 원하기 때문이죠. 또한 당신은 개인적으로는 기량이 좋고 게임을 알지만, 결과에 대해서는 신경을 제대로 쓰지 못하는 4명의 선수를 보유할 수도 있습니다. 이제 당신에게는 1명의 선수, 즉 개인적인 기량도 좋고 게임을 알며, 실제로 이기는 것에도 신경 쓰는 쿼터백만 남습니다. 제정신을 지닌 사람이라면 이런 풋볼 팀을 편성하지는 않을 겁니다. 그렇지요? 하지만 많은 회사가 이렇게 운영되고 있습니다. 우리는 그렇게 하지 않는 것뿐입니다."

애리와 폴은 명백히 관습을 따르지 않고 있다. 2006년 징거맨스는 2020년의 회사 관점에서 비전을 작성했다. 거기서 우리는 학습과 성장에 관한 많은 언급을 발견했다. 다음 몇 가지 샘플을 소개한다.

★ 우리는 스스로를 표현하고, 우리의 아주 깊은 창의적 잠재력을 활용해야 한다. 우리는 우리가 하고 있는 일을 믿고, 우리의 목적의식을 우리 본연의 모습과 통합시킨다.

★ 우리는 살아남기 위해 이익을 내야 하지만, 우리의 주된 목적은 우리와 함께하는 모든 사람의 더 나은 삶에 기여하는 것이다. 우리는 의미 있는 일, 품위 있는 고용, 도움이 되는 재화와 서비스, 건전한 공동체의 토대가 되는 보살핌과 신뢰관계를 가지고 이를 실행한다.

★ 우리 조직과 함께하는 모든 사람들, 즉 구성원, 고객, 협력업체, 기부를 바라는 사람들, 저널리스트, 기자, 공무원은 우리가 그들에게 서비스를 하기 위해 존재한다는 인식을 가지고 있다.

★ 우리가 하는 모든 일을 배우기 위해 전 세계에서 사람들이 찾아온다.

★ 우리는 일하는 방법을 고안하고 재발견하며, 징거맨스 내외부에서 지속적으로 그들을 가르칠 것이다. 우리가 사람들에게 배우는 법을 가르침으로써, 그들은 가르치는 것을 배운다. 많은 구성원이 식품, 사람 혹은 조직 개발에 대해 더 많은 교육을 받기 위해 이곳에 왔다.

★ 구성원이 자리를 옮길 때는 다음에 속하게 될 조직을 개선시키는 데 사용할 수 있는 경험과 자신감을 갖추게 된다.

★ 교육은 우리가 열정을 기울이는 사업의 하나다. 더 많이 가르치면 가르칠수록, 더 많이 배우게 된다. 우리가 더 많이 가르칠수록, 더 많은 고객과 구성원들이 우리를 찾아와 우리의 물건을 구매할 것이다. 우리가 함께 많이 가르치고 배울수록, 더욱 효과적으로 우리가 서로 연결되고, 우리 문화가 강해지며, 우리가 접촉하는 모든 사람의 삶이 향상된다. 우리는 아낌없이 정보를 공유함으로써 번창할 것이다.[58]

우리는 징거맨스의 관찰자로서 2019년 이 글을 쓰고 있지만 2020년 그들의 비전은 거의 달성했다고 믿는다.

인터뷰가 끝날 때, 애리는 우리를 만찬에 초대할 테니 구성원들

누구와도 자유롭게 이야기를 나누라고 했고, 우리는 그렇게 했다. 구성원들 개개인은 긍정적인 에너지로 밝게 빛나고 있었다. 한 젊은 여성 구성원은 징거맨스에서 일하면서 자신의 삶이 바뀌었다고 말했다. 징거맨스에서의 근무는 그녀가 자신의 딸과 어머니와의 관계를 훨씬 더 긍정적으로 만드는 데 도움을 주었다. 또한 미시간대학교 학생인 한 젊은이는 여름 동안 징거맨스에서 일하고 있었다. 언젠가 자신의 사업을 시작한다는 희망을 품고 있었던 그는 회사에 고마움을 표했다. 이들은 자신의 경험에 관해 매우 좋은 평가를 했다. 그들의 일은 의미가 있었고, 배우고 성장했으며, 협업하는 전체의 일원이 되었고, 회사는 번창하고 있었다.

요약

우리는 이전의 경험을 통해 구성원이 금전적인 인센티브와 승진을 위해서 일하는 사람이라는 전형적인 주인-대리인 추정에 대해 배운다. 우리는 이러한 인센티브 시스템에서는 대리인이 원하는 것들만큼의 학습과 성장을 위한 역할을 보지 못한다. 그러나 독려와 학습, 성장은 목적 중심적 리더들이 이해하고 중점을 두는 하나의 기본적인 요구사항이다. 학습은 그 스스로도 가치가 있지만, 부가이익도 있다. 징거맨스 같은 목적 중심적 조직에서, 성장과 학습을 중심으로 돌아가는 특이한 관행은 결국 신뢰, 협업, 더 높은 성과를 산출하는데, 이는 주인-대리인 모형에서 발생하는 계약상의 갈등을 줄인다. 따라서 목적 중심적 조직 창출의 다섯 번째 단계는 학습을 독려하는 목적 중심적 문화를 창출하는 것이다.

시작하기 : 수단과 연습

토론회를 열어, 다음과 같이 체계화한다.

1단계: 모든 사람이 이 장을 읽게 한다.

2단계: 모두에게 231~232쪽에 열거된 징거맨스의 7가지 요점 목록을 준다.

3단계: 각자가 개인적 관점에서 7개 항목을 바람직함의 측면에서 순위를 정하고, 모든 사람의 순위 점수를 합산한다.

4단계: 가장 높은 순위를 기록한 항목을 시작으로, 조직의 문화에 반영하는 정도에 대해서 토론한다. (각 순위 점수를 더하면, 제일 점수가 적은 항목이 가장 높은 순위가 됨: 역주)

5단계: 토론에서 드러난 새로운 항목을 추가한다.

6단계: 학습과 성장에 초점을 맞춘 목적 중심적 문화를 창출하기 위해 조직에서 취할 수 있는 목록을 만든다.

12장
6단계
중간관리자를
목적 중심 리더로 만들라

우리에게는 긍정적인 목적 중심적 리더가 되기 위해 노력하는 친구가 있다. 그녀는 목적 중심 문화를 가진 새로운 회사에서 함께 일하자는 제안을 받았다. 그녀는 자신에게 주어진 기회에 대해 논의하기 위해 우리에게 만남을 요청했다. 그녀는 새로운 조직의 문화를 설명하면서 그 회사에 끌린다고 말했다.

우리는 그녀에게 끌린다는 느낌이 무엇을 의미하는지 물었다. 그녀는 고위 임원 중 한 사람과의 인터뷰에 대해 설명했다. 15분 만에 그녀는 그의 실체와 자신의 실체에 대해 진솔하고 친밀한 이야기를 나눴다. 그녀는 그에게 "당신은 이 회사의 무엇에 끌렸나요?"라고 물었다.

그의 눈에 눈물이 글썽거렸다. 그는 이렇게 말했다. "아침에 집을 떠나면 나는 제2의 집이자 제2의 가족에게로 차를 몰고 가는 것 같은 느낌이 듭니다. 나는 공동체에 봉사하는 그 공동체의 일부라는 것을 느낍니다."

나중에 그녀가 CEO를 만났을 때, 그는 조직의 목적과 사명 그리고 공동체에서 의미 있는 차이를 만드는 데 따른 도전과제에 대해 말했다. 그녀는 "모든 사람이 나에게 가슴과 머리에서 우러나오는 말을 했어요"라고 했다.

그녀는 이런 진정한 대화와 그날 아침 자신이 몸담고 있던 조직에서 있었던 거래적인 대화를 비교했다. 아침에 있었던 대화는 한 남성이 막강한 영향력과 큰 차이를 만들 수도 있는 중요한 승진에 관한 논의였다. 그는 제안받은 그 직위에서 자신이 발휘할 수 있는 영향력에 관해 묻는 대신 금전적 요구를 제시했다. 그의 말을 듣자, 그녀는 몸에서 힘이 쭉 빠져나가는 것을 느꼈다. 그녀는 사적이익을 추구하는 사람에게는 마음이 가지 않았다. 그녀는 혐오감을 느꼈다.

그 대조적인 모습에서, 그녀는 자신이 지금껏 목적 중심적인 큰 조직을 방문한 적이 없었음을 깨달았다. 그녀는 그 회사의 '매력'과 '끌어당기는 힘'에 대해 계속 말했다. 사람들이 머리와 가슴으로 말하는 관계와 문화에서는, 다른 사람들도 끌어당겨 같이 참여하게 만든다.

그녀는 다시 문득 생각난 듯 말했다. "내 인생에서, 특별한 목적에 초점을 둔 사람들의 네트워크를 만나는 축복을 받았습니다. 내가 직장을 옮기게 되면, 그 회사는 나를 얻을 뿐만 아니라 나와 연결된 소규모의 사람들도 얻게 될 거라는 생각이 들었습니다. 그들은 나의 네트워크로부터 나에게로 흘러 들어오는 긍정 에너지와 생각들을 얻게 되겠죠. 나는 그런 소중한 자원을 가져갑니다."

그녀는 중요한 사항을 지적했다. 목적 중심적 사람들은 흔히 머리와 가슴으로 참여하는 목적 중심 사람들의 네트워크에 스스로 참여한다. 그들은 서로를 끌어당긴다. 목적 중심적 조직은 조직이 봉사하는 공동체라고 느끼는 많은 사람으로 구성된다. 그들에게 조직은 '제2의 집'이고, '제2의 가족'인 것이다. 그래서 그들은 다른 곳에서는 행하지 않았을 선도적 행동을 기꺼이 취한다. 그 결과, 이들 중간계층 관리자들은 목적을 구현하는 리더가 되어, 공동체에 에너지를 불러일으킨다.

전통적 조직

언젠가 〈포춘〉지 선정 100대 기업의 포커스 그룹 인터뷰에서, 한 여성이 우리가 수십 년간 관찰했지만 명확하게 표현한 적이 없는 현상을 설명했다. 그녀는 다음과 같이 말했다. "우리는 1,600명의 임원을 보유하고 있습니다. 그들은 세 개의 그룹으로 나뉩니다. 첫 번째 그룹은 어떻게 조직을 리드해야 하는지를 아는 극소수의 사람들입니다. 그들 중 한 명을 만나면, 즉각 그들이 리더인 것을 알아차릴 수 있습니다. 내가 그들처럼 되고 싶기 때문이죠. 두 번째는 머리로는 리더십을 아는데, 그것을 실천하지 않는 대규모 관리자 그룹입니다. 마지막으로 리드한다는 개념조차 이해하지 못하는 기술 지향적인 또 다른 소규모 그룹입니다."

그 여성은 수많은 조직에서 발생하는 패턴을 정확하게 설명했다. 이후 우리는 많은 임원과 이에 대한 이야기를 나누고, 중간그룹이 왜 그렇게 많은지를 물었다. 이런 질문을 할 때면 실내가 조용해졌다가 천천히 답이 나오기 시작한다."너무 힘듭니다." "리더십은 위험부담이 크지요." "기업문화가 그것을 막는 거죠."

아무도 "그녀가 잘못 알고 있어요. 우리 조직에서는 모든 임원과 관리자가 모두 리더입니다"라고 답하지 않았다. 오히려 약간 억울하지만 그 사실을 인정하고, 그에 대해 고통스럽게 설명했다.

우리는 조직에 대해서 흔히 전통적인 추정을 하고, 권력자 대다수가 사리사욕과 정치적인 태도를 취할 것을 예상하고, 받아들인다. 그들은 권위를 세울 수 있는 자리를 차지하고 있기 때문에, 우리는 그들을 리더라고 부른다. 그러나 그들은 실제로는 대규모 중간 그룹에 속한다.

왜 이것이 지배적인 리더십 패러다임일까? 모든 리더십 개발 산업은 지식과 기술적 개념을 심어주고, 리더십은 지식과 행동의 실천으로 간주된다. 이러한 추정은 대학과 기업 간의 생산적인 교환을 촉진한다. 대학은 지식과 기술을 생산하고, 기업은 그것을 구매한다. 아직도 변화가 거의 없다. 모든 조직은 거대한 중간 그룹이 계속 관리하고 있다. 왜 그럴까? "너무 힘듭니다." "리더십은 위험해요." "기업문화가 막는 거죠." 그러나 예외적으로 이런 형식에 맞지 않는 조직과 리더가 있다.

전통적 문화와 목적을 가진 일

5장에서 언급한 바와 같이, 우리는 금융서비스 회사인 에드워드 존스의 CEO인 짐 웨들과 인터뷰를 했다. 그는 우리에게 회사의 목적은 이익을 내거나 고객의 세금을 줄이거나 혹은 소득을 증가시키도록 돕는 것이 아니라고 말했다. 목적은 자녀 교육, 은퇴 준비, 유산 상속 같은 개인의 가장 중요한 재정적 목표 달성을 돕는 것이다. 회사 이익은 단지 그 목적이 얼마나 잘 충족되는지를 나타내는 측정기준일 뿐이다.

이러한 방침이 수십 년 동안 그 회사를 이끌어왔다. 처음 이 목적이 도입되었을 때, 일부 파트너들이 회사를 떠났다. 그들은 이익이 조직의 목적이 아니라는 비전통적인 관념을 받아들일 수 없었다. 우리는 다른 조직에서도 같은 패턴을 주목했다. 오늘날 기업의 목적은 많은 신입 직원 및 파트너를 회사로 끌어들이는 자석이다. 물론 그들은 자신의 일에 대한 보수를 원하지만, 또한 더 높은 목적을 지닌 조직에 소속되기를 바란다.

목적의 개념은 고객을 끌어당기는 자석이기도 하다. 고객이 진정으로 원하는 것을 명확히 하고 그들이 원하는 미래의 모습에 부응할 때, 그들은 보살핌을 잘 받는다고 느낀다. 그들은 충성 고객이 되고, 이러한 긍정적인 반응은 구성원에게 피드백 되어, 그들의 성장을 촉발시킨다.

짐은 구성원과 파트너들이 고객에게 술수를 쓰는 세일즈맨이 아니라, 고객의 최대 이익을 위해 봉사하는 하인처럼 느끼게 된다고 말했다. 이러한 긍정적인 지향성으로, 구성원과 파트너는 자신과 자신이 하는 일에 좋은 느낌을 갖기 시작한다. 성공은 믿음과 희망을 만든다. 그들은 회사가 수백만의 미래 고객을 유치할 수 있다고 믿기 시작한다. 구성원과 파트너들은 깊이 헌신하여, 회사의 주인처럼 행동한다. 그들은 전통적인 주인-대리인 관점의 추정을 초월한다. 그들은 자신의 일과 조직에 더욱 헌신한다. 그들 각자는 위로부터 지시를 받기보다 더 높은 목적에 의해 스스로 동기를 부여받는 목적 중심 리더다.

더 높은 목적은 강한 기업문화 출현이라는 결과를 초래했다. 그 문화는 사람들이 회사의 주인처럼 느끼도록 했으며, 목적은 모든 의사결정의 결정권자이기 때문에 상사로부터 지시가 없어도 리드할 수 있게 한다. 이렇게 권한을 부여하는 문화는 회사가 그것을 위해 노력해야 할 만큼 가치가 크다. 구성원 충원은 이러한 문화에 적합한 사람을 찾는 데 초점을 둔다. 하나의 사례로, 최고마케팅관리임원CMO 적임자를 찾는 데 2년을 기다린 적이 있다.

시스템과 과정도 역시 문화에 반영된다. 회사는 보너스 기금과 이윤 분배 제도를 제공한다. 회사는 직원들을 파트너처럼 대우하게 된다. 회사는 주인정신을 하나의 기회로 본다. 경쟁사들은 이 회사가 소그룹의 구성원 위로여행에 지출하는 금액을 보고는 기겁을 한다. 또한 회사는 신입 구성원들의 성공을 보장하기 위한 특별한 투자도 한다.

회사는 진실성도 매우 강조한다. 짐은 회사가 진정으로 목적과 가치관으로 무장하고 있을 때는 위기가 닥쳐도 리더들이 전통적이 아닌 방식으로 행동한다고 말했다. 2008년의 금융 위기에 회사의 매출과 이익이 줄어들었다. 에드워드 존스의 리더들은 급여를 줄이고 감원하는 전통적인 대응 대신, 다른 분야에서 15%를 삭감했다. 그들은 사람들에게 회사가 고객과 구성원에 대한 책임이 있다고 말했다. 경비를 삭감하지만, 아무도 재정적으로 손해를 보거나 감원 당하지 않을 것임을 의미했다. 그들은 리카르도 레비와 랍비 색스가 앞에서 설명한 서약을 지켰다.

어떤 일이 일어났을까? 비용 삭감 후, 회사는 달마다 이익을 기록했다. 또한 그 이후 몇 년이 지났는데도, 사람들은 위기 시절에 그들이 받은 대우에 대해 이야기한다. 돈으로는 살 수 없는 신뢰의 수준이 있다. 그것은 매력적이며, 기업문화에 스며든다.

기회

에드워드 존스의 스토리가 위대한 만큼 더 높은 목적의 의미가 어디에서 나타났는지를 주목해야 한다. 5장에서, 우리는 피터 드러커의 역할을 언급했다. 드러커는 CEO와 다른 사람들에게 그들이 원하지 않았던 주제, 즉 조직의 목적을 계속 다룰 것을 강요했다.

이러한 망설임은 당신에게는 황금 같은 기회를 암시한다. 권위 있는 지위에 있는 많은 사람이 목적의 힘을 이해하지 못하고, 목적중심 일을 거부한다면, 거꾸로 당신은 잠재적으로 큰 이점을 갖는다. 당신의 직위가 어떤 수준이든 목적 중심의 일을 기꺼이 숙고하고 시도하고 배우고자 한다면, 당신은 목적 중심 문화를 창출할 수 있는, 흔히 볼 수 없는 바람직하고 긍정적인 리더가 될 수 있다.

목적 중심의 일을 할 수 있는 기회는 모든 중간관리자들에게 주어지지만, 이를 수용하는 사람은 거의 없다. 목적 중심 조직을 창출하려는 고위 리더의 도전과제는 전문직 중간관리자를 리더로 변신시키는 것이다. 사실, 이런 일이 일어나기 전까지는 조직이 목적 중심 공동체가 될 수 없다. 고위직들은 이를 개념으로는 이해하는 경향을 보이지만, 수용하지는 않으려 한다. 그들은 가끔 어떻게 할지 모르거나 필요한 자원을 기꺼이 투자할 마음이 없어서 받아들이지 못한다. 하지만 그들 스스로 목적 중심적이 되면, 새로운 비전이 펼쳐진다. 이제 이러한 비전이 나타나고, 중간관리자들이 목적 중심 리더가 된 회사로 눈을 돌려보자.

예상 밖 장소에서 발생하는 리더십의 진화

상위 4위 안에 드는 회계법인 KPMG는 수천 명의 파트너로 구성된 협력체다.[59] 그 회사 파트너들은 회계사처럼 생각한다. 그들은 주의 깊게 관찰하고, 정확하게 평가하며, 신중하게 의사결정을 한다. 그들은 보수적인 문화를 지녔으며, 감정적인 추론을 하지 않으려 한다. 어떤 회사든 문화를 바꾸는 일은 어렵다. 회계법인의 문화를 바꾸는 일은 그야말로 일종의 도전이다.

2004년, KPMG의 문화는 관심의 대상이 되었다. 설문조사에서 구성원의 50%만이 회사 문화를 선호하는 것으로 나타났다. 이직률은 20% 후반대였다. 선호도 점수를 끌어올리기 위해 다양한 전형적인 인사프로그램이 사용되었고, 그 결과 점수가 80대로 상승했다. KPMG의 인사 담당부서 책임자인 브루스 포는 이 결과를 두고 다음과 같이 말했다. "소기의 목표를 달성했지만, 문제가 있었다. 우리는 더 높은 점수를 바랐지만, 프로그램도 아이디어도 바닥이 나버렸다." 브루스는 새로운 방식으로 생각해야 했다. 그는 새로운 관점을 제공하고 즉각 두 가지 행동으로 이어지는 임의의 경험을 했다.

첫째, 브루스는 데이터에 노출되었다. 만족도 조사에서 "나의 일에는 특별한 의미가 있다"라는 지속적으로 낮은 점수를 보인 항목이 있었다. 브루스는 의미에 관해서는 아무것도 할 수 없다고 믿었지만, 도전과제가 그의 마음을 떠나지 않았다. 그래서 그는 맨스웨어하우스의 CEO에 관한 이야기를 들려준 경영학 교수와 대화를 나눴다. 그 CEO는 회사의 사명이 양복을 파는 것이 아니라 사람들이 진정으로 행복감을 갖도록 돕는 것이라고 진심으로 믿었다. 이런 더 높은 목적은 조직에 스며든 것 같았다. 그리고 브루스의 마음에도 남았다.

둘째, 브루스는 보험계리회사를 방문했다. 사무실 로비에 회사의 주요 연혁 기록물을 전시하고 있었다. 회사 사람들과 이야기를 나누면서, 그들이 조직의 과거에 대해 자부심을 표하는 것을 들었다. KPMG에서는 회사의 연혁에 대해 말하는 경우는 드물었고, 기업문화를 업무성과의 지렛대로도 여기지 않았다. 브루스는 "KPMG에서, 우리의 가장 높은 목적은 무엇인가?"라고 묻기 시작했다.

한편 미국담당 부문 책임자였던 존 비마이어도 비슷한 시각을 갖고 있었다. 그는 미국담당 부문 책임자로서 "조직을 변화시킬 가장 큰 잠재력을 지닌 한 가지, 즉 구성원의 참여 늘리기"를 하지 않고 있다는 점을 알고 있었다고 우리에게 말했다.

존은 기업의 리더십이 사람들과 깊이 연계되어 있지 않다는 것을 깨달았다. 그들은 조직의 잠재력을 활용하지 않고 있었고, 구성원들은 단지 점진적인 개선만을 바라는 경향이 있었다.

곧 KPMG는 회사의 더 높은 목적 찾기 위해 노력했다. 우리가 말한 것처럼, 조직은 더 높은 목적을 만들지 않고, 찾는 것이다. 이 경우에는 조직 전체가 목적 찾기에 참여했고, 그렇게 찾은 목적에 쉽게 사람들을 연계할 수 있었다. 그들은 수백 번의 인터뷰를 하고, 그 반응을 분석했다. 마침내 그들은 그 정보를 몇 마디 말로 정리했다. 그들은 다음과 같은 KPMG의 목적을 찾아냈다. "자신감을 드높이고, 변화에 힘쓰자."

고위직들은 흥분했다. 이 시점에서 많은 회사가 그다음의 자연스러운 유혹에 빠진다. 그들은 더 높은 목적을 발표하고, 기업 내외부에서 마케팅을 하는 것이다. 존과 브루스 둘 다 그렇게 하는 것이 큰 실수를 저지르는 것임을 알고 있었다.

조직은 사람들을 전체 조직에 연계시키기 위해 그들에게 영감을 불어넣고 단결시키는 목표와 함께, 더 높은 목적을 찾는다. 조직은 전형적인 관리기법을 통해서는 이를 성취할 수 없다. 진정성과 지속성의 원칙을 따라야 한다. 사람들이 집단의 목적이 진실이라는 것을 믿어야 한다. 그들은 집단의 목적과 그들이 개인적으로 하는 일과의 연계성을 알아야 한다.

그래서 KPMG는 새로운 질문을 하고, 새로운 계획을 시작했다. 새로운 질문은 "당신은 KPMG에서 무엇을 하는가?"였고, 그 답은 비디오에 담겼다. "우리는 역사를 만든다." 알고 보니 KPMG에는 사람들에게 잊혔던 화려한 과거가 있음이 밝혀졌다. 무엇보다도, 회사는 나치 독일을 패배시키는 데 도움을 준, 부기대여법 관리를 지원했다. 그것은 이란의 미국 인질 석방을 불러오는 데 중요한 역할을 했다. 또한 넬슨 만델라의 대통령 당선도 공인했다. 회사는 많은 위대한 업적을 되돌아볼 수 있었고, 그 사실을 인정하고 기념했다.

진화

존과 브루스는 회계학 훈련을 받은 중간관리자들이 목적 중심 리더가 되어야 한다고 믿게 되었다. 그러나 이는 쉽지 않은 일이었고, 저항은 불 보듯 뻔했다. 한편, 존과 브루스도 진화를 거듭했다.

존은 주요 학습경험을 확인했다. 목적을 찾아서 사람들에게 그것을 연계시키는 초기 시도에서, 그는 닉 크래그가 우리에게 경고했던 일을 하고 말았다. 그는 목적 작업에 도움을 받기 위해 컨설팅 회사를 끌어들인 것이다. 전통 방식에 따라, 컨설팅 회사는 분석적이고 지적인 작업을 하도록 그들을 지도했다. 또한 몇 달에 걸쳐 고객인 KPMG가 기대한 일, 즉 목적, 사명, 비전, 가치관, 문화와 같은 단어의 정의를 명확히 설명하는 작업을 했다. 그들은 이해하지도 참여하지도 못했고, 그저 헷갈리고 따분하기만 했다.

실망한 브루스는 존에게 '성조기'의 구조 분석이나 하게 만드는 작업에 사람들은 흥미를 잃었다고 말했다. 그는 사람들이 '성조기'를 부르게 만드는 일에 관심이 있었다. 그는 모든 분석 작업을 일종의 업무 회피, 즉 주의를 산만하게 하는 것으로 보았다. 브루스의 마음이 자신의 임의적 경험으로 새로운 관점에 눈 뜨게 된 것처럼, 존의 마음도 이 예상치 못한 말로 활짝 열렸다. 그는 "브루스의 말이 나를 깨우치게 했습니다!"라고 말했다.

존은 전통적 관점이 어떻게 참여를 방해하는지 알 수 있었다. 또한 그는 리더십이 신뢰에 관한 것임을 알았다. 사람들이 리더를 신뢰하지 않는다면 리더는 조직을 움직일 수 없다.

존이 워싱턴 DC에서 비교적 작은 부서를 이끌고 있을 때, 그는 끊임없이 구성원들에게 함께 있다는 점을 강조했다. 그들은 그를 알았고, 신뢰했다. 존이 미국 전체를 책임지게 되었을 때, 갑자기 그를 알지 못하거나 신뢰하지 않는 2,000명의 파트너를 이끌게 되었다.

직감적으로, 존은 신뢰를 구축해야 한다는 것을 알았지만, 시간과

거리상의 문제를 어떻게 해결해야 할지 난감했다. 브루스가 분석 대신에 노래를 언급한 직후, 존은 자신의 이야기와 진정성 표현으로 친밀감을 구축하기 위해 또 다른 형태의 위험을 무릅쓴 실험을 시작했다. 게리 앤더슨, 지미 그리고 우리가 이 책에 등장시킨 수많은 다른 사람들처럼, 존은 자신의 진정성과 취약점을 드러낼 필요가 있다는 것을 알았다.

존은 2,000명의 파트너들을 상대로 중요한 연설을 할 참이었다. 그는 특이한 이야기를 들려주기로 결심했다. 그는 자신을 드러낼 참이다. 자신이 왜 이 회사를 사랑하며, 자신의 삶의 목적과 회사가 목적으로 믿고 있는 것을 파트너들에게 말하기로 했다. 그런데 전통적 문화가 문제였다. 주위 사람들 중 몇몇이 그의 생각에 질겁하고, 만류하려 했다.

존은 용기를 냈고, 연설을 했다. 그는 회사에서 본 놀라운 일을 한 사람들에 대해 이야기했다. 그는 자신이 왜 이 회사에 있는지, 회사의 목적이 그에게 무슨 의미가 있는지를 말했다. 그는 '다른 형태의 대화'가 필요하다고 말했다. 사람들은 파트너와의 정서적 연계가 필요하고, 파트너는 그들의 진정한 자아를 공유할 필요가 있었다. 그들은 구성원에게 왜 자신이 회사를 사랑하는지 말해야 했다. 회계 업무는 힘든 일이다. 어떤 때는 지독히 안 풀리는 날도 있는데, 그런 날에도 왜 아침에 자리에서 일어나 출근하는지를 구성원들이 알아야 한다.

존은 다양하고 긍정적인 피드백을 받았으며, 연설은 획기적인 순간이 되었다. 그는 연설을 통해 참석한 모든 사람에게 '카타르시스'를 느끼게 했다고 말했다. "내가 실제로 한 일은 인간으로서 완전한 참여를 허락하는 문화를 만들기 시작한 것이었습니다. 나는 파트너들에게 있는 그대로의 자신이 돼도 좋다고 했습니다. 새로운 형태의 대화를 창출하자고 한 거죠. 나는 내가 방금 말했던 것처럼, 그들도 그들의 구성원들에게 그렇게 해 달라고 요청한 것입니다."

파트너들은 이 메시지에 감명을 받았지만, 그들은 여전히 전통적 사고방식을 지닌 회계사들이었다. 우리는 존이 그들에게 무엇을 요청했는지 생각해볼 수 있다. '다른 형태의 대화를 창출하라', '정서적 연결을 하라', '진정한 자아를 공유하라', '왜 그들이 회사를 사랑했는지에 관해 말하라', '아침에 잠자리에서 일어나는 이유를 구성원들에게 말하라'. 이는 경영자의 통상적인 업무는 아니다. 목적 중심 리더의 일이다. 존과 브루스는 관리자들을 현재의 그들과는 다른 사람으로 변화시켜야 했는데, 단순히 그들에게 그렇게 되라고 요청한다고 해서 되는 일이 아님을 알고 있었다. 파트너들은 도움이 필요하다는 것을 알고 있었다.

회사는 파트너들이 그들의 내밀한 이야기를 하고, 목적을 공유하는 방법을 훈련하도록 외부 기업을 고용했다. 힘든 작업이었지만, 성공 스토리가 나타나기 시작했다. 현재 파트너들은 자신의 목적을 소통하고, 그 목적을 전문가인 자신의 삶과 어떻게 연계시킬지를 토론하고 있다. 그렇게 함으로써, 그들은 용기 있는 자세로 말하고, 진정성과 취약점을 본보기로 보여주고 있다. 그들은 구성원에게 전체가 되도록 허용했다. 그들은 목적 중심적이고 긍정적인 문화를 회사 전체에 퍼지게 했다.

요약

주인-대리인 모형에서 CEO는 주인 역할을 하는 리더이고, 중간관리자들은 대리인이다. 조직은 목적 중심 리더십이 CEO의 과업이라고 추정한다. 따라서 목적 중심 리더십 과업을 중간관리자들과 공유할 수 있다는 것을 알지 못한다. 그러나 조직이 진정한 더 높은 목적을 수용하면, 놀라운 패턴이 나타난다는 것을 알게 된다. 중간관리자들이 주인 역할을 떠맡아 사람을 끌어들이는 시스템으로 기업문화를 바꾸는 리더가 된다.

　그러나 이러한 중간관리자들의 역할이 일반적이지는 않다. 통상적으로 우리는 회사에서 스톡옵션과 많은 양의 주식을 소유하지 않은 중간관리자들이 마치 주인 정신으로 동기부여된 리더처럼 행동할 것으로 생각하는 것이 직관에 반한다고 생각한다. 목적 중심 조직을 창출하는 여섯 번째 반직관적 단계는 중간관리자를 조직의 주인처럼 행동하는 진정한 목적 중심 리더로 변신하게 만드는 것이다.

시작하기 : 수단과 연습

토론회를 열어 다음과 같이 체계화한다.

1단계: 모든 사람에게 이 장을 읽게 하고, 다음 질문에 답을 쓰게 한다.

★ 얼마나 많은 구성원이 제2의 집과 제2의 가족에게로 향한다고 느
끼면서 직장으로 가는가?

★ 회사의 임원 및 경영 인력 중 목적 중심 리더가 몇 명이나 되는가?

★ 목적 중심 리더의 뛰어난 예를 확인하고, 다른 사람들과 다르게
행동하는 것을 기술하라.

★ 왜 많은 사람이 목적 중심 과업을 피하는가?

★ 중간관리자 개발 측면에서, KPMG의 사례에서는 어떤 원칙들이
발견되는가?

2단계: 그룹별로, 1단계 질문에 대한 답들을 토론하고, 중간관리자
를 목적 중심 리더로 변신시키기 위한 일련의 지침을 개발한다.

13장

7단계

구성원을 목적에
연계시켜라

우리는 변화를 시도해 미래로 나아가려는 한 회사의 구성원 6명과 함께 일하기 위해 애틀랜타로 날아갔다. 우리는 기업과 함께 일할 때, 긍정적 조직관련 학문과 더 높은 목적의 경제학을 통해 우리 일의 기본 개념과 수단을 소개하려 한다.

우리는 가끔 임원들이 그들의 전통적인 기대에 어긋나는 아이디어를 미심쩍어 하는 일로 어려움을 겪곤 한다. 애틀랜타에서는 정반대의 경험을 했다. 그들은 아이디어를 즉시 받아들였고, 창의적인 방식으로 확장시켰다. 이는 무척 즐거운 경험이었다.

이런 자발적인 수용은 그들이 이전에 긍정적인 변화로 살아남았고 혜택을 입었기 때문이었다. 그들의 비전통적인 경험이 이미 긍정적이고 포용적인 사고방식을 갖게 만들었다.

인터페이스라는 이름의 이 회사는 카펫 타일을 포함한 신축성 바닥깔개를 만든다. 1994년 CEO인 레이 앤더슨Ray Anderson은 특이한 경험을 했다. 다음은 그가 전문가 집단과 강연 준비를 하면서 일어난 일을 설명한 내용이다.

> 솔직히, 나는 "따르라, 따르라, 따르라"라는 것 외에는 비전이 없었다. 나는 이 집단에게 뭘 말해야 할지 고민하느라 3주 동안 진땀을 흘렸다. 그러다가 순전히 뜻밖의 행운처럼, 누군가 나에게 폴 호켄Paul Hawken의《비즈니스 생태학The Ecology of Commerce》이란 책을 보내왔다. 나는 그 책을 읽고, 삶이 변했다. 그것은 일종의 깨달음이었다. 책을 절반도 채 읽기 전에, 뭔가를 해야 한다는 강력한 절박감과 함께 내가 찾던 비전이 명확해졌다. 나는 그의 핵심 논지에 동의했다. 즉 비즈니스는 지구상에서 가장 거대하고 부유하며 널리 퍼진 제도이며, 대부분의 훼손에 대한 책임이 있다. 비즈니스는 지구가 붕괴되지 않고 지속 가능하도록 방향을 설정하는 데 앞장서야 한다.[60]

이런 경험 덕분에 앤더슨은 자신의 사업 목표를 유지하면서, 지구 친화적인 산업생태계에서 세상을 이끌기로 결심했다. 그는 패러다임 전환을 검토했다. 그러한 행동을 하는 데는 용기 있는 리더십이 필요했다.

회사의 모든 사람이 앤더슨이 제정신이 아니라고 믿었다. 그가 처음으로 자신의 의도에 대해 공개 연설했을 때, 회사 외부 사람들은 그의 생각에 동의했다. 투자자들도 동의하는 것 같았다. 그러나 주가는 하루만에 40% 폭락했다. 회사는 암흑의 계곡으로 들어섰다. 그렇지만 회사는 딛고 나아갈 교두보를 구축하고, 앞으로 나아가기 시작했다.

그 이후, 회사는 110개국에서 사업을 하는 10억 달러 사업체로 성장했다. 회사는 〈포브스〉지에서 선정한 미국에서 가장 존경받는 기업 중 하나에, 그리고 가장 일하고 싶은 100대 기업 중 하나가 되었다. 임원 한 명이 우리에게 인터페이스에 관한 이야기를 자세히 들려주었다. "그건 기적이었죠. 제가 실제로 겪었어요. 기적이었습니다." 그는 힘주어 거듭 말했다.

그 자리에 참석했던 여성 중 한 명이 출현emergence과 자기조직화의 개념을 이해하고, 다음과 같이 대답했다. "그게 기적인지는 잘 모르겠어요. 우리는 목적을 가지고 있었고, 서로 연계되었습니다. 당신이 목적과 연계되면, 새로운 일들이 성장합니다. 당신은 번성하게 되지요."

그녀의 짧은 언급에서, 구성원들을 조직의 더 높은 목적에 연계시키는 것이 왜 중요한지에 대한 핵심 내용을 이해하게 되었다. 조직이 진정성 있는 더 높은 목적에 연계되면 문화가 변하고, 올바른 일을 하기 위해 스스로 힘을 실어준다. 그들이 앞으로 나아감에 따라, 이전에는 불가능했던 것을 집단으로 학습한다. 조직은 사람들이 빠르게 집단 및 개인 학습에 빠져들기 때문에 번창한다. 결국, 그들은 가끔 어떤 일이 일어났는지를 설명할 수 있는 언어가 부족해진다.

말로는 설명할 수 없을지 모르지만, 그들에게 기억은 남는다. 그들은 조직의 더 높은 목적과 긍정적인 조직화와 관련된 개념을 듣게 되면, 그 개념을 확장해 적용할 수 있다. 이것이 인터페이스사와 같이했던 시간들이 그렇게 생산적이었던 이유다. 더 높은 목적과 긍정적 조직화를 경험한 사람들은 긍정적 조직을 창출하는 것과 관련된 개념을 받아들일 준비가 더 잘 되어 있다. 그들은 협업을 늘리는 것을 간절히 바란다.

인터페이스의 사례에서 알 수 있듯이, 주요 도전과제는 낮은 계층의 사람들이 더 높은 목적을 마음속에 새기고 이해하도록 하여, 대리인인 그들을 레이 앤더슨처럼, 주인으로 행동하도록 만드는 것이다. 지난 장에서, 우리는 중간관리자들을 더 높은 목적에 참여시키는 과정을 살펴보았다. 이렇게 하는 기업은 거의 없다. 이 장에서는 전체 노동력, 특히 일선 구성원들을 더 높은 목적으로 불러들이는 과정을 검토할 것이다. 현재, 이런 일은 하는 기업은 더욱 없다. 기업 언어를 간단히 압축하는 일에 일생을 바친 한 남성의 통찰로부터 시작하자.

기업 언어를 간단히 압축하기

짐 호던Jim Haudan은 목적과 참여를 위한 전문 컨설팅 회사인 루트사의 회장이다. 루트는 300페이지에 달하는 전략계획을 단 몇 개의 그림으로 표현하는 타고난 재능을 지닌 아티스트들을 보유하고 있다. 이는 엄청난 단순화 과정이다. 루트의 구성원들은 흥미롭고 생산적

이기도 한 진정한 토론에 사람들을 참여시키기 위해 그림들을 사용한다.

짐은 많은 임원이 회사 전략을 만들고 소통할 때 조직에 목적을 불어넣고 있다고 생각한다고 말한다. 보통 최고로 명석한 사람들은 수개월에 걸쳐 복잡하게 분석하고, 그 복잡성을 줄인다. 그런 후 그들은 계획을 만든다. 고위 팀 구성원들이 회사 홍보부서의 도움을 받아, 사원급 직원들에게 회사 전략에 대한 프레젠테이션을 한다. 그러나 별 다른 일이 발생하지는 않는다. 이때 중요한 것은 프레젠테이션이다.

좌절감을 느낀 임원들은 "우리가 보는 것을 구성원들도 볼 수 있었다면, 그들은 다르게 행동했을 거야"라고 생각한다. 이는 실제로 건전한 추정이다. 그들은 다르게 행동했을 것이다. 그러나 아쉽게도 진실은 구성원들은 임원들이 보는 것을 보지 못한다. 그 이유는 임원들은 자신들이 보는 것을 소통할 수 없기 때문이다. 그들이 보는 것은 우뇌적 시각이지만 소통하는 것은 좌뇌적인 일련의 말들이다. 그 말들은 진정한 열정이 부족하다. 전략적이고 객관적인 소통은 구성원들을 냉정하게 떠나게 만든다.

짐은 소통을 직선적인 좌뇌에서 시각적인 우뇌로 옮기면, 복잡성을 아주 많이 줄일 수 있다고 말한다. 시각화 과정은 사람들이 목적을 찾아서 단순화하고, 소통하는 데 도움을 준다. "그들이 단순한 시각을 갖게 되면 목적을 보기 시작하고, 아이 같은 열정을 보이고 마음을 열어 기꺼이 배우려고 한다."

짐은 몇 년 동안 회사의 재무계획을 달성하지 못한 어떤 메이저 회사의 이야기를 들려주었다. 그 회사는 탄산음료회사에서 종합음료회사로 전환하는 과정이었다. 모든 계층의 모든 것을 바꿔야 했다. 예를 들어 노동조합원인 트럭기사들이 판매원이 되어야 했고, 이는 예상을 훨씬 뛰어넘는 변화였다.

짐은 구성원들과의 미팅을 시작했는데, 밥이라는 이름의 트럭기사도 있었다. 밥은 모든 말을 욕설로 시작하는 것 같았다. 첫 마디부터 밥은 협조하지 않겠다고 분명히 말했다. 짐은 몇 페이지밖에 안 되는 단순한 시각적 전략자료를 내놓고, 사업이 어떻게 진행되는지를 보여주었다. 사람들이 자료를 살펴보자, 밥이 걸어왔다. 갑자기 그는 매일 트럭에 실린 물품의 55%가 반품된다고 자진해서 정보를 털어놓았다. 그는 송장의 40%가 잘못되었다고 지적했다. 그는 경영진의 무능과 그 때문에 모든 사람이 일자리를 잃게 할 것인지에 대해 소리를 지르기 시작했다.

그러나 밥의 동료 한 사람이 그를 제지하고는 매일 밥이 정보지 뭉치를 휴지통에 던져버리는 바람에 전체 진행과정이 훼손되었다고 설명했다. 실제로 그건 밥이 조금 전에 했던 행동이었다. 밥은 놀라서 멍하니 아무 말도 않고 서 있었다. 그러고는 "그 정보지들 나에게 다시 줘 봐"라고 말했다.

몇 분 지나지 않아, 대책 없는 반항자였던 밥은 자신이 한 짓이 사업에 얼마나 영향을 미치고 있는지를 알게 되었고, 자신의 태도를 바꿨다. 밥은 참여하는 구성원으로 탈바꿈했다. 그런 과정은 3만

2,000명의 사람들에게 확대되었고, 회사 전체가 변했다.

짐은 변화를 불러일으키는 학습이 조직의 밑바닥에서부터 일어나면, 조직의 최상부로 다시 순환한다고 말했다. 임원들이 바닥 계층의 급진적인 변화를 보게 되면, 그들의 전통적인 기존 인식에 도전을 받는다. 전통적 사고방식이 무너지면, 긍정적인 사고방식이 나타난다. 임원들은 갑자기 존재하는지조차 몰랐던 자원들을 보게 된다.

이 사례에서 CEO와 그의 팀은 그동안 활용하지 못했던 구성원들의 잠재력을 발견하고는 "말문이 막혔다". CEO는 다음과 같이 말했다. "우리는 지난 10년 동안 어떻게 하면 그들이 일을 더 잘할 수 있는지를 가르치려 했고, 그렇게 하면 그들이 우리 사업을 개선시킬 것으로 생각했습니다. 하지만 그들과 함께 사업을 공유해, 그들이 사업 개선의 주도권을 잡도록 해야 한다는 것을 꿈에도 생각하지 못했습니다."

그들이 그런 생각을 하지 못했던 것은 그런 생각은 반직관적이기 때문이다. 이 과정의 책임자이고 미팅에도 참석했던 인사 담당부서의 한 여성도 임원의 변화에 대해서 "당연히 환영할 일"이라고 말했다. 그녀의 이 말은 고위 임원들이 전통적 사고방식에서 긍정적이고 포용적인 사고방식으로 바뀌는 경험을 했음을 의미했다. 이것은 우리가 책 전체를 통해 보아온 것과 같은 변화였다.

새로운 과정에서 연계의 힘을 이해하는 인터페이스사의 여성처럼, 그녀는 다음과 같이 말을 이어갔다. "그들의 한계에 대한 우리의 인식 때문에, 고정관념을 갖고 사람들을 분류했죠. 우리가 방해하고 있었기 때문에 그들은 참여할 길이 없었던 겁니다. 그러고 나서, 몇 년이 지난 후에 우리는 목적을 명확히 밝히고, 그들이 서로 연계하고 활기를 되찾는 것을 지켜보았죠. 그들은 잠재력이 넘쳐 났습니다. 조직이 넘치는 잠재력을 가지고 있었음에도 우리는 그걸 보지 못하고, 전혀 활용도 못했던 겁니다."

우리는 이 여성의 주장을 거의 모든 대규모 조직으로 확대할 수 있었다. 임원들은 계층구조 속에서 내려다보며 많은 사람이 단지 몸만 이끌고 일터로 나오는 것으로 여긴다. 이러한 관점에서 보면, 임원들은 현실을 부분적으로만 반영해 추정한다. 그들은 조직에 속한 사람들이 개인적인 부담을 최소화하려 하며, 자신의 재량적인 에너지는 일하는 데 쓰지 않는다고 믿는다.

임원들이 자신의 추정을 바탕으로 행동할 경우, 그들은 거래교환 개념에 의거한 조직을 만든다. 그들은 외적 보상과 처벌 시스템을 설계해 사람들을 통제하려 한다. "우리는 돈과 다른 보상을 제공하고, 당신은 근로계약서에 기재된 사항을 수행한다."

이러한 기본적인 가정이 사람들을 로봇으로 만들지만, 사람들은 로봇이 되기를 원하지 않는다. 다른 대안이 없음을 알기 때문에, 그들은 참여하지 않고, 그들 중 소수는 자신의 창의적인 에너지를 조직을 방해하는 데 쏟아 붓는다. 그들은 자신의 정보지를 내다 버린 트럭기사 밥처럼 되고 만다. 임원들은 이런 종류의 방해 행위를 보고는 또 다른 잘못된, 그러나 편안한 가정을 한다. "구성원들 잘못이야."

포용적이거나 긍정적인 사고방식 모형은 전통적 사고방식 모형보다 더 복잡하다. 이 모형은 우리가 기술한 역동성이 존재한다는 것을 인정하지만, 잘못을 직원들에게 돌리지 않는다. 아니 잘못을 어디에도 돌리지 않는다. 대신, 목적과 직원들의 강점 그리고 올바른 상황에서 그들이 진정으로 헌신하고 참여하여 기꺼이 좀 더 노력할 수 있다는 사실에 초점을 맞춘다.

짐은 조직이 '기업 언어'의 복잡함을 '축소'하여 사람들이 전체 시스템을 단순한 방식으로 보고 알 수 있도록 하는 그림이나 은유를 제공할 수 있는 리더들이 필요하다고 말했다. 모든 계층의 직원들이 전체 시스템을 이해하게 되면, 그들은 다른 전체 직원들과 연계를 시작하게 된다. 사회적 네트워크는 적극적 에너지, 학습 그리고 적응의 시스템이 된다. 이런 일이 일어나면, 현실은 기존의 이론에 도전한다. 임원들은 그들의 조직이 이전에는 볼 수 없었던 자원들로 가득 차 있음을 보기 시작한다. 단순화와 시각화라는 짐의 접근방식은 조직의 전략뿐만 아니라, 더 높은 목적에 사람들을 연계시키는 실용적인 방식이다.

모든 사람에게 다가가기

목적 중심 조직을 만드는 것은 원대한 도전이다. 이는 반직관적인 많은 원칙을 이해하고 실행해야 한다. 또한 주인-대리인 문제를 주인-대리인 기회로 보는 것을 의미한다. 그것은 사람들이 기여하고 싶어 한다고 믿는 것을 의미한다. 그리고 이러한 변화는 조직의 말단에까지 확장시키는 책임을 지는 것이다.

12장에서, 우리는 KPMG의 진화와 이 기업이 어떻게 중간관리자들을 목적 중심 리더로 변화시켰는지를 살펴보았다.[61] 이야기는 KPMG가 소수의 조직에서 수행한 일로 계속 이어진다. 그것은 구성원 모두에게 전해졌다.

브루스와 존은 상향식 노력이 필요하다는 것을 깨달았다. 직원들이 자신의 목적을 알고, 그 목적이 일에서 어떻게 실현될 수 있는지를 알아야 했다. 그들은 직원들에게 현재 자신이 어떻게 변하고 있는지를 설명해 공유하도록 권장했다. 이러한 노력은 1만 개의 '스토리 챌린지Stories Challenge'라는 주목할 만한 프로그램으로 발전했다.

이 프로그램은 2만 7,000명의 구성원들에게 디지털 프로그램에 접속해 포스터를 만들도록 했다. 이 과정에서, 그들에게 "KPMG에서 무슨 일을 하나요?"라는 질문에 답하도록 했다. 그런 다음 "나는 테러와 싸운다"는 식으로 헤드라인을 쓰도록 요청했다.

예를 들어 헤드라인 "나는 테러와 싸운다"의 아래 "KPMG는 수많은 금융기관이 돈 세탁을 방지하고, 테러리스트와 범죄자의 손으로부터 금융자원을 지키려는 것을 돕고 있다"처럼 쓰는 것이다. 그 아래에는 저자 사진이 있고, 마지막으로 포스터에는 이런 글귀가 있다. "자신감을 드높이자. 변화에 힘쓰자."

6월에 회사는 추수감사절까지 1만 개의 포스터가 제출된다면, 크리스마스 휴일을 이틀 더 연장한다고 발표했다. 이는 회계법인 지도

부로서 위험한 약속이었다. 긍정적인 문화를 처음 시작하는 사례에서 거의 그렇듯이, 많은 사람이 전체 과정이 '진부하다'고 여겨 아무도 응하지 않아 리더들이 좌절감을 느낄 것이라고 믿었다. 회사의 리더들은 이 프로젝트를 진행할지 그만둘지를 두고 상당히 오랜 시간 동안 논쟁을 벌였다.

긍정적인 문화를 창출하려는 거의 모든 리더는 정말로 두려움을 경험한다. 앞장에서 본 것처럼, 그 두려움을 극복하기 위해서는 상당한 용기가 필요하다. 시도가 성공하면, 그들은 종종 행복감에 빠진다.

KPMG의 이 프로그램은 충격적인 결과를 거두었다. 1만 건의 이야기가 한 달 만에 접수되었고, 사람들은 2일 간의 추가 휴일을 얻었다. 그뿐만 아니라 그 과정은 입소문이 났다. 보상을 받았는데도, 포스터는 계속 접수되었다. 2만 7,000명이 4만 2,000개의 포스터를 제출했다. 일부 사람들이 여러 장 제출을 했고, 개인뿐만 아니라 팀들도 제출했다. KPMG의 사람들이 목적과 의미에 대해 억눌린 욕구를 간직하고 있음이 드러났다. 회사는 사람들이 조직의 목적과 개인의 목적을 연계시키는 훌륭한 방법을 찾아낸 것이다.

목적에 대한 모든 작업이 중요했고, 그것이 성과에 영향을 미쳤는가? 회사의 설문조사에서 자부심이 높아졌고, 참여 점수가 기록적인 수준에 달했으며, 일하기 좋은 직장 점수는 82%에서 89%로 껑충 뛰었다. KPMG는 〈포춘〉지 선정 '가장 일하기 좋은 직장' 순위 17위로 올라서면서, 4대 기업 중 가장 높은 순위의 기업이 되었다. 회사의 이직률이 크게 떨어졌으며, 지속성, 신규 충원, 훈련, 종합적인 절약 측면에서 이점을 거두었다. 인과관계를 입증할 수는 없지만, 우리는 이 기업이 그해 탁월한 재정 수익을 올렸으며, 또한 4대 회계법인 중 가장 높은 성장률을 달성했음을 확인할 수 있었다.

경고

우리는 음료회사의 호던과 KPMG 경영진들이 목적을 달성하기 위해 조직의 밑바닥까지 접근하는 훌륭한 사례를 보았다. 최소한의 성찰과 최소한의 위험만으로 실행할 수 있는 수단을 기대할 수도 있다.

우리는 이 책의 거의 모든 사례를 통해 리더들이 불확실성 속으로 들어가, 어떻게 목적 중심 조직을 만드는지를 당신에게 일깨워주고 싶다. 인간 시스템은 기술적인 시스템이 아니다. 그것은 모든 인간과 인간 집합체처럼 복잡하게 살아 있는 시스템이다.

시스템 부분들 간의 연계성이 질적으로 높아지면, 새로운 집단적 속성이 나타난다. 샤우리처럼 개인이 자신의 더 높은 목적을 찾게 되면, 그녀의 마음과 생각이 통합되어 새로운 진정한 자아가 나타난다. 그렇게 샤우리는 리더가 되었다. 리더가 사람들에게 더 높은 목적을 권유하고 그들이 받아들이면, 그 네트워크 연계의 질이 변해 새로운 속성이 나타난다.

그 과정은 직선적이 아니다. 통제가 가능하지도 않다. 그 과정은 권유하는 사람과 받아들이는 사람 모두 경험에서 배우는 여정에 함께 참여하는 것이 필요하다. 그 여정은 기존의 사고방식을 유지하려는 많은 가정이 모순되는 것처럼 보인다. 목적 중심 조직을 만들기 위한 학습은 실시간으로 일어나기 때문에 학습을 독려하면서 배울 수 있는 용기가 필요하다.

학습을 독려하면서 배우기

긍정적 조직 학문 분야는 미시간대학교의 로스경영대학원에서 탄생했다.[62] 이 대학원은 사람들이 긍정적 문화에서 성장하고 기대 이상의 더 높은 목적을 지닌 조직을 만드는 방법을 많이 연구했다.

로스경영대학원의 수석 인사책임자 에이미 바이런오일Amy Byron-Oilar은 이런 생각들을 접하고는, 긍정적 작업 공동체를 구축해 일부 연구에 적용하기로 결정했다. 에이미와 경영대학원장은 긍정적 조직의 원칙들은 학교 내에서만 적용하는 것으로 합의했다.

몇 년 후, 우리는 에이미와 그렇게 시작된 프로젝트에 대해 이야기했다. 그 과정은 2011년에 두 건으로 시작했고, 매년 그 수가 증가했다. 하지만 그 과정이 그렇게 직선적이거나 체계적인 것은 아니었다고 했다. 나타난 결과는 전형적인 계획의 결과가 아니었다. 그녀는 그다음 해에 "이전에는 상상할 수 없었던" 것들이 행해졌다고 말했다. 그 과정은 목적, 용기, 학습이 필요한 새로운 것이었다.

이 엉뚱한 말을 생각해보자. "나는 계획이 필요하다. 몇 번이고 거듭해서 계획을 작성하곤 했다. 우리는 그렇게 배웠다. 당신의 현재 상황을 파악하라. 당신이 있어야 할 곳을 결정하라. 그리고 경로를 표시하라. 실행하라! 자, 봐라, 성공이다! 이런 것들이 나의 사고가 진행되는 개인적 여정의 일부였다."

에이미는 첫해에 구성원들의 높은 불만에 직면했다. 그래서 2011년에 대학원장의 제안으로, 대학원 모든 분야의 대표자들과 함께 구성원 참여그룹을 만들었다. 이러한 노력은 2012년에 긍정적인 문화를 만드는 데 있어 학습의 중요성에 대한 연구에서 영감을 얻어 공동체 학습 그룹으로 발전했다. 이 그룹은 소규모 콘퍼런스를 만들었고, 우수사례를 탐구하여 '조언, 요령, 새로운 멋진 것'들의 목록을 작성했다. 이것은 다시 더 나은 구성원 회의, 구성원 휴게실 그리고 모든 인원이 하루 동안 건물 대청소에 참여하는, 과거에 녹색 청결로 불린 유명한 관행을 다시 불러왔다.

2013년, 교직원들은 미래 비전을 만들기 위해 11장에 소개했던 징거맨스 훈련 그룹과 함께 작업했다. 겉보기에 사소해 보이는 이런 행동이 목적을 명확히 하고, 긍정적 미래를 정당화했으며, 직원들에게 권한을 부여했다. 사람들은 갑자기 새로운 창의적인 계획을 세울 수 있다고 느꼈다.

몇몇 직원들이 결정적 대화 관련 프로그램 교수법을 훈련받고 자격증을 취득했을 때, 또 하나의 새로운 프로그램이 시작되었다. 그 후 150명의 구성원들이 이 훈련을 받았다. 구성원들은 오래 전부터 교수들이 자신들을 존중하지 않는 것 같다고 불평해왔는데, 한 토론회에서 누군가가 차라리 교수진을 더욱 존중하는 것이 해법이 될 수도 있다고 제안했다. 구성원들이 강의실에서 교수와 학생들이 최선을 다하는 모습을 보는 수업참관 프로그램이 운영되었다. 그리고 이는 신입 구성원에게도 학교생활의 모든 측면을 보여주는 종합적인 적응프로그램 과정으로 이어졌다.

2014년 '공유 서비스'를 지향하는 전 캠퍼스적인 노력은 경영대학원 구성원에게 영향을 미쳤다. 많은 구성원이 인터뷰에 응했는데, 그들은 서로가 혹은 학교에 연대감을 느끼지 못하고 있음이 명백하게 드러났다. 이는 격월로 공동체를 구축하는 훈련을 포함하여 정보와 아이디어의 교환으로 이어졌다.

또 다른 창의적 계획의 일환으로 구성원 선발 훈련캠프를 시작했는데, 이는 긍정적인 비전에 기여할 가능성이 높은 사람을 고용할 수 있도록 구성원들이 운영하는 캠프다. 창의적 계획으로 매년 건강집회가 시행되었고, 또 다른 계획으로 적극적인 지식, 기술 그리고 능력을 기르는 수행능력 평가도구를 재설계했다.

2015년에 인사팀은 신입 교육과정에 구체적인 새 모듈을 개발했다. 인사팀은 격월로 구성원 한 명을 선정해, 학교 전체에 그 사람의 프로필을 소개했다. 이 새로운 공유 서비스 프로그램이 자리 잡자, 많은 사람이 갑자기 작업 공간을 공유하게 되었는데, 이는 협업하는 것만큼이나 갈등도 유발하는 것으로 드러났다. 인사팀은 사람들이 협력할 수 있는 프로그램을 준비했다. 그래서 적극적인 공동체를 만들어 그 안에 산다는 것이 무엇을 의미하는지를 느끼게 해줄 수 있는 영상물이 만들어졌다.

또한 인사팀은 지식과 사례를 공유하는 프로그램도 개발했다. 교수진은 적극적 리더십 개발에 대한 책을 새롭게 편집해 발간했으며, 인사팀은 개개의 교수진 저자로 초대해 다양한 챕터들을 구성원에게 가르쳤다.

인사팀은 구성원을 충원한 후 자신의 긍정적인 경험을 들려줌으로써 신규 구성원과 긍정적 비전을 공유하도록 도왔다. 마지막으로 "긍정적인 목표를 마음에 품고 일하자"와 "다른 사람의 장점을 보자" 같은 많은 열망을 담은 비전 선언을 만들었다. 또한 이러한 열망을 평가 도구로 전환하여, 개별적으로 혹은 집단적으로 스스로 분석하고, 자신이 향상할 수 있는 방법을 탐구하게 했다. 이러한 모든 노력을 다해, 이전에 일찍이 경험하지 못한 방식으로 조직의 모든 사람을 목적 중심 리더로 전환시키려 했다.

2016년에 우리는 에이미를 다시 만났다. 그녀는 최근의 구성원 참여 설문조사 결과를 우리에게 보여줬다. 상승폭이 컸고, 17개 지표의 변화폭도 통계적으로 유의미했다. 보고서를 작성한 사람들은 이 정도로 변화가 나타난 사례는 본 적이 없다고 말했다.

에이미는 이런 결과를 성찰하면서, '출현'에 대한 개념으로 되돌아갔다. 그녀는 이렇게 말했다. "우리가 구성원에 대해 했던 것처럼, 최근에 교수진에 대한 영상물을 만들자고 누군가가 제안했습니다. 2년 전만 해도 그런 생각조차 할 수 없었을 거예요. 우리가 뭔가를 할 때마다 새로운 가능성이 생겨나요. 그 과정이 계속 확장되는 거죠. 앞으로 나가면서 끊임없이 배우는 것 같아요."

우리는 이런 성과가 그녀에게 어떤 영향을 미쳤는지 물었다. 그녀는 다음과 같이 말했다. "초기에는 교수진이 제공하는 긍정 리더십에 관한 임원 교육과정에 참석했습니다. 그들 중 한 명이 나에게 '당신이 2% 더 용기를 가졌다면 무슨 일을 하겠는가?'라고 묻도록 가르쳤습니다. 나는 그 질문을 몇 번이고 반복했는데, 긍정적인 작업 공동체를 구축하는 데는 용기가 필요하기 때문이죠. 나에게 미친 영향은 매우 현실적이었습니다. 굉장히 놀랐죠. 나의 사고력이 말할 수 없이 확장되었습니다. 처음에는 불가능한 것 같았던 일도 지금은 할 수 있어요."

에이미는 모든 사람이 더 높은 목적에 헌신하도록 돕는 문화를 만듦으로써, 경영대학원 내의 긍정적인 목적 중심적 조직을 만드는 방법을 배웠다. 목적 중심 조직을 만들기 위해서는 리더십, 목적을 수용하는 용기, 사원급부터 임원급까지 조직의 전 구성원을 아우를 수 있는 능력이 필요했다.

요약

조직은 단순히 진정성 있는 더 높은 목적을 찾는 것만으로는 충분하지 않다. 조직은 그 목적을 구성원들과 그들의 정서에 연계시켜야 한다. 12장에서처럼 중간관리자와 일선 구성원 모두는 목적에 대한 주인의식을 가져야 하며, 그것으로 에너지를 얻어야 한다. 목적을 구성원들에게 연계시키려면, 리더가 조직에서 어떻게 행동하는가 라는 기본적인 가정과 배치되는 방식으로 행동해야 한다.

몇몇 리더들은 이런 행동을 배운다. 그들은 관습을 초월하여, 우리가 예상하지 못한 리더십을 발휘한다. 그들은 구성원들이 자신의 목적과 조직의 목적을 찾는 데 영감을 주는 진정성 있는 비전으로 소통한다. 목적 중심 리더는 조직의 하위 구성원들을 포함한 모든 이에게 목적의 중요성을 이해시킨다. 따라서 목적 중심 조직을 만드는 일곱 번째 반직관적 단계는 일선에 있는 사람들을 조직의 더 높은 목적에 연계시킬 수 있는 가능성을 찾는 것이다. 다시 말해, 일곱 번째 단계는 사람들을 목적에 연계시키는 것이다.

시작하기 : 수단과 연습

토론회를 열어, 다음과 같이 체계화한다.

1단계: 모든 구성원이 이 장을 읽게 한다.

2단계: 모든 구성원이 다음 질문들의 답을 쓰게 한다.
★ 목적, 연계, 출현에 관해 어떻게 이해하고 있나?

★ 음료회사의 짐 호던의 과업에서 어떤 핵심 원칙들을 얻을 수 있나?

★ KPMG의 더 높은 목적 실행에서 어떤 핵심 원칙들을 얻을 수 있나?

★ 경영대학원에서 에이미의 여정에서 어떤 핵심 원칙들을 얻을 수 있나?

3단계: 답변에 관해 토론하고, 12장에서 만든 중간관리자들을 위한 지침목록을 재검토한다. 이제 모든 사람을 참여시키기 위한 공동 지침목록을 만든다.

14장

8단계

긍정 에너지 전파자를 활용하라

어느 날 우리는 큰 조직에서 인적자원을 총괄하는 오랜 친구를 우연히 만났다. 우리는 그녀가 어떻게 지내는지 물었고, 그녀는 직장에서 일이 잘 풀리지 않는다고 답했다. 회사의 임원들이 어려운 도전에 직면했는데, 전통적인 방식으로 대응하고 있었다. 그들은 점점 더 부정적으로 되어갔고, 그런 부정적인 기류가 조직 전체에 흐르고 있었다.

우리는 그녀에게 다음과 같은 반직관적 질문을 고려해 보라고 권했다. 만약 그녀가 자신의 조직으로 돌아가, 천성적으로 긍정적이고 공공선에 헌신적이며 유능한 사람들을 선정한다면, 무슨 일이 일어날까? 만약 그녀가 그들에게 적극적인 변화 모델의 네트워크에 초대한다면 어떻게 될까? 만약 그들을 불러모아 놓고, 미래에 그 조직이 어떻게 보이기를 원하는지 물어본다면 뭐라고 할까? 만약 그녀가 그들에게 그 비전을 현실로 불러오기 위해 할 수 있는 일이 무엇인지를 물어본다면 뭐라고 할까?

우리는 이 질문들을 우리의 경험을 토대로 물어보았다. 모든 조직은 이용 가능한 목적 중심적 구성원들을 보유하고 있다. 하지만 그런 사람들을 종종 알아채지 못하고 지나친다. 우리는 이러한 이용 가능한 구성원들을 '긍정의 에너지 전파자의 보이지 않는 네트워크'라고 일컫는다. 조직 전체 여기저기에 퍼져 있는 긍정의 에너지 전파자들은 7장에서 기술한 코리 먼들 같은 성숙하며, 낙관 지향적이고 목적 중심의 사람들이다. 그들은 개방적이고, 기꺼이 선도적인 역할을 떠맡으며, 천성적으로 다른 사람에게 에너지를 불어넣는다. 일단 이들을 끌어들이기만 하면, 문화를 바꿀 수 있다. 이들은 쉽게 알아볼 수 있고, 긍정적 에너지를 사방으로 뿜어내고 있으며, 사람들로부터 신뢰를 받고 있다.

우리의 제안은 전통적인 것이 아니었다. 그녀에게는 이 제안이 즉각적으로 큰 우려를 불러일으켰지만, 강한 관심을 유발했다. 어둠 속에서 한 가닥 희망의 불빛 같은 제안이었다. 우리는 돌아가서 잘 생각해보고, 그 제안에 대해 이야기하고 싶으면 전화하라고 했다.

그녀가 전화했다. 우리의 제안이 한편으로는 과격한 것 같아 약간 불편하다고 말했다. 모든 변화의 시도가 계층구조의 맨 꼭대기에서 지시되어 아래로 흘러 내려와야 하는 전통적인 통념과도 맞지 않는다는 것이다. 반면, 더 바람직한 문화를 만들도록 이끄는 것이 자신의 책임이라고 말했다. 그녀는 회사 사람들을 돌보는 일이 자신의 직무일 뿐만 아니라 개인 목적의 핵심이기도 하다고 결론 내렸다.

그녀는 옳은 일이기 때문에, 추진하기로 마음을 굳혔다.

그녀는 이미 두 번의 회의를 열었다. 회의에 참석한 사람들의 관심과 열정에 그녀는 감명을 받았다고 전했다. 그들은 그녀만큼이나 강한 느낌을 받은 '동행자'였고, 뭔가를 성취하기 위해 기꺼이 더 노력할 준비가 되어 있었다. 그들은 지금까지 미처 알아보지 못했던 놀라운 자원이었다. 또한 그녀는 이제 더 이상 혼자가 아님을 느꼈다.

이 그룹은 조직의 현재 상태와 향후 바람직한 상태를 분석했다. 한편으로, 회사는 태생적으로 충성스럽고 윤리적이며, 헌신적이고 자부심이 강하며 협력하여 성공하기를 열망하는 좋은 사람들로 가득 차 있었다. 사람들은 외적 기회로 둘러싸여 있음을 알고 있었고, 회사가 기로에 처해 있음도 알고 있었으며, 진심으로 회사가 성공하기를 바라고 있었다.

다른 한편으로, 사람들은 불안감에 휩싸였다. 그들은 회사의 경쟁력에 의문을 가졌으며, 수치에만 관심이 있고 통일된 비전이 없으며, 혼란과 갈등이 증폭되고 있고, 사람들이 점차 자기 영역만 챙기며 분열되었으며, 두려움이 조직에 스며들고, 구성원들이 낡은 방식에 자신을 가두려 하고, 비난과 남 탓만 하는 행위가 늘어나고 있다는 것도 알고 있었다. 그들은 피로감이 커졌으며, 아침에 침대에서 일어나고 싶은 마음이 없어지고 있었다.

이 그룹은 명백한 목적과 사명을 지닌 성공적이고 경쟁적이며, 성장하는 회사를 원했다. 회사는 고객 중심적이고 항상 변화를 꾀하며, 배우는 문화를 가질 것이다. 그리고 회사는 명료성, 신뢰, 솔직함, 협업을 강조할 것이다. 또한 자신감에 차 있고 혁신적이며 활력이 넘치고, 신속한 결정을 내리는 힘이 넘치는 유능한 업무수행자들을 보유할 것이다. 구성원들이 이윤을 늘리기 위해 헌신하고 있기 때문에, 회사는 수익성이 높아질 것이다.

이러한 비전은 긍정의 에너지 전파자 그룹을 흥분시켰다. 그들은 다음 단계를 취하고 싶어 안달이었지만, 그게 어떤 건지 확신할 수 없었다. 친구는 우리에게 이 그룹을 만나보도록 주선했다. 우리는 그들에게 자신이 어떤 사람들이며, 실제로 어디에 가치를 부여하는지 알려달라고 요청했다. 한 시간 동안, 그들은 열정적으로 이야기했다. 그런 다음, 우리에게 묻고 싶은 가장 중요한 질문 목록을 만들도록 그들에게 요청했다. 그들은 두 가지 범주로 구분되는 매우 사려 깊은 질문을 했다. "변화를 만들기 위해 개인적으로 그리고 집단적으로 어떻게 운영해야 할까요?"

개인적 목적 대 집단적 목적

우리는 이 집단을 두 가지 주제의 탐구에 참여시켰다. 우리는 그들에게 각각 개인 목적선언문이 필요하며 자신이 하는 모든 것을 개인 목적에 맞춰야 한다고 제안했다. 그들은 이러한 생각을 잘 받아들였다.

그런 다음, 우리는 그들 수준에서 어떻게 자신의 직원들이 개인 목적과 공동의 목적을 찾는 것을 돕고, 그 두 목적을 연계시킬 수 있는지에 대해 말했다. 우리는 조직 전체에서 나타나 전파될 수 있는 긍정적이며 일탈적인 패턴에 관해 논의했다. 그들은 이 생각을 좋아했지만, 상부의 반응이 어떨지에 대해 상당한 두려움을 나타냈다.

이때 우리의 친구는 자신의 개인 여정을 들려주고 싶다고 말했다. 10분 동안, 그녀는 자신의 두려움, 욕망 그리고 결심에 관한 내밀한 이야기를 했다. 이야기는 감동적이어서, 방안의 사람들은 진정으로 영감을 받았다.

우리는 그들에게 "이 이야기에서 가장 중요한 점이 무엇인가요?"라고 물었다. 그들은 많은 답을 내놨지만, 우리가 가장 중요하다고 생각하는 답은 놓치고 있었다. 그녀의 이야기 중에는 고위직 한 명과의 어떤 사건에 관한 설명이 있었다. 그녀는 그에게 긍정의 에너지 전파자들과 그들이 하는 일에 대해 전반적인 설명을 했다. 그는 그녀 말에 이렇게 응답했다. "아, 좋습니다. 업무 개선을 위한 유기적인 노력을 하고, 윗사람들은 그런 일을 애써 하지 않아도 되니 좋다고 생각합니다."

우리는 그의 이 말에 초점을 맞추고, 그룹에 각자의 생각을 말해달라고 요청했다. 그들이 자신의 생각을 다 말하고 났을 때, 우리는 다음과 같이 요약했다. "여러분은 이미 위로부터 승인을 받았습니다. 그리고 이 그룹 회의를 통해 여러분은, 회사에서 리더로서 자신의 직분을 수행하고 있을 뿐이며, 권위에 도전하는 저항적 행위를 주도하려는 것이 아닙니다. 여러분은 이 조직의 실패를 벗어나려는 도전을 주도하는 것입니다. 여러분은 윗사람이 하려는 일을 돕고 있습니다. 또한 여러분은 부정적이 아닌, 적극적인 일탈자입니다. 여러분이 하고 있는 일에 대해 프레임을 잘못 짠다면 상사를 불쾌하게 만들 수 있지만, 주의 깊게 프레임을 짠다면 여러분의 노력은 환영받을 것입니다. 그렇다면 어떻게 효과적으로 앞으로 나아갈 수 있을까요?"

그들은 영감을 얻은 것처럼 보였으며, 서로의 생각을 공유했다. 한 여성이 손을 들고는 평소에는 나눌 수 없었던 이야기를 하고 싶다고 했다. 그녀는 최근 회사에서 어려운 과업이 있었다고 말했다. 전체 현장 팀의 90%가 그 힘든 과업을 성공적으로 완수했다. 그녀의 상급자가 즉각적으로 보인 반응은 90%의 노력은 무시하고, 10%를 더 밀어붙이는 방법을 찾으라는 것이었다. 그녀는 무척 화가 나, 상급자에게 맞섰다. 그녀는 그 후 어떻게 상급자의 주의를 10%의 실패에서 90%가 성취한 것에 대한 축하로 바꾸었는지를 설명했다.

완벽한 순간에, 부드러운 목소리의 이 여성이 우리에게 이 긍정의 에너지 전파자 그룹이 집단 차원에서 추구할 수 있는 모형을 개인적 차원에서 제공했다. 정말 의미심장한 순간이었다. 한 그룹의 변화 요원들이 어떻게 하면 스스로 행동할 권한을 부여하고, 목적과 긍정적 문화를 조직과 조직의 상부에 전달하는지에 관한 학습의 관계에 참여하고 있었다.

그녀의 사례는 완전한 변신을 위한 변화는 내면에서 시작된다는 것을 입증했다. 만약 당신의 리더나 동료에게 적극적인 영향을 주고 싶다면, 그들과 다른 사람들이 하기 두려워하는 일을 해야 한다. 자아가 필요로 하는 것보다 공동선을 앞세우는 용기를 가져야 한다. 그렇게 하는 것이 리더십의 핵심이다. 목적 중심이 되면, 통상적으로는 불가능한 상상력과 실행력을 갖는다.

우리는 긍정의 에너지 전파자를 만나서 배우고, 스스로 권한을 부여할 수 있는 공간을 만들었다. 그 방의 모든 에너지 전파자들도 같은 일을 해야 할 것이다. 리더십은 다른 사람에게 지시하는 일이 아니다. 다른 사람이 배우고 성장하며, 이전에는 할 수 없었던 일을 하도록 관계를 제공하는 것이다. 또한 각자의 용기와 헌신을 보여주는 것과도 관련된다. 안락한 구역에서 벗어나 긍정적인 일탈자의 역할로 들어갈 때, 그들은 다른 사람들도 할 수 있다는 모범을 보여준다.

적극적인 조직 만들기가 윗사람이나 동료에게도 전파되기를 간절히 원하기 때문에, 그들은 다른 사람도 긍정적인 일탈자가 되고, 관습적인 문화 바깥에 있는 좋은 일들을 할 수 있는 용기를 갖도록 열망한다. 그들도 다른 사람들과 마찬가지로 두려움을 가지고 있고, 일탈이 위험하다는 것을 안다. 그들은 위계적 지위를 가진 많은 관리자가 있지만, 변신할 수 있는 영향력을 발휘하는 리더는 극소수임을 알고 있다.

에너지 전파자들은 개인적, 집단적으로 긍정적 시각을 이해하는 성향을 지녔기에, 긍정 에너지 전파자 그룹을 형성하는 단계는 유용하다. 우리는 목적 중심 조직을 만들려는 CEO들에게 긍정 에너지 전파자들의 네트워크를 만들어야 한다고 제안한다.

우리는 수많은 조직에서 긍정의 에너지 전파자들 네트워크 조직의 시작을 도왔다. 통상적으로 1차 회의에서는 고위 리더들이 네트워크 구성원에게 변화 과정의 설계와 실행에 관여해 달라고 요청한다. 짧은 시간 안에 그들은 합의에 도달한다. 네트워크 멤버들은 정기적인 회의를 계획한다. 그들은 회사로 돌아가 아이디어를 공유하고, 피드백과 새로운 아이디어를 얻어 다시 만난다. 우리가 함께 작업한 회사들 중 하나가 DTE 에너지인데, 이 회사는 긍정 에너지 전파자 네트워크를 만들었고, 아이디어를 예술의 형태로 바꿔놓았다.

우리는 긍정 에너지 전파자 네트워크의 첫 회의에 참석했다. 먼저 고위 리더가 네트워크 멤버들에게 인사를 했다. 그는 회사의 역사를 돌아본 후에, 그들에게 문화를 바꿀 수 있도록 인도해 달라는 요청을 받았다고 설명했다. 구체적 계획은 아무 것도 없으며, 그들이 미지의 영역에서 상상하고 꿈꾸며 창조해 달라는 요청이었다. 고위 리더는 네트워크 멤버들에게 자기소개를 부탁한 다음, 세 가지 과업을 부여했다. 멤버들은 자기 소개를 하고 자신들이 긍정 에너지에 접근하는 방법에 대해 설명했으며 자신들이 즐겨 찾는 휴가지에 대해 이야기를 나눴다.

소개 후, 우리는 그들에게 다른 사람들이 말한 것을 되새겨보면서, 특이한 공통점을 확인해보라고 요청했다. 그들은 팀원들이 진정성을 지녔으며, 연약하지만 편안해 보였다고 말했다. 예를 들어 그들은 자신의 부모나 아이들 혹은 스스로 극복한 어려움에 대해 공개적으로 이야기했다. 한 남성은 자신의 아버지가 텐트에서 자랐으며, 빈털터리로 미국으로 건너와, 지금은 교수가 되었다고 말했다. 그는 이 사실을 곰곰이 생각하다 보면, 삶에서 해야 할 일은 할 수 있다는 자신감을 갖게 된다고 말했다. 또 다른 사람은 장애를 지닌 아이가 있다고 이야기하면서 아이가 가족에게는 축복이라고 말했다. 그는 자신의 이야기로 우리 모두에게 감동을 안겨주었다.

이들은 낙관적인 사람들이었다. 많은 사람이 개인적 삶의 도전을 공유했지만, 그러한 도전과 관련된 좋은 점에 대한 진정한 감사도 표현했다.

그들은 이 그룹이 일의 의미도 발견했음을 관찰했다. 한 노동조합원은 이렇게 말했다. "나는 20년 넘게 전선 보수 일을 했지만, 내 생애 단 하루도 힘들다고 생각한 적이 없습니다. 나는 내가 하는 일을 사랑하고, 함께 일하는 사람들을 사랑합니다."

그들은 참가자들이 다른 사람을 돕는 것과 다른 사람으로부터 배우는 것에 대해 할 말이 많기 때문에, 대인관계와 관련된 그룹이라고 말했다. 그리고 많은 사람이 휴가를 학습경험으로 이야기하는 것으로 보아 호기심이 많은 그룹이라고 말했다. 마지막으로 다른 사람의 학습에 초점을 맞췄다. 예를 들어 한 남성은 자신의 딸과 그녀의 축구 실력이 꾸준히 향상되는 것을 즐겁게 설명했다. 또 다른 여성은 직장에서 자신이 가르치는 사람이라고 생각하고 구성원들의 발전에 희열을 느낀다고 말했다.

비전 형성하기

회기가 끝났을 때, 우리는 DTE 에너지가 코리 먼들 같은 사람들로 이루어진 네트워크 전체를 집합시켰다. 그들은 자신의 일을 해낼 준비가 된 긍정 에너지 전파자들이었다. 그 다음 몇 달 동안 그들이 한 일은 매우 인상적이었다.

비전 선언문

첫째, 그들은 조직의 목적과 자신의 목적을 일치시켰으며, 향후 18개월 동안 일어날 수 있는 일에 대해 현실에 기반을 둔 비전 선언문를 만들었다. 징거맨스에서와 마찬가지로, 그들은 마치 시간을 되돌아보는 것처럼, 자신의 선언문을 썼다. 다음은 그들의 비전 선언문이다.

2018년 12월 19일 수요일

긍정의 에너지 전파자 네트워크[PEN]가 코플리 힐에서 킥오프 이벤트를 한 지 벌써 18개월이 지났다는 사실이 믿기 어렵다. 그룹으로서, 우리는 매우 많은 발전을 했고, 우리의 작업은 DTE 에너지 전반에 자리를 잡았다는 것을 알 수 있다. 우리는 DTE가 긍정적 조직이 되는 것에 대한 이해를 높이는 데 도움을 주었다. 이제 목적 중심의 긍정적 조직의 일부가 되는 것이 '멋진 것'이 아니라, 결과와 관계 둘 다에 가치를 두는 것으로 정의할 수 있다.

"무엇"에만 초점을 맞추는 것이 아니라 "결과 뒤에 숨은 "어떻게"와 "왜"에 초점을 맞추는 것이라는 사실을 이제 잘 이해하게 되었다.

오늘 오후, 네트워크는 정기회의 형태로 함께 모였는데, 내가 이 미팅을 고대하는 이유는 나에게 활력을 불어넣어 주고, 자주 보지 못하는 동료들을 만날 수 있기 때문이다.

나는 우리의 첫 회의를 기억한다. 그때 우리 모두는 이 네트워크가 도대체 무엇인지 확신할 수 없었고, 그러한 불명확성에 대처하기가 매우 어려웠다. 우리는 지금도 새로운 회원에게 2017년 새해맞이 수련회에서 있었던 '눈 감고 텐트치기' 활동에 관해 말하면서 즐겁게 웃는다. 그러나 그러나 지난 18개월에 걸쳐 우리는 "다리를 놓으며 걸어가는 일"이 활력을 준다는 사실을 깨달았다. 특히 PEN 네트워크 같은 긴밀한 관계를 가진 공동체 내에서 그 일을 할 때 더욱 그랬다. 우리는 불명확성에서 시작하여 개인, 팀, 회사에 긍정적 영향을 미칠 수 있는 명확한 목적 개발에 이르기까지 나아갔다.

지난 1년 반 동안, 우리는 긍정적 리더십을 실행하는 다른 조직들을 방문했다. 앤아버의 멘로 이노베이션과 그랜드래피즈의 캐스케이드 엔지니어링을 방문했으며, 앞으로 더 많은 방문 계획이 있다.

지난 5월, 우리 네트워크 멤버들 중 80%가 로스경영대학원의 긍정적 비즈니스 콘퍼런스Positive Business Conference에 참석했다. 우리는 DTE에 적용한 세 가지 핵심 학습사항을 확인했는데, 6개월이 지난 지금 긍정적인 결과를 보이고 있다.

우리가 다른 사람으로부터 배우기만 하는 것은 아니다. 이제는 우리가 성취한 것을 가르치고 공유할 기회를 갖게 되었다. 우리가 팀으로서 함께 실험하고 작업한 것을 열심히 기록해왔기 때문에, 2019년 긍정적 비즈니스 콘퍼런스에서 우리 자신의 활동을 보여주기 위해 로스 측과 의논하고 있다. 또한 우리는 회사의 모든 리더를 대상으로 한, 2019년도 회의 의제로 채택되었다.

첫 18개월 동안의 성취사항은 다음과 같다. 우리는 약 20명에서 시작해 현재는 40명에 이르는 성장을 했다. 이러한 성장은 우리가 만나고, 이 작업에 관심을 보였던 다른 타고난 에너지 전파자들을 불러들인 결과다. 우리는 그룹의 응집력을 유지할 수 있도록 성장을 적극적으로 관리했다. 네트워크는 4주에서 6주마다 한 번씩 만나며, 멤버의 90%가 직접 혹은 스카이프로 참석한다. 네트워크 하위 그룹은 더 자주 만나, 그 시간을 활용하여 열정적인 관심을 지닌 영역에 대한 실험을 한다.

또한 우리는 지난여름에 네트워크 노드node를 시작했다. 원래 PEN의 멤버 중 15명이 선도적으로 5명에서 25명 규모의 새로운 네트워크를 구축하고, 우리 작업의 영향력을 확대했다. 회의에서 우리는 자신의 영역에서 벌어지는 일과 관련된 성공 사례를 공유하고 교환한다.

현재까지 우리가 가장 크게 기여한 것 중 하나는 다른 리더와 개인 기여자들을 가르쳐 그들의 팀 내에서 성공적으로 신뢰와 권한 부여를 하도록 한 것이다. 뿐만 아니라 모든 팀원이 탁월함을 발휘하고 바람직한 결과에 대해 서로에게(그리고 우리 자신에게) 책임을 질 능력이 있다고 확고히 믿는 것이 참여와 권한부여 둘 다를 촉진할 수 있는 강력한 도구가 된다는 사실을 발견했다.

우리는 다양한 방법들을 검증하여 강력한 결과를 도출했으며, 이러한 방법들을 회사 전체에 전파했다. 정착된 몇 가지 변화의 예는 다음과 같다.

★ 성과 논의는 긍정적 리더십의 시각을 통해 이루어지며, 지속적인 피드백, 코칭, 책임감에 대한 대화를 포함한다.

★ 대화에 활용할 긍정적 실천사례 추천을 위해 전략회의와 그밖의 지속적인 개선 응용 사항에 관한 지침을 업데이트했다.

★ 개인 및 기업의 목적은 DTE 주변의 통상적인 토론 주제이며, 리더와 개인 기여자들은 질문을 받았을 때 쉽게 자신의 개인 목적을 공유할 수 있었다.

우리 네트워크는 성장을 위한 힘 Force for Growth: 지역 공동체에서 발전을 촉발시키는 회사를 일컫는 개념을 일상적인 업무로 통합하는 것을 둘러싼 문화로 바꾸는 데 있어 매우 중요한 역할을 했다. 긍정적 리더십의 강령과 우리 공동체의 성장 동력 사이에는 겹치는 부분이 많이 있기 때문이다. 핵심가치로 볼 때, 그 두 집단의 노력에는 다른 사람들에 대한 봉사와 우리가 옳은 일을 할 때 옳은 결과가 따른다는 이해가 포함된다. 우리는 일상 업무에 FFG를 통합시키는 데 주도적 역할을 했으며, 통합을 가속시키는 핵심 실천방안을 찾아냈다.

우리가 어떻게 FFG의 통합을 도왔는지에 대한 소식이 전해지면서, 회사 전반에 걸쳐 대규모 전환에 필요한 몇 건의 다른 중요한 프로젝트를 지원해 달라는 요청을 받았다. 우리가 실패의 두려움을 어떻게 가장 잘 극복할 수 있는지를 실험을 통해 증명했기 때문에, DTE가 혁신을 익숙하게 받아들이는 회사가 되도록 도울 수 있었고, 새로운 일의 시도와 혁신적 해법의 창출에 초점을 맞출 수도 있었다.

우리가 번창한 것처럼, DTE 에너지도 그러했다. 참여도가 높았는데, 우리는 갤럽 수치를 최대로 끌어올렸고, '갤럽 이후'의 세계에서 '위대함'이 어떤 모습인지를 확인하고, 이제는 다른 측정도구를 사용한다. 설문조사 피드백을 통해, 더 많은 구성원이 자신의 '온전한 자아'를 직장에 쏟는 것을 환영한다고 느끼고 있으며, DTE 에너지도 구성원의 관심사인 발전, 포용, 기여의 기회 등을 지식의 향상을 통해 지원하고 있다.

밝은 미래 : 나는 회의장소로 들어서면서, 회의 전 친목시간에 어울리는 신입 회원뿐만 아니라, PEN 동문들을 보고는 너무 기분이 좋았다. 오늘, 우리는 혁신, 이념 관리, DTE 혁신자들의 인식을 둘러싼 문화의 변혁에 우리가 어떻게 영향을 미칠 수 있는지를 논

의하고 있다. 다양한 기회는 리더로서의 나 자신에 대해 더 많이 배울 기회를 가져다주고, 이 여정에서 우리는 배우기를 결코 멈추지 않을 거라는 점을 상기시킨다.

나는 내년에 어떤 일이 일어날지 너무나 설렌다!

비전부터 계획까지

비전 선언으로 사람들은 다음과 같은 일련의 잠재적 행동을 확인할 수 있었다.

★ 자신의 사업부에서 네트워크 모임을 시작한다.

★ 다른 리더와 개인 기여자들이 그들의 팀 내에서 성공적으로 신뢰와 힘을 기를 수 있도록 가르친다.

★ 모든 팀원이 탁월성을 발휘하고, 원하는 결과에 대해 서로 책임질 수 있는 역량에 대한 강한 신념을 키운다.

★ 적극적 리더십 시각을 통한 성과 관리의 토론을 이끌고, 지속적인 피드백, 코칭, 책임에 대한 대화를 포함한다.

★ 대화에 포함시킬 수 있는 적극적 관행에 대한 권고사항을 포함하도록 모이회의와 다른 CI 응용 프로그램에 대한 지침을 업데이트한다.

★ DTE에 관한 일반적인 토론 주제를 만들고 리더와 개인 기여자들

이 요청 시 자신의 목적을 쉽게 공유할 수 있도록 격려한다.

★ 우리의 일상적인 업무에 FFG를 통합하는 데 있어 리더십 역할을 수행하고, 통합을 가속화 할 수 있는 주요 작업 방식을 확인한다.

★ 실패의 두려움을 어떻게 다룰 것인지에 대한 권고사항을 만들어, 실패를 손실이 아닌 학습과정의 필수적인 부분으로 여기게 한다.

★ 더 많은 구성원이 '온전한 자신'으로 출근하는 것이 환영받는 일이라고 느끼도록 만든다.

적극적인 에너지 전파자들이 설정한 더 많은 목표는 이 장 부록을 참조하라.

요약

조직 전체에 걸쳐 더 높은 목적의 수용을 촉진할 수 있는 긍정의 에너지 전파자의 개념은 전통적인 주인-대리인 모형에서는 고려되지 않은데, 이 모형에서는 정서가 아무런 역할을 하지 않기 때문이다. 실제로 정서적 기질로 인해 타고난 변화의 리더가 되는 긍정 에너지 전파자들은 모든 조직에서 찾을 수 있다. 이를 확인하여 연계시키고 권한을 부여하면, 이들은 고위 리더들이 요청할 생각도 못한 일들을 하게 된다. 따라서 목적 중심 조직 창출의 여덟 번째 반직관적 단계는 이러한 긍정 에너지 전파자들의 기를 펴게 하는 것이다.

시작하기 : 수단과 연습

토론회를 열어 다음과 같이 체계를 짠다.

1단계: 모든 사람에게 이 장을 읽게 하고, 긍정의 에너지 전파자 네트워크를 만든 여성의 사례와 DTE에서 긍정의 에너지 전파자 네트워크를 탄생시킨 사례에 특별한 주의를 기울이게 한다.

2단계: 모든 사람에게 다음 질문의 답을 쓰게 한다.

★ 첫 번째 사례에서 긍정의 에너지 전파자 네트워크 진화의 핵심 요소는 무엇이었나?

★ 첫 번째 사례에서 우리 조직에 적용 가능한 것으로 검토해야 할 원칙들은 어떤 것인가?

★ DTE의 긍정 에너지 전파자 진화의 핵심 요소는 무엇이었나?

★ DTE 사례에서 우리 조직에 적용 가능한 것으로 검토해야 할 원칙들은 어떤 것인가?

3단계: 상기 토론을 토대로, 조직의 긍정의 에너지 전파자 네트워크를 확인하고, 그들을 개발, 육성하기 위한 일련의 지침을 만든다.

14장의 부록

1.

상기 목록을 사용하여, 긍정의 에너지 전파자 네트워크PEN 멤버들은 더 광범위한 일련의 목표를 만들었다. 더 높은 목적을 지닌 회사가 되기 위해, 그리고 더 긍정적인 문화를 만들기 위해, 그들은 회사 전체로 긍정적인 관행이 확장되길 원했으며, 신뢰를 높이고 권한위임을 권장해 책임감을 함양하고, 그들이 선언한 열망을 향해 나아가야 한다고 인식했다. 이러한 일들을 성취하기 위해, 다음과 같은 목표를 설정했다.

a. 개인적 개발

ⅰ. 2018년 1~2월 중에 PEN 회원들은 각기 다른 리더 및 회원들에 대한 롤 모델로서 봉사하기 위해 한 해 동안 개인적으로 수행할 긍정의 리더십 목표 하나를 서약한다.

ⅱ. PEN 회원은 목표를 완수하기 위해, PEN 내에서 서로 돕는 책임 파트너를 갖는다.

b. 회사의 개발

ⅰ. 적극적인 관행을 실행하는 구성원들의 수를 늘리기 위해 다른 사업부에 8~10개의 조를 만들고, 2018년 말까지 적어도 세 번의 회의를 한다.

ⅱ. 2018년 2월 PEN 회원과 임원이 이 작업을 통하여 DTE가 어떤 혜택

을 입는지에 대한 이해를 돕는 보고서를 출간한다.

iii. 자신의 임원 및 팀/조와 함께 세 가지 핵심 교육을 공유할 10~15명의 PEN 멤버들이 2018년 5월 긍정적 비즈니스 콘퍼런스에 참가한다.

iv. 2018년 PEN 회원 총회에서 PEN의 소개와 한 해 동안 있었던 8~10개의 긍정적 관행을 소개한다.

v. 2018년 한 해 동안 PEN 회원 팀을 위한 7~10개의 긍정의 리더십/긍정적 관행을 '오찬 및 학습'으로 진행한다.

2.

다음 작업을 통해 PEN에 의해서 밝혀진 차이를 이해하고 보다 명확한 해결안을 만든다.

a. 회사의 개발

i. 2018년 봄에 신뢰와 권한 부여, 목적, 혁신, 실패의 두려움 처리, 책임과 탁월성에 대한 분석과 포커스 그룹 인터뷰를 실시한다.

ii. 특정 차이를 확인하는 회사 및 각 하위 그룹 주제를 '처음부터 끝'까지 기록하고, 2018년 6월 1일에 완결한다.

iii. 2018년 잔여기간과 2019년까지의 차이를 최대한 해소하기 위해 모색한 결과를 토대로 다음 단계의 실행계획을 수립한다.

3.

각 하위 그룹의 주제인 신뢰와 권한 부여, 목적, 혁신과 실패에 대한 두려움, 책임과 탁월성과 관련해, 관행을 적용해 비즈니스 사안을 해결한다. 이는 다음과 같은 활동을 통해 달성될 것이다.

a. 3월 15일까지 각 하위 그룹은,

ⅰ. 한 멤버의 팀 혹은 부서에 영향을 미치는 단일 도전과제를 확인한다.

ⅱ. 차이와 바람직한 결과를 명확하게 표현한다.

ⅲ. 주제를 둘러싼 전략들을 브레인스토밍한다. 예를 들어 '팀원 간의 신뢰 증대' 등이 있다.

ⅳ. 차이에 대한 적절한 행동조치를 선택한다.

b. 3월 20일 PEN 팀 회의에서, 각 하위 그룹은 그들의 도전과제 및 제안된 전략에 대해 보고하고, 더 큰 팀으로부터 피드백을 받는다.

c. 3월 20일 회의 후, 하위 그룹 팀원들은 실험을 시작하고 그 결과를 기록하여, 9월 12일 PEN 회의에서 더 큰 PEN 팀과 공유한다.

4.

1만 명의 모든 구성원과 함께 다음과 같은 실천을 통해 전사적인 에너지와 가능성을 창출하는 방법으로 DTE에 성장형 사고방식을 도입한다.

a. 개인적 개발

ⅰ. 각 PEN 구성원들은 2018년 4월 1일까지 캐럴 드웩이 쓴 사고방식을 읽는다.

ⅱ. 4월이나 5월의 한 주 동안, 각 PEN의 구성원들은 자신의 일상 업무에서 고정된 사고방식의 예를 확인하는 활동을 완료하여, 그 예들을 어떻게 성장 사고방식 접근법으로 전환할지에 대한 아이디어를 기록한다.

ⅲ. 이러한 연습을 통해, PEN 구성원은 성장 사고방식의 기회를 이해하고 확인하는 전문지식을 구축하여, 조직의 다른 리더들을 가르치고 지도

할 수 있다.

iv. PEN 구성원들은 5월 15일 회의에서 연습 결과에 대한 통찰을 공유한다.

b. 회사의 개발

i . 7월 3회차에서 성장 사고방식 대사로서의 역할을 수행한다(구체적 활동
TBD).

ii . 우선순위 위원회에 TBD 날짜까지 성장 사고방식 접근법을 방해하는
조직의 장애물(예를 들어 정책 및 과정)을 제거하기 위한 적절한 권고를 한다.

iii. 7월 3회차 전후에 성장 사고방식에 대해 PEN 조원들을 지도한다.

iv. PEN 구성원들이 결정한 다른 활동들을 한다.

우리가 DTE 리더들을 마지막으로 방문했을 때, 그들은 긍정의 에너지 전파
자 네트워크에 대해 아주 잘 설명했다. 네트워크는 완벽하게 작동하고 있었
고, 목표 대부분을 열정적으로 추구하고 있었다. 그들은 고위직들이 요구할
생각도 못했던 일들을 하고 있었다.

15장

실전편

자주 묻는 질문에 대한 답

이 책에서 우리는 목적 중심 조직을 만들기 위해 더 높은 목적의 경제이론과 여덟 가지 반직관적 지침을 제안했다. 7장부터 14장까지는 시작하는 데 도움이 되는 실천 및 방법을 제공했다. 우리가 지적한 것처럼, 대부분의 임원들은 목적 중심 조직을 만드는 것을 회피하는데, 그들은 믿지 않는 일에 참여하는 것을 달가워하지 않기 때문이다. 목적 중심 조직을 만드는 일은 전통적 믿음의 탈바꿈을 요구한다.

이 장에서는 실행 전문가들로부터 받은 주요 질문에 대한 답을 실었다. 그 답은 당신의 두려움을 가라앉히고, 실행에 옮기는 것을 도울 수 있다. 질문은 세 가지 범주에 속한다. 즉 더 높은 목적의 본질, 더 높은 목적의 경제학, 목적 중심 조직의 창출이다.

자주 하는 질문

더 높은 목적의 본질

Q1 더 높은 목적이란 무엇이며, 개인에게 어떤 영향을 미치는가?

A 더 높은 목적은 공공선에 이바지하기 위한 진정성 있는 또는 진실한 의도다. 이것은 당신이 이루고자 하는 최고의 기여다. 당신이 할 수 있는 가장 중요한 일을 하고 있으므로, 그 결과가 매우 중요하다. 결과를 추구하고 생산함으로써, 의미를 만들어낸다. 당신의 가장 높은 목적은 당신의 소명이 된다. 그 목적에서 본질적인 동기를 찾는다. 당신은 외적인 보상과 처벌로부터 영향을 덜 받게 된다.

당신은 완전한 참여와 사랑으로 더 높은 목적을 추구한다. 확신에 찬 열망으로 어떤 의도를 추구하면, 배움에 속도가 빨라지고 더 높은 수준에서 일을 수행하게 된다. 완전한 참여로 목적을 추구하면 탁월성을 발휘하고, 그 과정에서 새로운 자아가 드러난다. 그 자아는 더욱 진실하며 더 깊어진 덕목들로 이루어진 새로운 체계를 가지게 된다. 이러한 창발적, 품성을 갖춘 자아로 당신은 진정한 자존감을 갖게 되고, 타인에 대해 더 긍정적 지향성을 갖는다.

Q2 더 높은 목적은 어디에서 오는가?

A 개인적인 더 높은 목적은 사회에 기여하려는 심오한 동기에서 나오며, 당신이 하는 일과 연계되어 있다. 마찬가지로 조직의 더 높

은 목적은 친사회적 기여를 하고 싶은 조직 구성원들의 심오한 동기에서 나오며, 그 조직이 하는 사업과 연계되어 있다. 규범을 벗어난 일에서 일어나는 깊은 성찰을 통해 더 높은 목적을 찾을 수 있다. 이러한 종류의 성찰은 모든 사람이 극복해야 할 고뇌의 한 형태다. 개인적으로 더 높은 목적을 찾기 위한 이런 성찰은 일반적으로 개인적 위기에 의해 주도되며, 새로운 정체성과 운명을 찾게 만든다.

당신 인생의 이야기는 자신의 이론이다. 위기 상황에서는 삶의 이야기가 혼란을 겪는다. 훈련된 성찰에 의해서만 나의 이야기를 복구하고 향상시킬 수 있다. 일상생활 속에서 자율적인 선택과 훈련된 자아성찰을 통해서만 같은 목적을 달성할 수 있다. 그런 작업을 하면서, 작은 에피소드에서 삶의 서사를 새롭게 하고, 업그레이드시킬 수 있다.

Q3 어떻게 조직의 더 높은 목적과 개인의 더 높은 목적을 비교할 수 있는가?

A 개인의 더 높은 목적과 마찬가지로, 조직의 더 높은 목적도 흔히 위기에서 나온다. 그러나 집단적 반성의 형태에서도 나올 수 있다. 조직은 다수 행위자들의 깊은 감정을 활용하여, 집단적 서술로 그들의 요구사항을 통합해야 한다.

Q4 더 높은 목적을 어떻게 찾는가?

A 더 높은 목적은 만들어내는 것이 아니라 찾아야 한다. 그러한

발견은 주관적인 영역에서의 힘든 작업을 필요로 한다. 리더는 구성원과 소비자 혹은 고객의 요구와 관심사항을 깊이 이해해야 한다. 더 높은 목적을 어떻게 찾고 명확히 표현하는지에 대한 통찰은 8장을 참조하기 바란다.

Q5 더 높은 목적은 목표처럼 실제로 달성하는 것인가?

A 아니다. 더 높은 목적은 북극성처럼 언제나 안정된 방향을 제시하고, 시간이 흐름에 따라 기여할 수 있는 길을 인도해주는 나침반과 같다. 더 높은 목적이 '긍적적 변화에 영감을 주는 것'이라면, 모든 상황에서 그렇게 해야 한다. 한 상황에서는 완전히 성공할 수 있고, 다른 상황에서는 전혀 그렇지 않을 수도 있지만, 모든 상황에서 목적을 견지해야 한다. 조직에서도 마찬가지다. 나침반이나 북극성처럼 모든 여정에서 길을 인도하듯이, 조직도 그러한 목적을 견지해야 한다.

Q6 시간이 지남에 따라 더 높은 목적이 변하는가?

A 세상은 계속해서 변한다. 개인과 조직은 항상 적응해야 한다. 개인 혹은 조직이 더 높은 목적을 따를 경우, 지속적으로 학습에 참여하면서 불확실성 속으로 나아가게 된다. 목적은 가치 있는 기여를 하고, 유용한 자원을 끌어당긴다. 목적은 역동적인 학습 과정을 통해 앞으로 나아가도록 한다. 목적 중심 구성원과 조직이 앞으로 나아감에 따라, 그들은 성찰을 계속한다. 그 결과, 경우에 따라서 명확

성을 높이고, 더 높은 목적을 수정한다. 그 변화가 크거나 작을 수도 있지만, 진정성이 있다면 구성원들은 그에 응답하기 시작한다.

Q7 더 높은 목적을 어떻게 유지하는가?

A 더 높은 목적을 추구할 때, 심오한 배움과 기여를 성취한다. 이로부터 당신은 본질적인 만족을 얻고 결과를 이루고 싶은 욕망을 갖는다. 개인 목적선언문을 갖게 되면, 선순환이 이루어진다. 순환은 스스로 지속되지만, 깨지기도 쉽다. 따라서 감시하고 관리하지 않으면 무너지고 만다. 지속적으로 성찰과 행동을 통합해야 한다.

Q8 두 개 이상의 더 높은 목적을 가질 수 있는가?

A 개인적 차원에서는, 두 개의 더 높은 목적을 가지고 있다고 결론을 내릴 수 있다. 하나는 직장 하나는 개인적 삶에서다. 두 개의 목적선언문은 큰 도움이 될 수 있다. 그러한 경우, 당신의 더 높은 목적을 찾기 위한 행보가 선행한다. 그러나 도전과제가 하나 있다. 가장 높은 목적을 찾으면, 그것이 삶의 모든 면을 통합하고, 모든 의사결정의 결정권자가 된다. 그것을 서로 연계시키기 위해서는 시간과 인내심을 가져야 한다. 조직에서도 두 개 이상의 더 높은 목적을 가질 수 있지만, 서로가 보완하는 것이어야 한다. 예를 들어 "고객에게 봉사하고, 미래에 기업가가 될 구성원을 훈련한다"는 징거맨스의 더 높은 목적은 서로를 보완하는 목적으로, 구성원의 적극적 참여와 고객의 만족을 창출한다.

Q9 당신은 왜 진정한 더 높은 목적을 강조하는가?

A 진정성이란 말은 아마도 이 책에서 가장 중요한 단어일 것이다. 위계적 경제 생활에 관한 전통적인 가정을 하는 사람들은 진정성이란 개념을 이해하지 못한다. 그들 중 많은 사람이 진정한 소통이 어떤 것인지 상상하지 못한다. 진정성을 지닌 사람은 가슴과 사고방식이 일치하는 진실된 삶을 살아간다. 관리자가 리더가 되면, 그들은 더 진정성 있고, 목적 중심적이 된다. 더 높은 목적이 진정성에 기반을 두지 않는다면, 신뢰와 협업을 무너뜨린다. 더 높은 목적을 거래 게임의 도구로 접근하면, 구성원은 즉각 그러한 위선을 알아챈다. 그들은 더욱 냉소적이 되고, 그런 경영 사고방식은 조직에 해를 끼친다. 자신을 진정한 상태로 끌어올릴 수 없다면, 목적 있는 일을 피하라. 이 문제에 도움을 줄 수 있는《리더십의 근본적인 상태로 사는 방법 Lift: How to Living in the Deginal State of Leadership》이란 책을 추천한다.[63]

Q10 더 높은 목적이 영성과 관련이 있는가?

A 영성을 연구하는 연구자들은 하나의 정의에 대한 의견일치를 위해 노력한다. 그러나 공통적으로 받아들여지는 정의 중 하나는 "나는 나 자신보다 더 큰 무언가의 일부 같은 느낌이 든다"라는 언급에서 포착된다.

영적 경험을 한 사람들은 자신을 '대양 같은'으로 설명하는 경향을 보인다. 그들은 자신이 하나의 거대한 전체의 일부라는 느낌을 갖고 있다. 유신론자는 흔히 신과 관련된 경험을 하지만, 무신론자는 자연, 음악 혹은 어떤 다른 영역에서 이러한 경험을 한다. 조직에서는 더 높은 목적이 흔히 목적 중심 조직PDO의 특성인 신뢰, 결속, 협업, 집단지성, 미래의 공동창조로 이어진다. 이러한 조직에서는 사람들이 종종 하나의 거대한 전체의 일부로 느끼고, 영적인 경험을 할 수도 있다.

더 높은 목적의 경제학

Q11 더 높은 목적의 '경제학'이란 무엇인가?

A 더 높은 목적의 '경제학'은 더 높은 목적이 자선이 아닌 조직의 주요 사업과는 구분되는 어떤 것을 말한다. 더 높은 목적의 경제학은 조직의 사업에 밀접하게 연계되어 있다. 사실, 더 높은 목적이 모든 사업에서 의사결정의 결정권자이기 때문에, 우리는 더 높은 목적과 사업 목적의 교집합에 초점을 맞춘다. 따라서 그것은 구성원들의 행동과 사업의 의사결정에 영향을 미치며, 더 높은 목적의 추구는 경제적 결과를 얻는 것을 추구한다.

Q12 우리는 왜 지금 더 높은 목적의 경제학이 필요한가?

A 설문조사에서 젊은 구성원들은 더 높은 목적에 깊은 관심을 가

지고 있으며, 그들은 자신의 일에서 그 의미를 찾고 싶어 한다. 고객들은 공정한 가치와 내재된 선을 대변하는 제품을 원한다. 투자자들은 더 높은 목적을 지닌 조직에 대한 새로운 수요를 서서히 보기 시작하고 있다. 이러한 움직임은 느리게 진행되어 왔지만, 이제 큰 차이를 만들 수 있는 시점인 티핑 포인트에 도달하고 있다. PDO 생성에 대한 요구는 증가하고 있으며, 더 강해질 것이다. 기업들이 진정한 더 높은 목적을 채택하지 않는 경우, 자본주의에 대한 불만이 고조되어 우리 삶의 전체적인 경제방식이 위협받게 될 것이다.

Q13 전통적인 경제학에서는 무엇이 잘못되었나?

A 전통적인 경제학에서 잘못된 것은 없다. 전통적인 경제학은 건전한 이기심의 원리를 토대로 하며, 기업의 명백한 객관적 기능을 나타낸다. PDO에서는 그러한 경제학이 더 높은 목적에 의해 보완되며, 더 높은 목적이 구성원에게 명시적인 금전적 보상 없이도 이기심을 공공의 선에 예속시키는 목적 중심 리더와 주인 같은 행동을 하도록 장려하는 강력한 방법을 제공한다. PDO에서는 주인 – 대리인 모형에서의 계약 마찰이나 그에 따른 가치 손실이 줄어든다.

Q14 더 높은 목적을 추구하는 경우, 이익을 낙관할 수 있는가?

A 그렇다. 우리는 더 높은 목적 추구하면서 이익과 주주가치의 극대화라는 사업 목표의 교집합을 찾을 수 있다.

Q15 PDO 창출에 따른 경제적 수익은 무엇인가?

A 더 높은 목적이 경제적 이익에 대한 기대 없이 추구되는 진정성이 있고, 조직에서 명확하고 지속적으로 소통한다면, 이익과 현금 흐름 같은 운영성과 측정뿐만 아니라 주가 같은 미래지향적인 척도에도 긍정적인 영향을 미친다.

Q16 더 높은 목적이 자본주의 및 사회주의와는 무슨 관련이 있나?

A 최근 갤럽에서 실시한 설문조사에서 밀레니얼 세대의 대다수가 역사상 처음으로, 자본주의보다 사회주의를 선호하는 것으로 나타났다.[64] 밀레니얼 세대가 그렇게 생각하는 이유는 그들이 자본주의의 어두운 면, 즉 비윤리적 행태, 벌금, 실패한 기업에 대한 납세자 비용의 구제금융 등을 봐 오면서, 자본주의 체제에서 기업의 친사회적 기여가 그다지 분명하지 않기 때문이다. 그들은 자본주의에 대해 환멸을 느끼며, 부분적으로 그 대안인 사회주의가 유토피아로 보이기 때문이다. 자본주의에 대한 젊은이의 마음과 생각을 다시 사로잡기 위해서는 기업들이 진정성 있는 더 높은 목적을 수용할 뿐만 아니라, 그들이 명백하고 가시적인 더 높은 목적을 추구하도록 해야 한다.

Q17 더 높은 목적은 내부적, 외부적으로 어떻게 나타나는가?

A 내부적으로 더 높은 목적은 구성원들에게 그들이 자기보다 더 큰 무언가의 일부라고 느끼게 하기 때문에 활력을 불어넣어 준다.

외부적으로는 더 높은 목적과 관련된 일을 하고 싶어 하는 다른 사람들과 고객을 끌어들인다.

Q18 더 높은 목적이 그렇게 영향력이 있다면, 왜 극소수의 조직들만이 수용하고 창출하는가?

A 더 높은 목적의 한가운데 깊숙이 자리 잡은 근본적인 경제적 패러독스 때문에, 조직들은 더 높은 목적 채택을 꺼림칙하게 여긴다. 더 높은 목적이 이익만을 목표로 추구하지 않을 경우 장기적으로는 적극적인 경제적 이익을 만들어준다. 하지만 조직들은 이익을 위한 일이 아니면 무언가를 추구하기를 주저한다. 그렇게 하는 것은 관리자들이 경영대학원과 경험적으로 배운 많은 것과 상반되기 때문이다.

Q19 투자자들은 더 높은 목적의 개념에 어떻게 반응할까?

A 이해 당사자들은 자신의 생각과 믿음에 따라 반응할 것이다. 편협한 경제적 사고를 지닌 사람들은 당연히 회의적일 것이다. 그들에게 새로운 차원의 이해를 불어넣지 않는 한 불쾌하게 여길 것이다. 여기서 진정성이 핵심적인 역할을 한다. 더 높은 목적이 속임수를 쓰는 얄팍한 수법인 경우, 이해 당사자들을 설득하고 영감을 불어넣는 데는 역부족일 것이다. 목적이 진정성 있는 시도라면, 점차 역량이 증대되어 외부 이해 당사자들이 더 높은 목적을 찾고 포용하는 데 끌리게 될 것이다. 목적이 투자자 집단에게 익숙해지고, 그 개

넘이 지속적으로 퍼져나가게 된다는 것을 유념하라. 더 높은 목적이 투자자들의 요구조건이 될 경우, 티핑 포인트에 도달할 가능성은 높아진다.

Q20 어떤 기준으로 더 높은 목적의 성공을 가늠할 수 있는가?

A 더 높은 목적을 성공의 통상적인 경제지표로 측정해서는 안 된다. 더 높은 목적이 모든 사업의 진정한 의사결정권자가 되고 있는지를 토대로 평가해야 한다.

목적 중심 조직 만들기

Q21 목적 중심 조직이란 무엇인가?

A 목적 중심 조직Puepose Driven Organization은 더 높은 목적을 추구하는 사회시스템이다. 조직은 목적을 이끌어가는 원칙으로 삼는다. PDO는 진정성과 공유를 목적으로 추구한다. 그 목적이 사업전략과 교차하고, 모든 의사결정의 결정권자가 되기 때문이다. PDO는 조직의 구성원들을 안정시키고 영감을 주는 목적 중심 문화를 갖는다. PDO는 경제학에서 주인-대리인 문제나 근로자의 이기적인 행동이 나타내는 긴장상태를 초월할 수 있으며, 모든 구성원이 주인이 된다. 또한 PDO는 자의적인 에너지를 가지고 직장에 오는 사람들로 구성된, 참여하는 인력을 갖게 된다.

Q22 목적 중심 조직은 어떻게 탄생하는가?

A 전형적으로 개인은 관리자로 시작하여 리더가 되는 과정을 거친다. 이러한 리더는 보다 본질적으로 주도적인 삶을 살기 시작한다. 또한 리더는 자신의 잠재력이나 성장을 누구보다 잘 알고 있으며 기존의 사고방식을 초월한다. 리더는 다른 사람이 새로운 방식을 보고 행동할 수 있도록 영감을 준다. 소셜네트워크의 영향으로 혁신적인 방식으로 행동하기 시작함에 따라, 사람들은 함께 새로운 문화와 조직을 창출한다.

Q23 무엇이 관리자를 PDO의 리더로 변하게 하는가?

A 위기 혹은 자기성찰 훈련을 통해 관리자는 큰 변화를 겪고, 새로운 정체성과 운명을 갖는다. 사람은 문화보다는 양심에 의해 더 주도된다. 그들은 새로운 욕망을 품으며, 목적, 진실성, 용기, 진정성, 공감, 겸손, 기타 덕목에 대한 감각이 고조된다. 그들은 이런 개별적 덕목을 드러내고, 그들의 적극적인 정서를 전염시킨다. 그들은 긍정의 관계 바이러스가 된다.

Q24 더 높은 목적과 어떻게 소통하는가?

A 진정성 있는 더 높은 목적이 모든 의사결정의 결정권자이기 때문에 리더, 중간관리자, 일선 구성원들까지 모든 행동이 더 높은 목적과 소통한다. 그들은 종종 관습에 얽매이지 않은 방식으로 행동하므로 모든 사람이 그 목적이 진정한 것임을 알 수 있으며, 또한 그들

은 목적을 진지하게 받아들인다. 그들은 모든 단계에서 새로운 계획에 착수하고 새로운 질서를 만드는 바이러스성 진행과정을 시작한다. 즉 상부로부터 새로운 지시를 그대로 받아 움직이는 것이 아니라 진정한 소통에 참여한 모든 사람이 공동으로 창출하게 한다. 더 높은 목적의 소통에 관한 통찰은 9, 10, 13장을 참조하기 바란다.

Q25 다양한 부서와 사람들이 있는 경우, 어떻게 PDO를 유지할 수 있나?

A 조직은 다양성을 통합해야 할 핵심 요구사항을 지니고 있으므로 분야, 지위, 성별, 인종 또는 국적을 바탕으로 부서별 차이나 다양성을 고려해야 한다. 관리자들이 그러한 차이를 통합할 수는 없다. 반면, 리더들은 자아보다는 성품에 의해 동기를 부여받으며, 진심 어린 관심을 보이고 사람들을 미래에 연계시키며, 스스로 생각하도록 돕는다.

신뢰를 형성하고 협업을 촉진함으로써, 리더는 사람들이 더 높은 목적에 연계할 수 있도록, 집단 지성과 협업 시스템에 통합될 때까지 사람들을 연계시키고 육성해야 한다.

Q26 다국적 기업에서는 더 높은 목적을 어떻게 창출하나?

A 다국적 기업은 지리적 경계를 넘나들고, 다양한 문화의 구성원들이 소속되어 있다. 이들은 서로 소통하는 데 어려움을 겪으며, 문화가 다른 사람들은 쉽게 통합될 수 없다고 생각할 수 있다. 그러한

가정은 사실이며, 그들은 쉽게 통합할 수 없다. 그러나 목적 중심 업무를 통해 통합될 수 있다.

이는 우리가 마지막 질문에서 다룬 다양성의 문제와 같다. 다양성의 통합은 모든 리더가 할 일이다. 어려운 작업이며, 새로운 발견을 필요로 한다. 즉 모든 사람은 특별하며, 모든 사람은 동일하다. 인간의 공통성을 발견하는 것이 목적 중심 일의 핵심이며, 리더가 반드시 이해하고 실행해야 할 심층학습 형태다.

Q27 더 높은 목적을 어떻게 조직의 하부 계층에 주입시킬 수 있나?

A 더 높은 목적은 조직의 하층부까지 완전히 주입시켜야 한다. 대부분의 임원은 이 일을 어떻게 할지 갈피를 잡지 못하며, 이는 더 높은 목적을 구축하려는 그들의 노력이 실패하는 원인 중 하나다. 목적을 조직 하부로 움직이는 방법은 12, 13, 14장을 참조하기 바란다.

Q28 조직이 더 높은 목적 추구를 성공하려면 어떤 변화를 해야 하는가?

A PDO는 주인-대리인 문제를 초월하여, 사회구조를 바꾼다. 또한 일방적인 수직적 소통이 정직한 논쟁, 진정한 대화, 새로운 집단학습으로 나타난다. PDO는 존중하는 관계를 유지하면서도 아이디어에 도전하는 것을 허용한다. 그리고 사람들이 스스로 자신의 에너지를 일터로 가져오도록 장려한다.

개인이 변함에 따라 집단도 변한다. 부정적인 동료 압박은 긍정적인 동료 압박으로 바뀐다. 사람들은 공동선을 위해 희생한다. 자발적인 선도 역할을 수행함으로써, 리더십이 공유된다. 기존의 외부 현실과 보조를 맞춘 새로운 질서가 나타난다. 성공이 성공을 낳고, 외부 이해 당사자들이 조직으로 몰려오며, 새로운 자원이 조직으로 흘러들어오기 시작한다.

Q29 모든 조직에 더 높은 목적을 적용할 수 있는가?

A 전통적 사고방식을 가진 사람들은 주어진 조직이 왜 목적 중심적이 될 수 없는지와 관련된 제약사항과 주장에 초점을 맞춘다. 그들은 현실적이고 만만치 않은 제약사항을 명확하게 표현한다. 그러나 리더십의 핵심적인 목적은 전통적인 제약사항을 초월하여, PDO를 창출하는 것이다. 이 책에서 우리는 가장 기술적이고 다양한 계층 분야의 노력으로 쌓아온 사례들을 제공하고 있다. 모든 영역, 특히 거래 계약만 강조하고 신뢰도가 낮은 조직일수록 PDO를 창출하는 것이 어렵지만, 그런 조직일수록 얻을 것이 가장 많다.

PDO를 시작할 수 있는 한 가지 방법은 논리를 무시하고 더 높은 목적으로 운영하는 동일업종 영역의 조직을 찾는 것이다. 우리는 종종 사람들이 "월스트리트에서는 절대 안 통할 걸요"라고 말하는 걸 듣는다. 그러나 지미 던은 월스트리트에서 PDO를 만들고 있는 사람이다(9장 참조). 우리가 이런 사례를 들면, 사람들은 "그건 예외적인 경우고요"라고 반응하고는, 목적 작업의 책임에서 벗어날 수 있는 그들 조직에 관한 다른 변명거리를 찾는다.

탁월성이 존재하는 정상적인 곡선의 끝을 살펴보면, 그곳에서 불가능을 가능하도록 상상하는데 도움이 되는 긍정적 일탈을 경험할 것이라고 제안한다. 기억하라, 그것이 실재한다면, 그것은 가능하다.

Q30 기업문화는 더 높은 목적을 찾고 추구하려는 노력에 어떤 영향을 미치는가?

A 대부분의 기업과 조직은 기존의 문화를 가지고 있다. 문화는 스스로 보존하는 기능을 하며, 현저한 변화를 제안하는 사람은 오히려 해를 입는다. 이러한 이유로 변화의 대리인은 목적 중심 리더가 되어야 한다. 대부분의 임원은 우리처럼 두려워하므로, 대부분의 조직도 목적 중심적이 되지 못한다. 리더는 기존 문화를 더욱 긍정적인 방향으로 계속 나아가도록 함으로써 갈등을 만들어야 하는 소명의식을 지니고 있다.

Q31 조직이 PDO로 성공했다가 실패하는 경우, 다시 회복할 수 있는가?

A 탁월성은 깨지기 쉽다. 한번 성취했다가 잃게 되면, 사회 시스템이 너무 깊은 상처로 회복할 수 없다고 생각하는 경향이 있다. 하지만 그런 조직에는 유용한 자산과 실패한 업무경험 기억으로 내재된 소중한 자산이 남아 있다. 두 가지 현실을 표면화하고 검토하여 조직에서 어떻게 생활하기를 원하는지 탐구한 다음, 스스로 현 시점에서 어떻게 탁월성을 창출할 수 있는지를 물을 수 있다.

Q32 당신은 목적 중심 조직을 갖기를 원하지만, 당신 상사와 동료들이 그렇지 않을 경우에는 어떻게 해야 하는가?

A 이러한 상황에 처한 사람은 아무것도 할 수 없다고 결론 내리는 경향이 있다. 그런 결론은 그 행위자가 여전히 전통적인 경영 사고방식에 젖어 있음을 가리킨다. 그러나 리더는 변화시킬 수 있는 사람이다. 리더는 자신의 부하, 동료, 상사들의 믿음을 탈바꿈시킨다. 이 질문이 당신의 관점을 반영하고 있다면, 자신의 가장 높은 목적을 찾아 내적 통제성을 가지고 살기 시작하라. 그렇게 하면 당신이 할 수 없다고 생각하는 일을 어떻게 해야 하는지를 배우게 될 것이다.

Q33 PDO를 만드는 데 필요한 시간과 에너지를 어떻게 마련하는가?

A 전통적인 관리자는 의미 없는 반사적이고 두려움으로 가득 찬 삶을 산다. 그는 성찰할 시간이나 에너지를 가질 수 없고, 새로운 변화를 위한 다른 방안도 한정되어 있다. 목적 중심 리더에게는 가장 높은 목적을 추구하는 것보다 우선시되는 것은 없다. 목적을 추구하게 되면, 역설적으로 에너지가 생성되고 시간이 절약된다. 목적 중심 리더는 모든 일에 몰입한다.

Q34 회사가 이미 성공했다면, 어떻게 PDO가 될 수 있는가?

A 일반적인 답을 하면 '불타는 플랫폼'(큰 위험을 감수하고서 변화를 모

색할 수밖에 없는 상황: 역주) 만드는 것이다. 관심을 끌고 헌신을 강요할 몇 가지 문제가 있다. 우리의 대답은 불타는 욕망을 만들어내는 것이다. 현실세계에서 주변을 둘러보고 탁월성을 찾아서, 그 탁월성을 이해하고 그것을 자신이 가장 필요로 하는 사항에 연계시키고, 스스로 그 탁월성에 맞춰 지속적인 모범이 되고 열망을 계속 이야기하며 모든 전략과 과정을 그 탁월성과 조화를 이루어야 한다. 이 접근방식은 강박보다는 사람의 마음을 끄는 것을 바탕으로 한다.

Q35 어떤 실패가 더 높은 목적과 일치시킨 결과이고, 어떤 성공이 더 높은 목적에 일치하지 않은 경우일 때, 조직이 PDO라는 사실을 어떻게 받아들일 수 있는가?

A 이 질문이 보여주는 것처럼, PDO를 만드는 것은 결코 완전히 성공할 수는 없다. 조직은 복잡한 것이고, 갈등은 언제나 존재한다. 일부 프로젝트는 자연적으로 그 목적에서 벗어나 진화한다. 이익 측면에서 그 프로젝트들이 성공할 수도 있고, 목적 주도적 선도계획이 실패할 수도 있다. PDO를 유지하려면 지속적인 성찰이 필요하고, 모든 행동이 목적에 의해 주도되는지를 평가해야 한다. 이는 계속되는 실패와 회복으로 이어지는 여정이다.

Q36 PDO에 속해 있지만, 더 높은 목적과 일치하지 않는 프로젝트에서 일하는 경우에는 어떻게 하는가?

A 이건 쉬운 일이다. PDO를 가지고 있고, 더 높은 목적과 일치하

지 않는 프로젝트에서 일한다면, 목소리를 높여 그 프로젝트에 이의를 제기할 수 있다. PDO에 소속되어 있기 때문에, 공개적으로 그 사안을 논의하여 모든 사람이 만족하는 합의에 이르게 될 것이다. 그렇지 않다면 PDO를 가지고 있는 것이 아니다.

Q37 더 높은 목적이 훌륭한 재능을 발견하는 것과 무슨 관련이 있는가?

A 목적 중심적이 된 기업은 사람들에게 가치를 부여하는 탁월성의 문화로 진화된다. 이러한 문화는 대부분 조직에서 나타나는 전통적인 거래 문화와는 다르다. 재능 있는 사람들이 PDO에 모여드는 것은 구성원들이 자신의 급여를 훨씬 뛰어넘는 자원을 얻기 때문이다. PDO가 된 조직은 자주 가장 일하기 좋은 직장 목록에 이름이 오른다.

Q38 더 높은 목적이 조직에 경제적 성공을 가져오면 이후 어떤 일이 일어나는가?

A 목적에 진정성이 있다면, '아무 일도 일어나지 않는다'가 답이다. 목적 없이 경제적 성공에 마음이 끌린다면, 리더십이 절실히 필요한 시점이다.

Q39 PDO가 만들어졌다면, 어떻게 계속 유지할 수 있는가?

A 조직은 역동적인 시스템이므로, 조직이 PDO가 되면 인간의

본성은 조직을 약화시키려 한다. PDO는 문화의 재건과 지속적으로 초점을 잃지 않으려는 리더에 의해 계속 유지된다.

그러한 초점이 관리자와 리더의 차이점이다. 관리자는 오직 전략만을 생각한다. 리더는 문화와 전략을 지속적으로 함께 엮어야 하는 하나의 역동적인 시스템으로 생각한다.

마지막 몇 가지 조언

전통적 사고방식은 더 높은 목적의 반대 개념이고, 더 높은 목적을 지닌 사람들이 기존의 문화를 위협한다고 생각하며, 대부분의 임원들은 목적 작업을 회피한다. 그러나 이는 우리에게는 하나의 기회다. 기꺼이 목적 중심 리더가 될 수 있고, 이 책에서 상세히 설명한 조직 변화의 8단계를 실행한다면, 새로운 사람으로 발전하여 관리자가 아닌 리더가 된다. 주인-대리인 문제를 고찰하고, 주인-대리인 관계에서 기회를 포착하여, 대리인을 주인으로 만드는 리더가 된다.

목적으로의 여정에서, 진정성이란 말에 주의를 기울여야 한다. 외부의 요구사항을 만족시키기 위한 더 높은 목적을 찾지는 말아야 한다. 더 높은 목적을 믿고, 그것이 구성원에게 활력을 불어넣으며 조직을 고양시킨다고 인정했기 때문에 그렇게 하는 것이다. 공동선을 위해 이기심을 희생하기 때문에, 더 높은 목적은 조직을 안정시킬 수 있다. 집단 이익과 개인 이익이 하나가 된다. 예전과는 전혀 다르게, 사람들은 자신의 창의적인 에너지를 일터에 쏟아 붓는다. 목적 중심 조직을 만들기 위해 지금 이곳에서 보낸 시간은 실제로는 이곳을 근본적으로 탈바꿈시키기 위한 투자다.

우리가 여기서 공유한 조직의 변화를 위한 8단계에 대한 성찰로부터 시작하라. 첫 단계는 자신의 사고방식을 바꾸는 것이다. 조직은 목적 중심 사람에 의해 목적 중심 조직으로 탈바꿈할 수 있음을 믿어야 한다. 그리고 무엇보다 목적이 진실한 것이어야 하며, 그러한 목적을 명확하게 소통해야 한다. 그렇게 한다면 당신은 당신보다 더 오래 살아남을 유산을 남기는 것이다.

의미가 성공이다.

주

1장

보이지 않는 것들에 숨겨진 가치

1. Micah Solomon, "5 Wow Customer Service Stories from 5-Star Hotels: Examples Any Business Can Learn From," *Forbes*, July 29, 2017.

2. Joan Magretta, "Growth Through Global Sustainability: An Interview with Monsanto's CEO, Robert B. Shapiro," *Harvard Business Review*, January/February 1997.

3. P. A. David, "Path Dependence, a Foundational Concept for Historical Social Science," *Cliometrica* 1, no. 2 (2007): 91~114.

2장

더 높은 목적은 모든 것을 변화시킨다

4. 이 설명은 R. E. Quinn과 G. T. Quinn의 *Letters to Garrett: Stories of Change, Power and Possibility* (San Francisco: Jossey Bass, 2002), chapter 2를 각색한 것이다.

5. B. Fredrickson, *Positivity* (New York: Crown Publishers, 2009), chapter 9.

6. R. W. Quinn and R. E. Quinn, *Lift: The Fundamental State of Leadership* (Oakland, CA: Berrett-Koehler, 2015), chapters 3 and 4.

7. V. J . Strecher, *Life on Purpose: How Living for What Matters Most Changes Everything* (New York: Harper One, 2016), chapter 1.

8. 수명 연장에 대해서는 P. L. Hill and N. A. Turiano, "Purpose in Life as a Predictor of Mortality Across Adulthood," *Psychological Science* 25, no 7 (2014): 1482~86; 심장마비와 뇌졸중에 대해서는 E. S. Kim et al., "Purpose in Life and Reduced Risk of Myocardial Infarction Among Older US Adults with Coronary Heart Disease: A Two-Year Follow-Up," *Journal of Behavioral Medicine*, February 2012; 알츠하이머 질환에 대해서는 P. A. Boyle et al., "Effect of a Purpose in Life on Risk of Incident Alzheimer Disease and Mild Cognitive Impairment in Community Dwelling Older Persons," *Archives of General Psychiatry* 67, no. 3 (2010): 304~10; (P204) 성적 즐거움에 대해서는 B. A. Prairie et al., "A Higher Sense of Purpose in Life Is Associated with Sexual Enjoyment in Midlife Women," *Menopause* 18, no. 8 (2011): 839~44; 수면에 대해서는 E. S. Kim, S. D. Hershner, and V. J. Strecher, "Purpose in Life and Incidence of Sleep Disturbances," *Journal of Behavior Medicine* 38, no. 3 (2015): 590~97; 우울증에 대해서는 A. M. Wood and S. Joseph, "The Absence of Positive Psychological (Eudemonic) Well-Being as a Risk Factor for Depression: A Ten-Year Cohort Study," *Journal of Affective Disorders* 122 (2010): 213~17; 마약 및 알코올에 대해서는 R. A. Martin et al., "Purpose in Life Predicts Treatment Outcomes Among Adult Cocaine Abusers in Treatment," *Journal of Substance Abuse Treatment* 40, no 2 (2011): 183~188; 살해세포에 대해서는 B. L. Fredrickson et al., "A Functional Genomic Perspective on Human Well-Being," *Proceeding of the National Academy of Science* 110 (2013): 13684~89; 콜레스테롤에 대해서는 C. D. Ryff, B. Singer, and G. D. Love, "Positive Health: Connection Well-Being with Biology," *Philosophical Transactions of the Royal Society of London: Biological Sciences* 359 (2004): 1383~94; 업무성과에 대

해서는 A. M. Grant and J. M. Berg, "Prosocial Motivation at Work: When, Why, and How Making a Difference Makes a Difference," in *The Oxford Handbook of Positive Organizational Scholarship,* eds. K. S. Cameron and G. M. Spreitzer (New York: Oxford University Press, 2012), 28~44를 참조.

9. Manju Puri and David Robinson, "Optimism and Economic Choice," *Journal of Financial Economics,* 2007을 참조.

10. *The Human Era @Work: Findings from the Energy Project and Harvard Business Review, 2014,* https://uli.org/wp-content/uploads/ULI-Documents/The-Human-Era-at-Work.pdf.

11. Irrigation Association, "Shark Tank Success Story to Appear at 2017 Irrigation Show and Education Conference," press release, September II, 2017, https://www.irrigation.org/IA/News/Press-Releases-Folder/SharkTanksuccessstory toappearat2017IrrigationShowEducationConference.aspx.

3장

더 높은 목적을 가진 조직 상상하기

12. 이 설명은 R. E. Quinn의 *The Positive Organization: Breaking Free from Conventional Cultures, Constraints, and Beliefs* (Oakland, CA: Berrett-Koehler, 2015), chapter 2를 각색한 것이다.

13. A. L. Molinsky, A. M. Grant, and J. D. Margolis, "The Bedside Manner of Homo Economicus: How and Why Priming an Economic Schema Reduces Compassion," *Organizational Behavior and Human Decision Processes* 119, no. l: 27~37.

14. 몇몇 경제학자들은 일부 조직이 쉽게 확인되는 경제적 결과에 초점을 맞춘 영향력이 큰 인센티브를 사용하지 않는 이유를 설명하기 위해, '복합

과업 환경'에서 영향력이 큰 인센티브의 취약성을 인정했다. 예를 들어 Bengt Holmstrom과 Paul Milgrom의 "Multitask Principal-Agent Analyses: Incentive Contracts, Asset Ownership, and Job Design," *Journal of Law, Economics, & Organization* in special issue: Papers from the Conference on the New Science of Organization 7 (1991): 24~52를 참조.

15. 실제로 최근 경제학 연구는 기업문화와 신뢰의 경제이론에 초점을 맞췄다. 예를 들어 Song Fenghua and Anjan Thakor, "Bank Culture," *Journal of Financial Intermediation* (forthcoming, 2019)을 참조하기 바란다. 신뢰의 경제이론에 대해서는 Richard Thakor and Robert Merton, "Trust in Lending," MIT Sloan Working Paper, March 2019를 참조.

4장

사적이익 넘어서기

16. James Mirrlees의 "The Optimal Structure of Authority and Incentives Within the Organization," *Bell journal of Economics* 7, no. 1 (February 1976): 105~31; Bengt Holmstrom, "Moral Hazard and Observability," *Bell Journal of Economics* 10, no. 1: 74~91을 참조.

17. Candice Prendergrast의 "The Tenuous Tradeoff Between Risk and Incentives," *Journal of Political Economy* 110, no. 5 (October 2002): 1071~1102를 참조.

18. National Academy of Sciences, Health and Medicine Division의 "Best Care at Lower Cost: The Path to Continuously Learning Health Care in America," September 6, 2012의 뉴스 보도 참조.

19. Eva A. Kerr and John Z. Avanian의 "How to Stop the Overconsumption of Health Care," *Harvard Business Review*, October 1, 2014를 참조.

20. Edward Lazear의 "Performance Pay and Productivity"(NBER Working Paper No. 5672, National Bureau of Economic Research, Cambridge,

MA) 참조. 생산성 증가의 약 절반은 가장 유능한 근로자들은 능률급에 매력을 느끼고, 덜 유능한 근로자들은 떠나는 '선별효과(selection effect)'로부터 나왔다.

21. H. Paarsch and B. Paarsch, "Fixed Wages, Piece Rates, and Incentive Effects"(mimeograph, University of Laval, Quebec, 1996).

22. S. Fernie와 D. Metcalf의 "It's Not What You Pay, It's the Way You Pay It and That's What Gets Results: Jockeys' Pay for Performance"(mimeograph, London School of Economics, 1996)을 참조. 이 문헌의 리뷰를 하려면, Canice Prendergast의 "What Happens Within Firms? A Survey of Empirical Evidence on Compensation Policies," in *Labor Statistics Measurement Issues,* eds. John Haltiwanger, Marilyn Manser, and Robert Topel (Chicago: University of Chicago Press, 1998)을 참조.

23. George Baker, Michael Jensen, Kevin Murphy의 "Compensation and Incentives: Practice Versus Theory," *Journal of Finance* 43, no. 3 (July 1988): 593~616을 참조.

24. Anjan V. Thakor의 "Corporate Culture in Banking," *Federal Reserve Bank of New York Policy Review*, August 2016, 1~16을 참조.

25. Oege Dijk와 Martin Holmen의 "Charity, Incentives and Performance"(working paper, University of Gothenburg, November 2012)를 참조.

26. 사회, 진실성, 정직, 사회적 정체성, 평판에 대해서는 George Akerlof Rachel Kranton의 "Identity Economics: How Our Identities Shape Our Work, Wages and Well Being," *Public Choice* 145 no. 1/2 (October 2010): 325~28; 기업의 사회적 책임에 대해서는 Roland Benabou와 Jean Tirole의 "Individual and Corporate Social Responsibility," *Economica* 77, no. 305 (January 2010): 1~19; 도덕적 행동에 대해서는 Roland Benabou와 Jean Tirole의 "Identity, Morals, and Taboos: Beliefs as Assets,"

The Quarterly Journal of Economics 126, no. 2 (May 2011): 805~55; 내재적 동기에 대해서는 Roland Benabou와 Jean Tirole의 "Intrinsic and Extrinsic Motivation," *The Review of Economic Studies* 70, no. 3 (July 2003): 489~520을 참조.

5장

전통경제학 재구성하기

27. John Sculley의 "John Sculley on Steve Jobs," *Bloomberg Businessweek*, October 10, 2011을 참조.

28. 달리 말하면, 우리는 빌과 멜린다 게이츠 재단 같은, 자선재단을 연구하는 것이 아니다.

29. 이 인용문은 디즈니랜드 건설을 위한 기금모금을 하던 중, 월스트리트를 대상으로 한 월트 디즈니의 홍보문구 중 일부였다.

30. Richard J. Leider, *The Power of Purpose* (San Francisco: BerrettKoehler, 1997)

31. Kenneth E. Boulding의 "Economics as a Moral Science," *American Economic Review* 59, no. 1, 1969: 1~12를 참조.

32. A. M. Grant와 J. M. Berg의 "Prosocial Motivation at Work: When, Why, and How Making a Difference Makes a Difference," in *The Oxford Handbook of Positive Organizational Scholarship,* eds. K. S. Cameron and G. M. Spreitzer (New York: Oxford University Press, 2012), 28~44를 참조.

33. Bob Thomas의 *Walt Disney: An American Original* (New York: Simon and Schuster, 1976), 246~47에서 인용된 Walt Disney.

34. Benjamin E. Hermalin의 "Toward an Economic Theory of Leadership: Leading by Example," *American Economic Review* 88, no. 5 (December 1998): 1088~1120을 참조. 이 논문은 효과적인 리더십에는 공동

선을 위한 개인적인 희생이 포함된다고 제안한다.

35. K. S. Cameron, *Practicing Positive Leadership* (Oakland, CA: Berrett-Koehler, 2013), 11~13.

36. Cameron, *Practicing Positive Leadership,* 11-13.

37. Conor Shine, "Southwest's Heavy Heart: How the LUV Airline Is Responding to the Worst Accident in Its History," *Dallas News,* April 22,2018.

38. Oege Dijk와 Martin Holmen의 "Charity, Incentives and Performance"(working paper, University of Gothenburg , November 2012) 참조. 저자들은 그들의 실험에서 스웨덴 적십자사에 대한 수입 기부는 더 높은 목적의 추구가 아니라 '자선'이라고 언급한다. 그러나 연구 참여자들이 적십자사에 수입을 기부하기로 한 결정은 우리의 더 높은 목적의 경제이론에서와 비슷한 대리인들(구성원들)에 대해 영향을 끼치고 있다.

39. Claudine Gartenberg, Andrea Prat, and George Serafeim, "Corporate Purpose and Financial Performance," *Organization Science* 30 (1), January-February 2019, 1~18.

40. H. Dai and D. Zhang, "Prosocial Goal Pursuit Outweighs Herding in Crowdfunding: Evidence from Kickstarter.com,' *Journal of Marketing Research* (forthcoming), https://papers.ssrn.com/s013/papers.cfm?abstract_id=2954217.

41. Rui Abuquerque, Yjro Koskinen, and Chendi Zhang, "Corporate Social Responsibility and Firm Risk: Theory and Empirical Evidence," *Management Science* (출간 예정).

6장

왜 모든 사람이 더 높은 목적을 추구하지 않을까?

42. Robert Kaplan, George Serafeim, Eduardo Tugendhat의 "Inclusive Growth: Profitable Strategies for Tackling Poverty and Inequality," *Harvard Business Review,* January–February 2018, 128~33에서 이 문제에 대한 논의사항을 참조.

43. Frank Newport의 "Democrats More Positive About Socialism than Capitalism," *Gallup,* August 13, 2018을 참조.

44. 실제로 기업이 규제자 혹은 정치인들의 압력에 굴복하여 더 높은 목적을 채택하고 있다고 믿는 사람이 많으면 많을수록, 그러한 채택이 덜 진정성을 띠는 것으로 나타나고, 사람들의 행동을 바꾸는 데도 덜 효과적이다.

45. Kaplan, Serafeim, and Tugendhat, "Inclusive Growth."

46. 경제학자들은 이를 '사적이익을 위한 프로젝트'라고 부른다. 예를 들어 Bengt Holmstrom Jean Tirole의 "Financial Intermediation, Loanable Funds, and the Real Sector," *Quarterly Journal of Economics* 112~13 (August 1997), 663~91을 참조.

47. V. J. Strecher, *Life on Purpose: How Living for What Matters Most Changes Everything* (New York: Harper One, 2016).

7장

1단계 목적 중심 조직을 마음속으로 그려보라

48. 이 예는 R. E. Quinn과 A. J. Thakor의 "Creating a Purpose-Driven Organization: How to Get Employees to Bring Their Smarts and Their Energy to Work," *Harvard Business Review,* July–August, 2018: 78~85에서 인용.

8장

2단계 목적을 찾아라

49. E. Easwaran, *Timeless Wisdom: Passages for Meditation from the World's Saints and Sages* (Tamales, CA: Blue Mountain Center for Meditation, 2008), 20.

50. N. Craig, *Leading from Purpose: Clarity and Confidence to Act When It Matters Most* (New York: Hachette Books, 2018).

51. R. W. Quinn and R. E. Quinn, *Lift: The Fundamental State of Leadership* (Oakland, CA: Berrett-Koehler, 2015), chapters 3 and 4.

52. Craig, *Leading from Purpose,* chapter 15.

9장

3단계 진정성과 마주하여 검증을 받아라

53. 6장에서 특히 관심을 가진 프로젝트(pet project)에 대한 우리의 논의를 상기하기 바란다. 조작자는 기업의 가치를 극대화시키지 않으며, 조직을 진정한 리더들이 아닌 조작자들의 집단으로 본다. 이러한 추정을 고려하면, 조작자는 그들에 관한 그의 추정을 정당화시키는 다른 사람으로부터의 행동을 이끌어내는 방식으로 행동한다!

11장

5단계 학습을 독려하라

54. A. M. Grant and J. M. Berg, "Prosocial Motivation at Work: When, Why, and How Making a Difference Makes a Difference," in *The Oxford Handbook of Positive Organizational Scholarship,* eds. K. S. Cameron and G. M. Spreitzer (New York: Oxford University Press, 2012), 28~44.

55. C. Dweck, *Mindset: The New Psychology of Success* (New York: Ballantine, 2016).

56. J. K. Harter and N. Blacksmith, "Employee Engagement and the Psychology of Joining, Staying In, and Leaving Organizations," in *Oxford Handbook of Positive Psychology and Work* (New York: Oxford University Press, 2010), 121~30.

57. Harter and Blacksmith, "Employee Engagement and the Psychology of Joining, Staying In, and Leaving Organizations."

58. A. Weinzweig, *A Lapsed Anarchist's Approach to Building a Great Business* (Ann Arbor, MI: Zingerman's Press, 2010), 316~24.

12장

6단계 중간관리자를 목적 중심 리더로 만들라

59. A. J. Thakor and R. E. Quinn, "The Economics of Higher Purpose," *Harvard Business Review,* July-August 2018.

13장

7단계 구성원을 목적에 연계시켜라

60. N. Fernandez, "In the First Person-Ray Anderson, Chairman and CEO of Interface Inc.," in *Earth Care: An Anthology in Environmental Ethics,* eds. D. Clowney and P. Mosto (New York: Bowman and Littlefield Publishers, 2009), 704.

61. A. J. Thakor and R. E. Quinn, "The Economics of Higher Purpose," *Harvard Business Review,* July-August 2018.

62. K. S. Cameron, J. E. Dutton, and R. E. Quinn, *Positive Organizational Scholarship: Foundations of a New Discipline* (San Francisco: Berrett-Koehler Publishers, 2003).

15장

실전편 자주 묻는 질문에 대한 답

63. R. W. Quinn and R. E. Quinn, *Lift: How to Live in a Fundamental State of Leadership* (Oakland, CA: Berrett-Koehler, 2015).

64. Frank Newport의 "Democrats More Favorable About Socialism Than Capitalism," *Gallup,* August 13, 2018 참조.

감사의 말

삶과 일에서의 목적을 토론하는 임원들과의 워크숍에서, 참가자들 중 한 명이 이런 이야기를 들려주었다. 그의 첫 번째 경력은 요리사 였다. 당시 화가 나 있던 설거지 담당 한 명 있었다. 요리사는 그 청 년에게 자신의 라비올리 비밀 레시피를 가르쳐주겠다고 말하고, 그 청년이 매일 그 요리를 하도록 시켰다. 어느 날, 요리사는 청년에게 이 지구상에서 자기가 하는 일을 할 줄 아는 유일한 사람이라고 말 했다.

요리사의 가르침이 그 청년에게 영향을 미쳤고, 그는 성장하기 시 작했다. 그는 군대에 들어가, 두 번의 전쟁에 참전했다. 25년이 흐른 후 페이스북에서 그 요리사를 만났고, 그는 자신의 삶의 방향을 바 꿔 준 요리사에게 감사를 표했다.

그 요리사는 그에게 다음과 같이 말했다. "나는 늘 사람들이 성장 하는 걸 돕는 방법을 찾고 있네. 그것이 내가 일하는 이유야. 살려면 돈이 꼭 필요하지만, 나에게는 사람들의 성장을 돕는 것이 가장 중 요한 형태의 보상이며, 그것이 내가 사는 이유이기도 하지."

방안이 조용해졌다. 또 다른 참가자가 목소리를 높여 말했다. "이런 이야기를 들려줘서 고마워요. 나에게는 진짜 중요한 이야기였습니다."

우리는 이 책이 사람들이 성장하는 데 도움이 되기를 원한다. 우리는 당신에게 정말 중요한 메시지를 전하고 싶었다.

이 책을 쓰기 위해, 사람들에게 우리가 성장하도록 도와달라고 요청했는데, 그들에게 항상 감사하며 살고 있다. 우리의 생각이 여물도록 도와준 호르스트 아브라함, 수 애쉬포드, 웨인 베이커, 킴 카메론, 제프디 그래프, 제인 더튼, 셸리 코멜만, 데이브 메이어, 라이언 퀸, 숀 퀸, 니나 램지, 그리첸 스프라이처, 빅터 스트레처, 짐 윌시, 에이미 영을 포함한 측근 동료들에게 감사의 말을 전하고 싶다.

우리는 자신의 이야기를 들려준 게리 엔더슨, 데보라 볼, 에이미 바이런-오일러, 닉 크레이그, 지미 던, 에릭 그라이텐스, 캐서린 하슬러, 짐 호던, 리카르도 레비, 리차드 마호니, 토니 미올라, 로저 뉴톤, 숀 패터슨, 브루스 포, 샤우리 퀸 듀이, 에이미슈워츠, 지나 발렌티, 존 비마이어, 짐 웨들, 애리 바인츠바이크, 알베르토 웨이서를 포함하여, 비범한 많은 사람에게 큰 빚을 졌다.

마지막으로, 우리는 베레트코 엘러 출판사의 훌륭한 구성원들에게 감사드리며, 특히 스티브 피어산티와 제반 시바수브라마니암에게 고마운 마음을 전한다. 베레트코 엘러는 더 높은 목적을 지닌 조직으로, 그들과 일할 때면 우리는 항상 성장한다.

역자 후기

우리는 지금 플랫폼사회, 초연결사회, 예측불허VUCA의 시대에 살고 있다. 지금 우리가 직면하고 있는 코로나는 기업환경을 비롯하여 우리 사회의 전반에 걸쳐 수많은 변화를 일으켰다. 코로나 이후 기업 경영 환경은 과거와는 매우 달라질 것으로 예상된다. 지금까지의 세상은 성공한 과거의 경험을 바탕으로 미래를 예측했던 실증주의의 시대였다면, 미래 세계는 스티브 잡스가 그랬던 것처럼 생생한 스토리로 세상 사람의 마음을 빼앗아 현실로 구현하는 기적을 일으키는 구성주의 세상이 될 것이다. 또한, 앞으로는 나 혼자 초 인류기업으로 잘 되어보자는 신자유주의적인 전략경영의 패러다임으로는 결코 성공할 수 없다. 남을 도와서 함께 성공을 꾀하는 플랫폼 기업만이 성공할 수 있을 것이다. 이제는 플랫폼을 이해하지 못하는 기업과 개인은 미래가 없다.

2019년 8월 19일, JP모건의 제이미 다이몬 회장은 미국 최고의 경제인 단체인 BRTBusiness Round Table 회장 수락 연설에서 밀턴의 신자유주의의 서거를 선포했다. 밀턴은 과거에 "기업은 이윤 추구가 목적이며, 주주의 이익을 최우선으로 해야 한다"는 경제논리로 노벨 경제학상을 수상한 인물이다. 즉 제이미 다이먼 회장은 이윤 추구와 주주의 이익을 최우선으로 추구해온 과거의 목적과는 이별을 고하고, 이제 기업은 저마다의 목적과 사명을 가지고, 재화와 서비스를 통하여 모든 사람이 성공하고 의미 있는 삶을 꿈꿀 수 있는 환경을 제공해야 함을 역설했다. 이날 참석한 181명의 CEO들은 목적 중심 경영을 하는 기업이 되는 것에 모두 동의했고 서명까지 했다. 역사적 순간이었다. 그들은 이를 실천함에 있어서 이해관계자 충돌 시는 고려 대상을 고객, 종업원, 협력업체, 공동체, 주주 순으로 조정한다는 세부 시행규칙도 선언했다.

이제 세상은 목적 경영의 순풍이 불기 시작했다. 이 순풍에 동참하지 않으면 혹독한 역풍을 감내해야 할지도 모른다. 하지만 우리는 아직 목적 경영에 대해 관심을 기울이는 기업이 그다지 많지 않음이 안타까운 현실이다.

얼마 전 미국 갤럽조사에 따르면, 미국인 18세에서 29세 사이 밀레니얼 세대의 51%가 사회주의를 선호하는 것으로 나타났다. 이런 통계는 역사상 처음 있는 일이며, 기업이 사회 문제를 풀기 위해 존재해야 한다는 것을 의미하며, 자본주의나 신자유주의에 대한 밀레니얼 세대의 위협과 저항으로 보인다. 이는 자본주의 체제하에서 기업의 친사회적 기여가 분명하지 않기 때문이며, 밀레니얼 세대들은 자본주의에 대해 환멸을 느끼고 있으며, 부분적인 대안인 신사회주의를 주창한다. 이는 매우 위험하고 위협적인 것으로, 자본주의에 대한 젊은이의 생각을 바로잡기 위해서는 기업들이 진정성과 정체성으로 무장한 목적 경영 기업으로 거듭나야 할 것이다.

지금까지의 전통적 경제학, 경영에서는 사람들은 이기적이고 노력하는 것을 싫어하기 때문에 충분한 감독과 보상으로 통제시스템을 만들어야 했다. 그러나 이제 우리는 기존 경영방식의 프레임을 탈피해야 한다. 경영자의 거래지향적인 마음을, 목적에 동기를 두는 마음으로 변화시켜 구성원들을 상상과 정서의 영역으로 들어오게 하여 '거래'가 '기여'로 순환이 되도록 해야 한다. 이것이 바로 목적 경영이다. 이러한 경제적인 사회적 '계약'이 본인의 진정성에 기반을 둔 '서약'으로 바뀌는 순간, 경제적 활동이 이타적 공공의 선에 기여할 수 있는 새로운 패러다임의 경영이 시작된다. 진정성 있는 목적 스토리를 가지고 구성원들의 마음을 사로잡고, 그들과의 협업을 통해 지속적인 변화와 성과를 만들어내는 경영이야말로 21세기 우리에게 절실하고 필요한 경영임을 확신한다.

역자는 개인적으로 대한민국 목적 경영큐레이터로서 목적 경영에 깊은 관심을 가진 연구자이며, 20여 년간 중소기업을 경영하고 있는 기업인이다. 대한민국이 세계 속에서 포스트 코로나19 시대에 목적 경영을 선도하는 나라로 거듭날 수 있기를 간절히 소망한다. 새롭게 부상되는 목적 경영을 대한민국 경영자들과 공유하기 위하여 《목적 중심 리더십》에 이어 본서인 《목적 중심 경영》을 번역 출간하게 되었다. 목적 중심의 삶과 목적 경영의 전파에 기꺼이 동참해

주신 니케북스 이혜경 대표님과 끈임없이 동기를 부여해주신 학문
적 스승인 이화여대 윤정구 교수님께 감사 드린다.

(사)한국경영조직개발학회

진성경영연구원장

한영수

목적 중심 경영

초판 1쇄 발행 2021년 4월 1일

지은이   로버트 퀸 · 안잔 타코
옮긴이   한영수
펴낸이   이혜경

펴낸곳   니케북스
출판등록   2014년 4월 7일 제300-2014-102호
주소   서울시 종로구 새문안로 92 광화문 오피시아 1717호
전화   (02) 735-9515
팩스   (02) 6499-9518
전자우편   nikebooks@naver.com
블로그   nikebooks.co.kr
페이스북   www.facebook.com/nikebooks
인스타그램 www.instagram.com/nike_books

한국어판출판권 ⓒ 니케북스, 2021
ISBN 979-11-89722-33-3 (03320)